KB252455

연기교육자, 연출가
박탄고프

연기교육자, 연출가

박 탄 고 프

박상하 지음

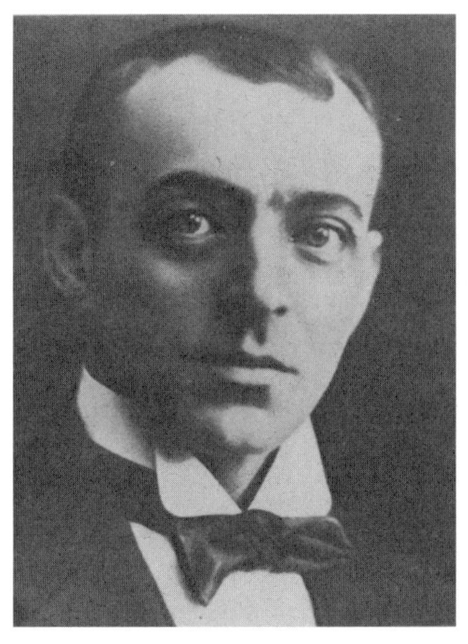

도서출판 동인

차례

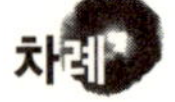

현대의 연극예술은 러시아의 배우이자 연기교육자이며 연출가이었던 C. 스타니슬랍스키를 제외하고는 도저히 논할 수 없을 것이다. 특히 그의 <스타니슬랍스키 (배우교육) 시스템>은 현재 연기교육에 있어서 바이블이라고 해도 과언이 아니다.

대학 연극반 때부터 그의 번역서를 읽으면서 감탄과 더불어 해결되지 않는 부분이 있었다. 그것은 머리로는 이해되지만 몸으로는 충분히 체득되지 않음이었는데, 1993년 러시아 모스크바 슈킨 연극대학교로 유학하여 단박에 해결되었다. 그때 너무나 많은 탄성을 내지르면서 수업을 받았던 기억이 아직도 생생하다. 이후 나는 연기는 교육되어질 수 있고 가르칠 수 있다는 것을 확신하게 되었다. 그것은 감히 슈킨 연극대학교의 정신적 지주인 에브게니 바그라찌오노비치 박탄고프 때문이라고 말할 수 있다.

박탄고프는 스타니슬랍스키의 수제자인 동시에 작업의 동료이었다. 그는 많은 러시아 연극 예술가들이 언급한 것처럼, '시스템'의 창시자인 스타니슬랍스키보다 '시스템'을 더 잘 이해하여 가르친 연기교육자이었다. 그에 의해서 '시스템'은 명확하게 정립, 보급되었다고 해도 결코 과장이 아니다. 또한 그는 시스템을 확장시켜, 이후에 자신만의 메소드인 '환상적 사실주의(fantastic realism)'를 통해 작업했던 연출가이었다. 이에 나는 그의 연기 메소드를 연구함과 동시에 그 자신이 명명한 '환상적 사실주의'를 통해 드러난 공연들을 국내에 소개할 필요성을 절감하였다.

이 책은 필자의 박탄고프에 관한 연구인 박사논문과 소논문들을 정리, 확대시켜 책으로 묶은 것이다. 인물사진과 공연사진도 당시의 책자와 잡지, 신문을 수집하여 실었다. 그리고 당시 연극작업의 동료이자 배우이었던 M. 체홉과 박탄고프 연구가인 K. 크리비츠키의 글도 수록했다.

이 책이 나오기까지 국내외의 많은 분들이 도움을 주셨는데, 여기에 일일이 이름을 거론하지 않더라도 그분들께 진심으로 감사드린다. 특히 필자의 연극적 스승인 러시아의 국민배우이자 연기교육자이신 유리 미하일로비치 압살로프 선생님께 머리 숙여 감사드리며, 또한 이 책이 집필될 수 있도록 용기와 격려를 아낌없이 준 아내와 인서에게도 고마움을 표한다.

끝으로 어려운 여건에도 불구하고 기꺼이 출판할 수 있도록 힘을 실어 주신 도서출판 동인의 이성모 대표님과 관계자 분께도 진심으로 감사의 말씀을 드린다.

2009년 여름

박상하

에브게니 바그라찌오노비치 박탄고프[1883-1922]라는 이름은 아직까지 한국에는 잘 알려져 있지 않은 듯하다. 최근에 그에 관한 활동이나 업적이 일부분 소개되었지만, 그러나 그것은 그의 실제적이고 이론적인 연극적 유산을 매우 피상적으로 살펴본 것에 불과하다.[1]

필자에게 있어서 박탄고프에 대한 직접적인 관심은 러시아의 슈킨 연극대학교[2]에서의 배우수업 및 연기교수법 과정으로부터 시작되었다. 슈킨 연극대학교에서의 배우수업 및 연기교수법 과정은 필자에게 박탄고프의 연극적 사상을 이해하는 데 절대적인 도움을 주었다. 슈킨에서 연기실기석사과정을 마치고 필자는 러시아 연극예술 아카데미(기티스)[3]에 박사과정으로 입학하여 박탄고프의 창조적 메소드를 본격적으로 연구하게 되었으며, 그 결과 그의 연기교육자로서, 연출가로서의 실제작업을 정확하게 소개해야 할 필요성을 절감하였다.

그러나 주지하다시피 한국연극은 박탄고프의 연극적 스승인 스타니슬랍스키의 배우교육시스템에 대한 실제적인 교육방법도 아직까지는 구체적으로 알려지지 못한 실정이기에, 박탄고프의 소개나 연구가 얼마나 한국연극에 유익할 수 있을 것인가에 대하여 필자가 망설였던 것도 사실이다. 그렇지만 박탄고프를 연구하면서 곧 필자는 그의 연극적 유산이 한국연극은 물론 현대연극을 위하여 큰 의의를 가질 수 있음을 확신하기 시작했다. 왜냐하면 그것은 다음과 같은 이유 때문이다.

1. 박탄고프에 대한 연구 자체가 '스타니슬랍스키 시스템'의 발전 형태와 그 궤를 같이 하고 있다는 점
2. 박탄고프의 연극사상이 연극의 두 가지 대립되는 양식, 즉 '가장(假裝)의 연극'과 '내적 체험의 연극'을 조화롭게 융합한 것이기에, 그것은 오늘날 현대연극의 발전과 동일선상에 있다는 점
3. 박탄고프가 위의 두 양식을 배우교육이라는 측면에서 종합적으로 시도한 점은 '스타니슬랍스키 시스템'의 발전적 변형이라는 점

박탄고프를 연구함에 있어서 무엇보다도 필자로 하여금 놀랍게 만든 것은 연극작업에 있어서 죽음도 불사한 그의 창조적 열정이었다. 그의 제자였던 소냐 무어는 이와 관련하여 다음과 같이 회상하고 있다.

《투란도트》 연습은 밤 11시가 넘어서 박탄고프가 자신의 공연을 끝내고 돌

아왔을 때부터 시작하여 다음날 아침 8시까지 계속되었다.... 박탄고프의 연극에의 헌신, 그의 무한한 창조적 열정은 나를 제압했다.... 때때로 그는 옆구리를 움켜쥐고서 중탄산염 몇 알을 삼키곤 했다.... 박탄고프는 서둘렀다. 죽음이 임박했음을 알고 있었던 것이다. 나는 그의 연습을 절대로 잊지 못할 것이다.[4]

그는 이처럼 폐렴과 위암이라는 극한 상황에서도 많은 스튜디오에서 연기교육자로서 연출가로서 그리고 극장에서는 배우로서 활동을 계속하였다.

주지하다시피 박탄고프는 스타니슬랍스키 시스템을 토대로 스튜디오에서 배우들과 작업을 하면서 시스템을 정립함과 동시에 이론적으로 체계화시켰는데, 이것은 그가 스타니슬랍스키 시스템을 실용화시켰음을 의미한다.

당시 러시아에서는 스타니슬랍스키 시스템을 명확하게 이해하지 못하고 있었을 뿐만 아니라 불신마저 하고 있었는데, 이에 박탄고프는 많은 스튜디오에서 스타니슬랍스키 시스템을 배우교육의 기본 교재로 채택하여 배우들을 가르쳤다. 그는 이미 시스템의 논리성과 합리성 그리고 과학적인 성질을 간파하고 있었으며 그리고 스스로 시스템을 전파하는 전도사 역할을 수행하고 있었다.

그는 당시의 연극비평가이자 연출가인 까미사르쮀쁘스끼[5]가 시스템을 내적 기술로만 이해하는 것에 반박했으며 또한 배우의 무대적 행동이 배제된 감정이나 심리적인 측면으로만 시스템을 이해하고 있는 것에도 비판하였다. 환언하면, 당시 박탄고프는 이미 시스템의 궁극적인 목표인 '신체적 행동법'의 개념을 명확하게 이해하고 있었다.

그리하여 박탄고프는 스타니슬랍스키 시스템을 토대로 배우들을 가르침과 동시에 실제적 작업을 통하여 시스템을 심도 있게 연구하고 발전시켜 마침내 '환상적 사실주의(fantastic realism)'라는 자신만의 연극방법을 창조한다. 그 것은 무대적 일루전에 구속됨이 없는 '연극의 연극성'에 대한 확신이었는데, 즉 알레고리칼하고 즉흥적인 요소로 관객의 능동적인 참여를 유발시켜 축제와 같은 놀이적 분위기를 창출하는 것이었다. 그러나 박탄고프는 이러한 연극형식은 스타니슬랍스키 시스템의 '내적 진실'과 조화롭게 결합되어져야만 한다고 강조한다. 따라서 그의 연극모델은 삶의 진실과 무대적 진실을 결합시키고자 했던 시도, 즉 진실한 내적 기술에 연극의 연극성을 종합하고자 했던 실험이라고 할 수 있다.

주지하다시피 한국연극은 전통적으로 연극의 연극성을 내포한 네 가지 전통극―그림자극(지금은 전승되지 않고 있다), 가면극인 탈춤, 인형극인 꼭두 각시 놀음, 그리고 전통음악극인 판소리―이 있다. 한국의 전통극은 열린 공간, 극작가의 부재, 관객에게 이미 알려진 극의 줄거리, 그리고 놀이성으로 말미암아 연희자들의 연기는 비사실적일 수밖에 없었다. 그리하여 그들의 연기양식은 '가장의 연극'에 적합한 것이었다.

이후 20세기로 접어들면서 한국연극은 일본의 영향 하에 신파극과 이후의 유럽연극과 미국연극의 영향인 근대극운동이 시작된다. 그러나 임성구의 <혁신단>, 윤백남의 <문수성>, 이기세의 <유일단> 등의 신파극단의 가장 근본적인 문제는 전문배우의 부재이었는데, 그리하여 당시의 연기는 일본 신파 배우들의 연기패턴이나 전통극의 연기방법을 모방하는 수준이었다.

당시의 <혁신단>의 연기방법을 <매일신보>는 이렇게 평하고 있다.

연흥사의 혁신단 신연극은 하기는 참말 잘하여 가히 모범할 만하겠으나…… 울 때

는 울고 웃을 때는 웃어야 한단 말이지, 육장하는 소리만 하니 그것도 결점이오.[6]

1920년대 초에 접어들면서 한국연극은 <토월회>와 현철의 등장으로 말미암아 본격적으로 사실주의적이고 앙상블의 연기가 태동한다. 특히 당시 홍해성은 한국의 근대극 형성에 있어서 지대한 공헌을 했다. 그는 일본의 <쓰끼지 극장>에서 배우로 활동하면서 심리사실주의적인 연극과 배우의 내적 기술을 접할 수 있었는데, 그는 귀국하여 윤백남, 유치진, 서항석 등과 <극예술 연구회>를 창립하였다.

필자에게 있어서 홍해성의 <무대예술과 배우>라는 논고는 흥미로운 것이었는데, 왜냐하면 그의 '배우의 연기는 인류의 신성한 악기이며, 연기는 인류의 가장 숭고한 정신의 표징이기에 다른 예술이 따라올 수 없는 위대한 기술'[7]이라는 지적은 박탄고프의 정신적 스승인 술레르쥐쯔끼[8]의 연극적 관점과 일치하는 것이며, 그리고 '관객의 관심을 유발시키기 위하여 배우는 자신에게 매료되어서는 안되며 혹은 등장인물에게 빠져들어서도 안 되고 전적으로 외적 기술로 조절할 필요가 있다. 이때 배우는 자신의 감정, 신경, 감각을 조절하여 점차적으로 등장인물의 감정상태를 표현해야 한다'[9]라는 언급은 박탄고프의 배우교육의 법칙과 동일하다. 또한 그의 '근본적으로 등장인물 개개인의 성격을 극의 전체적인 분위기와 결합시켜야 한다'[10]라는 말은 등장인물 개개인의 무대행위는 총체적인 무대행위에 방해가 되지 않아야 한다는 박탄고프의 말과 일맥상통하는 것이기 때문이다.

이처럼 한국의 근대극은 직접적으로 일본을 통하여 초기사실주의(심리적 사실주의)가 들어오게 되어 연극의 발전도 그와 궤를 같이하고 있다. 그러나 2차 세계대전 이후부터 한국연극은 미국의 영향 하에 들어가는데, 특히 리 스라스버그의 '메소드 연기'는 한국연극에 중요한 위치를 차지하게 되었다. 그러나 이것은 모스크바 예술극장의 <제 1 스튜디오>에서 박탄고프와 함께 스타니슬랍스키 시스템을 가르친 리차드 볼레슬랍스키[11]가 미국으로 이민을 가서 시스템의 초기단계, 즉 '신체적 행동법'의 일부분인 배우의 내적 기술만을 강조하여 전수하게 된 것이라는 사실을 간과해서는 안 된다.

결론적으로 말해서 한국 전통극의 연기양식이 연기자들에게 전적으로 의존하는 외적 기술 쪽으로 치우친 비사실주의 메소드였다면, 근대극 이후의 연기양식은 일본과 미국의 영향 하에 발전되어 온 내적 기술 쪽으로만 치우친 심리적 사실주의 메소드라는 것이다.

그리하여 필자는 배우교육에 있어서는 외적 기술과 내적 기술이 조화롭게 결합된 사실주의이었으며, 공연에 있어서는 환상적이라는 형식이 내용과 절묘하게 결합된 '환상적 사실주의'를 추구하였던 박탄고프의 연극적 유산을 소개하여 미약하나마 한국연극에 일조하려는 것이다.

따라서 필자는 박탄고프의 삶의 진실과 무대의 진실을 결합시키고자 했던 실험, 즉 진실한 내적 기술과 '연극의 연극성'을 종합하고자 했던 시도는 비단 한국연극뿐만 아니라 현대연극에서도 중요한 의의를 부여할 수 있을 것이라고 확신하는 바이다.

본 저서의 관점은 러시아의 탁월한 연기교육자이자 배우이며 그리고 연출가이자 <박탄고프 극장>의 설립자인 박탄고프의 창조적 열정으로 이루어진 연극적 삶을 동시대 연극예술가들의 회상과 글을 통해 다각도로 고찰함에 목적을 둔다.

이에 본 저서는 전체 3부로, 각 부는 각 3장으로 나누어져 있다.

1부 1장은 박탄고프에게 연극관을 형성시켜 준 세 명의 연극예술가들, 즉 슐레르쥐쯔끼, 스타니슬랍스키, 네미로비치-단첸코에 대하여, 2장에서는 모스크바 예술극장 <제 1 스튜디오>에서의 배우와 연출가로서의 활동을, 3장에서는 그가 책임자로 있었던 모스크바 예술극장 <제 3 스튜디오>에서의 배우교육과 연출세계를 심도 있게 고찰하고자 한다.

2부에서는 박탄고프가 많은 스튜디오에서 스타니슬랍스키 시스템을 어떻게 정립하고 발전시켰는지를 살펴볼 것이며 아울러 그의 삼위일체론인 스튜디오-학교-극장에서 그의 연기교육자, 연출가로서의 메소드를 1장 스튜디오, 2장 학교, 3장 극장으로 세분하여 살펴볼 것이다.

마지막으로 3부에서는 그의 'fantastic realism'의 대표적인 두 작품, ≪가 - 지부끄≫와 ≪투란도트 공주≫에 나타난 실제적인 공연미학을 1장 '환상적 사실주의', 2장 ≪가 - 지부끄≫, 3장 ≪투란도트 공주≫로 나누어 면밀히 고찰하고자 한다.

제1부 | 삶의 진실과 연극의 진실

결코 평범하지 않은 열정적인 연극예술의 삶을 살았던 박탄고프는 현재까지도 새로운 무대예술의 선구자로 인식되고 있다.

러시아 연극사에 있어서 비평가들은 1910-20년대의 박탄고프의 역할을 다양하게 평가하고 있다. 그는 자신의 연극적 사상을 완전히 실현시키지 못하고 만 40세의 나이에 죽었다. 그래서 그의 모든 연극작업은 그가 죽기 10년 전의 시기인 1910년대에 절정을 이루었다. 메이에르홀드는 박탄고프의 창조적 작업을 '실험적'이라고 정의내리고 다음과 같이 평하고 있다.

> 그는 무엇인가를 시작하기 위하여 자신을 정립시켜 나갔다. 그러나... 죽어버렸다... 우리는 박탄고프가 남긴 유산을 러시아연극의 전통극 선상에서 발전시켜 나갈 것이다.[1]

그의 제자 중 한사람인 자바드스끼[2]에 의하면, 박탄고프는 무지할 정도로 정열적인 사람이었으며, 무엇인가 달성하고자 하는 열정 자체가 그의 삶이었다고 말한다.[3]

박탄고프가 죽은 후, 많은 사람들은 그의 강인한 정신력과 반비극적인 삶의 태도를 오라취까와 기아찐또바와 비교하며 자주 언급했는데, 그것은 중병을 앓고 있음에도 불구하고 내색을 하지 않았기 때문이었다. 이에 대해 가류노프는 '그를 보고 있으면 아무렇지도 않은 것 같았다. 실제로 중병환자라는 느낌이 들지 않았다. 가끔씩은 그가 연기를 하고 있는 것 같았다'[4]라고 회상하고 있다.

이러한 그의 열정적이고 반비극적인 삶의 자세는 역설적으로 연극예술에 있어서 과장의 형식을 창출하는 데 기여하고 있다. 그리하여 그는 연극예술에 있어서 금기시 되어온 '연극적 과장'을 오히려 정당화시키고 있다. 그는 자신의 연극적 과장을 다음과 같이 말한다.

> 많은 사람들은 과장하는 것을 회피하고 지나치게 이성적으로 생각하는 것을 나는 안타깝게 여긴다. 나는 과장하기 위하여 과장하는 것이 아니라, 좀 더 넓은 것을 보는 것이 즐겁고 이러한 즐거움으로 살기를 원하기 때문이다.[5]

이처럼 그는 연극적 과장을 이성과 상반된 개념이지만 예술적 상상력과 일맥상통한 개념으로 간주하고 있는 듯하다. 한편 그에 대한 제자들의 놀라운 신뢰감 또한 우리들의 상상을 초월한다. 박탄고프의 연습장면에 참여했던 어떤 제자는 '아마 박탄고프가 배우들에게 날아 보라고 권했더라면 그들은 아마 날았을 지도 모른다'라고 말하고 있다.

박탄고프는 연극에 대한 사명감을 가지고 자신의 연극에 대하여 끊임없이 고민하는 한편 동시대의 연극을 민감하게 감지하였다. 그리하여 그는 동시대의 연극들을 종합할 수 있는 시각을 가질 수 있었다. 미하일 체홉[6]은 박탄고프를 러시아 연극사에서 가장 훌륭한 요소들을 종합하는 커다란 파이프로 비유함과 동시에 그러한 연극적 요소들은 박탄고프에 의해 정제되었다고 정의한다. 이러한 측면에서 동시대의 영향력 있는 연극평론가인 볼코프[7]는 박탄고프를 다음과 같이 평가하고 있다.

> 그의 이름은 러시아 연극예술가의 삼위일체 중 하나다. 쉐프킨[8] – 스타니슬랍스키 – 박탄고프[9]

박탄고프의 창조적 작업과정은 초기의 극단적인 '심리적 자연주의'로부터 시작하여 점차 '낭만적 상징주의'로 발전해 간다. 그의 초기 연출 작품인 입센의 ≪로스메르솔롬≫은 이러한 경향의 대표적 작품이다. 그러나 이후 극단적인 '본능적 심리주의'[10]와 표현주의로 발전해 가는데, 스트린드베르히의 ≪에릭 14세≫는 그 대표적 연출 작품이다. 그리고 메테를링크의 ≪성 안토니오의 기적≫(2번째 공연, 1921)은 그로테스크한 형태로 표출되고 있으며, 비평가들이 '비판적 인상주의'라고 평했던 고찌의 ≪투란도트 공주≫에서는 '연극의 연극성'을 여실히 드러내고 있다. 당시 박탄고프 연극에 대한 관객의 반응에 대하여 권위 있는 연극평론가 마르꼬프[11]는 다음과 같이 평하고 있다.

> 가장 놀라운 현상은 당시에 만연되어 있던 좌익연극이 관객에게 거부되었던 반면 박탄고프의 연극은 관객에게 대환영이었으며 열광적인 반응을 보였다.[12]

이렇듯 박탄고프는 자신의 창조적 관심의 대상을 바꾸어가며 보다 차원 높은 종합적 연극이라는 방향으로 발전시키고 있다. 그러나 여기에서 우리들의 주의를 요구하는 것은 그의 최고의 대표작인 ≪투란도트 공주≫에서조차도 극단적인 연극성을 다루고 있지만, 스타니슬랍스키의 유산인 '무대의 진실'

이라는 개념과 원칙은 결코 배제하지 않고 있다는 점이다.

박탄고프의 예술적 재능은 <모스크바 예술극장(MXT)>(이후는 '므하뜨'라고 쓰기로 한다)과 함께 시작된다. 여기에서 그에게 가장 큰 영향을 준 연극예술가는 술레르쮜쯔끼, 스타니슬랍스키, 네미로비치 단첸코이었는데, 세명의 연극예술가는 연극을 어떻게 이해할 것인가, 연극을 통한 사회적 교육을 어떻게 할 것인가, 진실한 삶의 확신과 인식의 방법은 무대에서 어떻게 이루어야 할 것인가 하는 문제로부터 출발하고 있다.

세 명의 연극 예술가로부터:
술레르쥐쯔끼 – 스타니슬랍스키 – 네미로비치-단첸코

톨스토이 사상의 숭배자인 레오뽈드 안또노비치 술레르쥐쯔끼[1872-1916]는 1911년 박탄고프에게 선물한 자신의 초상화에 이렇게 쓰고 있다.

> 당신은 나의 제자 중 가장 재능 있는 사람이며, 나에게는 소중하고 매력적인 사람입니다. 어떤 말을 써야 할지 모르겠지만 이것만은 기억해 주시오. 나는 당신을 사랑합니다.

술레르(당시 므하뜨에서는 그를 이렇게 불렀다)는 연극이란 봉사의 예술이고 그러한 예술에 의해 삶이 정화될 수 있음을 믿었다. 그에 의하면 연극은 볼만한 구경거리이자, 재현의 예술인 동시에 미를 추구하는 것일 뿐만 아니라, 어떤 하나의 목적이 있어야 한다는 것이다. 그것의 최종목적은 신(神)이었다. 따라서 그에게 있어서 배우는 예술가일 뿐만 아니라 성직자이었다.

술레르는 처음부터 연극을 하던 사람은 아니었다. 그는 <제 1 (므하뜨) 스튜디오>가 설립될 무렵 스타니슬랍스키의 연극사상에 동조하여 우연히 연극의 길로 발을 들여놓았다. <제 1 스튜디오>에서 그는 무대의 선생일 뿐만 아니라 삶의 선생이었다.

스타니슬랍스키는 술레르를 회상하는 자리에서 그의 열정적인 작업을 다음과 같이 언급한다.

그는 스튜디오를 사랑했습니다. 왜냐하면 스튜디오는 그의 가장 중요한 삶의 목적 중 하나를 실현시킬 수 있는 공간이었기 때문입니다. 그것은 사람들과 함께 살며, 공동의 일과 목적을 만들어 기쁨을 나눌 수 있는 곳이었으며, 한편으로는 진부한 것, 강압, 불평등 등을 퇴치하고, 사랑과 자연, 미 그리고 신을 위해 봉사하는 곳이었기 때문입니다.[1]

술레르는 연극의 공동체와 연극의 수도원을 추구하고자 하였으며 그 속에서 예술의 조력으로 정신을 순화하고 고결한 기질을 기르고 새로운 도덕적 규범을 실현하고자 하였다. 이와 관련하여 그는 다음과 같이 말한다.

모든 사람들이 '나는 스튜디오 단원이다'라고 스스로 말할 때 비로소 스튜디오의 단원이 됨을 명심하십시오. 그 순간 이후부터 모든 스튜디오의 존재양식은 각자에게 달려 있습니다. 즉 스튜디오생활에서 각자의 주의와 배려, 서로간의 양보와 겸손 그리고 작업과 시간 등에 대한 희생정신이 필요한 것입니다. 그러나 그것은 희생하는 것이 아니라 결국 더 많은 것을 얻게 될 것입니다.[2]

스튜디오 공동체 속에서 배우들은 연기뿐만 아니라 공동체 속에서 살아가는 방법을 배워야만 했다. 여름에는 에브빠꼬리야(크림반도 서해안의 항구)에 있는 술레르 개인의 농촌저택에서 공동생활을 하였다. 이와 관련하여 그는 이렇게 회상하고 있다.

도구들을 사서 스스로 임시 가건물을 짓고, 말들을 돌보고, 벽돌을 나르고 함께 점심을 먹었다.... 모든 것은 삶의 부분이지만 충분하게 인식되지 않고 있다. 그러나 이러한 일들 속에서도 그것만큼의 행복과 기쁨, 삶의 정화효과와 자유가 있는 것이다.[3]

공연의 성공 여부는 그에게 있어서 중요한 목적이 아니었으며, 정작 중요한 목적은 인간적이면서 정신적인 공동작업에 있었다. 그래서 작업과정은 특별하게 이루어졌는데, 예를 들어 디킨슨의 ≪난로위의 귀뚜라미≫ 연습은 무대 위에서 시작한 것이 아니라, 수도원에서 기도를 하고 초를 켜고 복음서를 읽고 난 후 시작하였다.

술레르는 진실이 충만한 예술, 그러한 예술의 연극을 실현하고자 하였다. 당시의 어려운 러시아 시대상황으로 미루어 보건대, 이러한 연극은 인간에 대한 믿음을 주는 것이었으며, 그러한 인간적인 믿음을 전제로 겨울에는 예술에 종사하고 여름에는 자신들의 노동으로 모든 것을 일구어 낸 바닷가에서 기쁘게 생활하면서 궁극적으로는 그들의 삶과 예술로 사람들을 일깨우기를 원했다. 그리하여 이러한 예술 활동은 당시의 사람들을 인간적인 사랑으로 따뜻하게 해 주는 연극이었다.[4]

많은 스튜디오 작업에서 박탄고프가 단언했던 '스튜디오'에 대한 개념은 술레르쮜쯔끼의 영향이 절대적이었다(박탄고프의 '스튜디오 원칙'에 대해서는 2장에서 구체적으로 살펴 볼 것이다). 그리고 박탄고프에 의하면 배우는 순결하고 비범해야 하는 존재라는 사고는 술레르의 생각과 동일한 것이며, 아울러 박탄고프가 '우리는 공연하기 위한 희곡이라는 텍스트가 결국 선(善)에 종착되기를 원합니다'[5]라는 말과 희생정신에 대한 강조 또한 술레르의 '희생하는 것보다 더 많은 것을 얻을 것입니다'라는 언급과 일맥상통하는 것이라고 할 수 있다.

그러나 박탄고프는 슐레르쥐쯔끼와는 달리 연극에서 출발하여 연극으로 삶을 마친 연극예술가이었다. 비평가들은 슐레르쥐쯔끼의 연극은 삶의 이상으로서의 한 방편이었지만 박탄고프에게 있어서 연극은 그의 인생 그 자체이었다라고 말하고 있다.[6] 이에 대하여 박탄고프의 제자 중 안따꼴스끼[7]는 자신의 스승의 연극관에 대하여 다음과 같이 말하고 있다

> 거만하게 과장하지 않고 딱딱하지 않는 그의 자연스러움은 바로 박탄고프 그 자체이었으며, 이것이 바로 박탄고프를 만들고 있다.[8]

한편 박탄고프에게 연극에 관하여 근본적인 영향을 주었던 사람은 콘스탄틴 세르게이비치 스타니슬랍스키[1863-1938]이었다.

박탄고프는 '유일하며 도저히 필적할 수 없는'이라는 존경심의 표현으로 스타니슬랍스키에게 많은 서신을 보냈다. 그 중에서도 그는 스타니슬랍스키에게 다음과 같은 편지를 쓰고 있다.

> 내가 당신을 안 이후로 나는 당신을 끝까지 존경하고 믿을 것입니다. 이러한 존경심으로 나는 모든 이들에게 당신을 알리고 싶습니다. 나는 당신을 이렇게 가까이에서 보게 해준 삶에 감사드리며, 그리고 세계적인 예술가와 관계를 맺게 해 준데 대해서도 감사드리고 있습니다.[9]

스타니슬랍스키 또한 그의 수제자인 박탄고프에게 선물한 자신의 초상화에 이렇게 쓰고 있다.

당신은 우리들이 추구한 새로운 예술의 첫 결실입니다. 나는 당신을 훌륭한 재
능의 연기 교육자로서, 연출가로서, 예술가로서 존경합니다. 그리고 예술에 대
한 당신의 진실한 열정과 자신과 다른 사람들을 통제하고 훈련시켜 부족한 점
을 극복할 수 있는 능력을 갖춘 당신을 또한 사랑합니다. 그리고 나는 우리들
의 예술을 실행함에 있어서 당신이 소유하고 있는 인내, 신념, 겸손, 끈기, 그리
고 순결에 경의감을 표합니다.[10]

그러나 스타니슬랍스키와 박탄고프의 관계가 항상 좋았던 것은 아니었는
데, 그들은 항상 '아버지와 아들'과 같은 복잡하고 미묘한 관계이었다. 스타니
슬랍스키는 박탄고프의 공연을 때때로 냉담하게 대하고 므하뜨의 선상에서 벗
어난 작품으로 간주하였다. 예를 들면 ≪세계의 평화≫에서는 박탄고프의 연
출 능력을 인정하지 않았으며, 그리고 ≪에릭 14≫세와 관련하여 스타니슬랍
스키는 그와 같은 미래주의적인 작품을 이해는 하지만 박탄고프는 시스템을
가르치는 일에 더욱 적합한 인물이라고 비꼬았다. 또한 박탄고프에게 보낸 서
신 중에는 '<가비마 스튜디오>에서는 매일 밤을 새워 작업을 했으나 ≪모차
르트와 살리에르≫ 작업 때 나를 위해서 전 생애동안 단지 이틀 밤밖에 일하
지 않는군요'라고 불평조로 말하기도 하였다.

그러나 박탄고프가 스타니슬랍스키 시스템을 가르치면서 재능 있는 젊은
이들로 구성된 공동체를 형성하는데 전 생애를 바쳤다는 사실은 기록을 통해
서 입증되고 있다. 그는 시스템을 진실과 믿음을 가지고 가르쳐야 할 사명감이
있음을 확신하고 있었다. 다음의 말은 그것을 증명하고 있다.

시스템 속에 있는 진실 때문에 나는 예술이 보다 고결한 봉사의 의무가 있다고
생각한다.[11]

주지하다시피 스타니슬랍스키 시스템의 출발점은 진실의 탐구와 '연극적인 척'하는 모든 것에 대한 거부로부터 시작한다. 박탄고프 또한 그의 일기에서 '모든 연극적인 척하는 것은 그것들의 저속함과 통속성으로 말미암아 해로우며, 전염성이 강한 것이다.... 그래서 극장에서 연극은 살아있고 진실한 삶을 찾아야 하는 것이다. 그것은 평범한 것이 아니라, 예술적인 것이어야 한다'[12]라고 쓰고 있다. 그는 무대에서 인간정신의 진실한 삶을 창조하고자 하였으며, 극장에서는 '관객의 집중을 방해할 필요가 없고 그들을 편안하게 놓아두어야 한다'[13]라고 생각한다. <므하뜨> 초기의 '정신적 자연주의'는 이렇게 형성되었는데, 이에 대해 평론가 마르꼬프는 다음과 같이 평하고 있다.

> <므하뜨>의 '정신적 자연주의'는 자신을 드러내고자 하는 열정과 배우의 내적 진실과 정당성을 강조하고자 하는 것으로부터 터져 나오는 것이다. 즉 배우의 연기에서 자신이라는 존재와 그것으로부터 벗어날 수 없는 위선의 존재가 끊임없이 뒤엉켜서 터져 나오는 두 존재의 합일이었다.[14]

그러나 결국 <므하뜨> 초기의 '정신적 자연주의'는 '연기하는 척'하는 것에 대한 강한 거부가 연극적 방법(연극성)을 거부하는 결과가 되고 말았다.

스타니슬랍스키와 함께 박탄고프에게 연극적으로 영향을 준 또 한 사람은 블라지미르 이바노비치 네미로비치-단첸코[1858-1943]이었는데, 그는 스타니슬랍스키와는 달리 '연극성'을 강조한 연극예술가이었다. 박탄고프가 네미로비치-단첸코에게 쓴 다음의 서신을 살펴보면 박탄고프가 그로부터 무엇을 계승하였는지 명확하게 드러난다.

당신은 나에게 '연극적인 것'과 '배우술'이라는 개념을 생각하도록 했습니다. 나는 당신이 '내적 체험'(당신은 이 용어를 별로 좋아하지 않았습니다만) 외에 배우의 내면에 있는 또 다른 한 사람을 요구했습니다. 나는 이제 무대에서의 감정을 이해하고 느끼고 있습니다. 그리고 마음과 정신, 신경조직과 생각, 기질의 특성, 순간이라는 개념이 무엇인지 이해합니다. 또한 부분장면 파악, 텍스트 이면, 작가의 기질과 심리세계, 무대그림의 발견, 장면 부분에 대한 여러 가지 풍부한 연출적 구성 등은 놀라울 정도로 나에게 이제 단순하고도 분명하게 와 닿습니다. 이러한 모든 것은 나를 정말 환희에 차게 만드는 것입니다.[15]

네미로비치-단첸코에 의해 '내적 체험'이라는 용어 대신 '내적 정당성'이라는 용어가 사용되기 시작했다. 또한 그는 스타니슬랍스키와 논쟁을 하면서 작품의 예술적 양식을 명확하게 드러내고자 했으며, 그것은 결국 궁극적으로 무대적 형상화작업을 통하여 작품의 세계를 표현하고자 했음을 의미한다. 그리고 배우들에게는 등장인물의 성격에 대하여 정확하게 이해하여 행동을 찾도록 요구하였다.

한편 그는 희곡 전체를 통하여 역할을 분석하면서 개개인의 배우들과 개인연습하기를 즐겼는데, 이러한 작업과정에서 스타니슬랍스키와는 다른 연출의 용어가 사용되었다. 즉 역할작업에 있어서 '등장인물의 본래기질(자연기질), '제 2의 플랜', '육체적 자감' 등이 바로 그것이다.

결론적으로 말해서 박탄고프는 술레르쥐쯔끼로부터 예술적 사명감은 인간적 신뢰, 사회에 대한 봉사, 신성한 작업정신이 전제가 되어야 함을, 그리고 스타니슬랍스키 시스템의 근본인 배우의 내적 기술을 명확하게 이해함과 동시에 네미로비치-단첸코로부터 연극성에 대한 특성과 단순하면서도 명확함, 섬세한 무대그림 창조, 희곡분석의 독창성을 물려받았다고 할 수 있다.

당시의 〈므하뜨〉 무대예술을 네미로비치-단첸코는 이렇게 정의내리고 있다.

> 무대에서 진실한 삶의 창조, 배우에게 인간감정의 살아있는 진실을 호소, 그래서 무대에서 표현되어진 이러한 삶은 진실되게 보였다....그리고 좀더 아름답고, 좀더 자연스러운 삶의 분위기를 창조하는 것이었다. 므하뜨의 기본법칙은 내적 정당성의 법칙이었다.[1]

이러한 〈므하뜨〉에서 박탄고프는 배우와 연기교육자로서 참여하였다. 〈므하뜨〉에서 박탄고프는 배우로서 주로 단역만 맡았는데, ≪산송장≫에서 기타 치는 사람 역, ≪황제 뽀뜨르 이오아노비치≫에서 천민 역, ≪지혜로부터의 슬픔≫에서 장교 역, ≪스타브로긴≫에서 구르만 역, ≪햄릿≫에서 궁신 역, ≪파랑새≫에서 사하르 역 등이었다.

그러나 〈제 1 스튜디오〉에서는 비중 있는 역할을 맡았다. ≪난로위의 귀뚜라미≫에서 테클톤 역, ≪대홍수≫에서 프레저 역, ≪희망의 죽음≫에서는 단체 역을 맡았다. 당시의 연극평론가인 게론스끼는 박탄고프의 연기를 보고 다음과 같이 평하고 있다.

> 불같은 기질은 보이지만 좀처럼 밖으로 터뜨리질 않는다. 아주 강한 장면에서
> 도 마찬가지이다. 그는 무엇인가 감추고 억누르고 있는 것 같다.[2]

그의 연기는 이처럼 절제된 연기의 극한을 보여주는 듯하다. 그리고 ≪난로위의 귀뚜라미≫에서 고루한 인형제조업자인 테클톤 역을 맡은 박탄고프를 볼꼬프는 이렇게 평하고 있다.

> 끊어질 듯한 억양, 삐거덕거리는 목소리, 까마귀 울음소리 같은 웃음, 구두 뒷
> 굽으로 소리를 내고 한쪽 눈은 반쯤 감겨져 있었다. 혐오스럽게 찌푸린 얼굴,
> 줄무늬 조끼, 빌로드 천으로 만든 뒤집어 입은 프록코트, 끝부분에 끈이 달린
> 바지, 거의 동작이 없는 최소한의 손짓이나 몸짓, 살아있는 사람인지 인형인지
> 분간을 할 수 없었다. 단지 극의 마지막 부분에서 억양이나 목소리가 풀렸다.
> 우수와 고독에 찬 시선, 그런데 이 고루한 나무토막은 살아서 심장이 고동치고
> 있었다.[3]

M. 체홉의 프레저 역할이 감정에 호소하는 것이었다면, 박탄고프의 프레저 역할은 '내면에는 은밀하게 타는 듯한 불을 감추고 있는 반면, 그의 외면은 아주 엄격하게 건조하고 메마른 듯한 연기이었다. 이것은 은밀하고 깊은 곳에서는 파도가 치고 있는 듯 했으며 매순간 이와 같은 연기는 끊이지 않고 고도로 집중되어 있었다'[4]라고 할 수 있다. 실제로 박탄고프는 역할작업에 있어서 기분이나 분위기에 좌우되는 역할작업이 아니라 철저한 극적 표현력의 방법을 본능적으로 모색하였다.

배우로서 활동함과 동시에 박탄고프는 자신의 연출작업도 병행하였는데, <제 1 스튜디오>에서 그의 첫 연출 작품은 하우프트만의 ≪평화의 축제≫[5] 이었다. 그리고 1915년 3월 26일에는 <학생 드라마 스튜디오>[6]에서 자이쩨프 의 ≪라닌가의 정원≫을 연출하였다. 그에게 있어서 이러한 공연들은 '무대의 진실'에 심취한 시기의 작품이었다.

술레르쮜쯔끼는 하우프트만의 희곡 ≪평화의 축제≫를 가정드라마로 해 석하여 연습 때 배우들에게 다음과 같이 언급한다.

> 그들이 싸우는 이유는 화해하기 위해서이지 성격이 나쁜 사람이기 때문이 아 니다. 그들은 본질적으로 선한 사람들이다. 이것은 중요한 관점입니다. 따라서 여러분은 가슴속에 있는 따뜻함을 찾아보고 서로의 시선에서도 그것을 느껴 보십시오. 상호간에 부드러움을 가지고 마음을 열어 보십시오.[7]

그러나 비르만[8]에 의하면, 박탄고프는 하우프트만의 ≪평화의 축제≫를 배우들이 자신으로부터 출발하여 자신의 내적 체험을 가지고 관객을 완전히 잊도록 요구했다고 언급하고 있다. 이 말은 무대에서 '관객속의 고독'을 내세우 며 관객을 철저히 잊어야 함을 의미한다. 그래서 이 작품에서 배우들의 내면적 집중은 극한 상황까지 이른다. 또한 무대는 최소한의 장치만 있었는데, 즉 극 장의 삼면은 회색 천으로 둘러싸여 있었고 두 개의 문, 눈으로 덮인 창문, 철로 만든 벽난로, 소파, 책상과 몇 개의 의자 그리고 등불만이 있었다. 배우들은 거 의 분장도 하지 않았고 그들의 연기는 단순하면서도 자연스러웠는데, 이러한 특징들은 당시의 <므하뜨> 연극과 비교해 볼 때 전혀 다른 것이었다. 야블로 노프스끼는 이에 대하여 다음과 같이 평하고 있다.

예술은 아름답고 섬세해야 되는 것이지만, 반면에 예술은 항상 고의적인 경향이 있고 그리고 항상 약간의 허세효과를 노리고 있으며, 또한 약간은 부정직한 구석도 있는 법이다. 나는 이것이 예술일지도 모른다고 생각한다.... <제 1 스튜디오>의 젊은 예술가는 이 희곡을 그러한 측면에서 해부하고 있다.[9]

한편 비평가 구레비치는 '등장인물의 감정선을 정확히 관통하고 있었으며, 관객들은 그들의 재능에 경탄하지 않을 수 없었다. 왜냐하면 보통 일반극장에서 이러한 섬세한 표현은 주요배우들만이 가능할 것이기 때문이다. 그런데 <제 1 스튜디오>의 젊은 예술가들이 예술가의 혼의 비밀과 창조적 불길을 발견한 듯했다.'[10]라고 극찬하고 있다. 위의 평들은 달리 말하면 배우들은 의상을 입고 분장을 한 '쏠쯔 가족'이 아니라, '쏠쯔 가족' 바로 그 자체[11]이었음을 의미한다.

당시 박탄고프는 자신의 메모수첩에 이렇게 쓰고 있다.

관객이 극장에서 희곡에 대한 자신의 느낌을 정리하는 것이 아니라, 집으로 가서 오랫동안 생각할 수 있도록 하기 위해서 극장에서는 연극적인 척하는 것과 희곡속의 입체적이지 못한 배우를 창조하지 말 것이며, 분장과 의상을 의식하지 말아야 한다. 그것은 희곡 속의 인물들을 거짓 없는 자신의 정신(이것은 매번 새로운 적응을 필요로 한다)으로 드러낼 때만 가능한 것이다.[12]

이 말은 그가 무대에서의 판에 박힌 듯한 행위를 원하지 않고 대충의 외적 기술을 부정한다는 의미이다. 그에 의하면 무대에서의 외적 기술이란 (여기서 그는 적응이라는 용어로 사용한다) 감정의 진실로부터 자연스럽게 발생해야 하는 것이어야 하며 그 결과 무대에서는 배우의 진실한 내적 삶이 표출되어

야 한다는 것이다. 그리하여 스타니슬랍스키의 열정적 제자인 박탄고프는 <제
1 스튜디오>에서 연극적인 척하는 것을 추방하고 무대 위에서 배우의 감정을
최대한도로 자연스러운 방향으로 인도하고자 한다.

연극을 문틈 사이로 들여다보는 자연주의적 특징은 <므하뜨>에서 박탄
고프에 의하여 점차 극단적으로 취급되어진다. 일례로 ≪평화의 축제≫ 공연
은 <므하뜨> 내에서도 극단적 자연주의 작품으로 비난되었고 스타니슬랍스키
조차도 이 공연을 인정하지 않았으며, 술레르쥐쯔끼 또한 배우들이 지나칠 정
도로 신경질적이었다고 평한다.

객석에는 히스테리로 가득했고 연기는 혐오스러울 정도였습니다. 상상력이 요
구됩니다만, 당신은 지나친 감정에만 호소하고 있습니다. 이것은 예술과 관계
없는 것입니다.[13]

이와 동시에 박탄고프는 <학생 드라마 스튜디오>에서 자이쩨프의 ≪라
닌가의 정원≫을 연출하였는데, 이 공연의 참여자이었던 볼꼬프는 '배우들은
실제로 이 작품의 등장인물로 몰입되어 무대는 온통 울음바다이었다.'[14]라고
회상하고 있다. 실제로 연습 시에 한 사람이 울면 다른 사람은 동료의 연기에
감동하여 울음을 터뜨렸다. 이처럼 <므하뜨> 초기의 자연주의적 성향의 작품
은 박탄고프에 의하여 절정으로 치닫는 듯하다.

그러나 박탄고프에게 있어서 이 시기의 작품은 '배우 자신만을 위한 연
극'[15]을 형성하는 과정이었으며, 무엇보다도 학생 배우 자신들의 진실한 내적
체험을 충만하게 하는 단계로 적용한 듯하다. 실제로 공연의 마지막 연습 때
연출은 스튜디오단원들에게 '무대에서 말하고 행위하는 모든 것은 진실 그 자

체이어야 합니다. 그리고 절대적으로 그것은 배우 자신을 위하여 진실해야 한다는 것입니다. 그러할 때 비로소 관객은 무대에서 표출되는 그 모든 것을 믿을 것입니다.'[16]라고 언급한 것은 이를 증명하고 있다.

이러한 극단적 자연주의적 작품에서 그는 배우의 진실한 감정과 행동을 강조함과 동시에 '연극성'에 대한 절대성 또한 언급하고 있음은 흥미로운 것이다.

> 스튜디오는 이제 연극의 형식에 대한 모색단계로 접어들어야 합니다. 일상적이고 평범한 연극은 이제 사라져야 합니다. 희곡은 단지 매개체일 뿐입니다. 항상 관객은 틈 사이로 몰래 보는 사람은 아닙니다.... 배우의 내적, 외적 기술의 분리는 이제 더 이상 의미가 없습니다.[17]

박탄고프는 항상 자신의 스승들에게 사랑과 존경을 표시했지만 그러나 자신의 스승들을 자신의 이상으로 여기지는 않았으며 오히려 자신의 실제적 작업에서는 그들의 근본적인 단점을 발견하고자 한다. 일례로 임종직전에 그는 스타니슬랍스키에 관하여 이렇게 말한다.

> 스타니슬랍스키는 심리학에 관하여 전문적으로 연구하지는 않았지만, 직관력에 의존하여 탁월한 선택을 한다. 그는 배우들을 머리부터 발끝까지, 내장으로부터 피부까지, 단순한 생각에서 정신까지 철저하게 인지하고 있었다. 그는 인물창조에 관한 한 거장이며, 등장인물로의 순간적인 적응에는 능숙하다. 그러나 '가장의 연극'에 대한 형식에는 주의하지 않았다.[18]

<므하뜨> 초기의 자연주의는 마치 사진의 정밀함과 같은 사실주의로 점차 진화한다. 마이닝겐극단의 자연주의에 몰두한 이후 <므하뜨>는 다른 자연

주의(체홉극)로 접근하는데, 이것은 박탄고프에 의하면 역할작업에 있어서 내적 본질로 다가간 또 다른 자연주의였다. 이에 대하여 박탄고프는 1921년 비르만에게 자신의 견해를 이렇게 밝히고 있다.

우리는 여러 작품을 가락지 빵으로도 만들어 보고, 8각형의 빵으로도, 뭉실한 빵으로도 그리고 뿔 모양의 빵으로도 만들어 보았지만 맛은 한결같이 똑같은 것이었네. 우리는 이러한 길을 밟아 왔고 죽을 때까지도 그럴지도 모르지.[19]

흥미로운 사실은 당시 <므하뜨> 내에서도 박탄고프의 무대연기의 기본원칙인 삶의 진실로서의 믿음과 인물의 형상화가 구축, 창조된 배우들 간의 살아있는 관계성에 대하여 부정적이지는 않았다는 점이다. 단지 스타니슬랍스키와 비교해 볼 때 '스타니슬랍스키와 마찬가지로 살아 있는 등장인물의 고유영역을 변화시키지는 않았지만, 박탄고프에게 있어서는 이러한 인물에 대한 위치와 관계가 바뀌어 전혀 다른 사람이 창조되었다'[20]라는 것이다.

그렇지만 스타니슬랍스키와 박탄고프는 무대연기에 있어서 본질에 대한 동질성은 확보하고 있었다. M. 체홉의 '스타니슬랍스키와 마찬가지로 박탄고프에게 있어서도 정당화되지 않는 어떤 부자연스러운 것도 용납되지 않았다. 즉 너무나 자연스러운 것을 추구하고 이해하여 실행하고자 했기 때문에 더 이상 설명할 필요가 없었다.'[21]라는 언급은 이를 밑받침하는 것이다.

그러나 무대에서의 내적 진실이 항상 최선은 아니며 일상적인 세밀함이 항상 옳은 것도 아님은 당연한 것이다. 그것은 코클랭[22]의 '예술이 없다면 자연법칙도 무의미한 것이고 따라서 나는 예술이 없는 자연법칙을 보기를 원하지 않는다'[23]라는 말은 이에 적절한 것이다. 이와 관련하여 네미로비치 단첸코 또한 박탄고프를 위한 기념식에서 다음과 같이 말하고 있다.

> 므하뜨는 예술을 아주 무겁게 다루었습니다. 그러나 박탄고프는 이러한 무거움을 제거해 버렸습니다. 그에게는 천성적으로 무거운 것을 아주 쉽고 간단하면서도 가볍게 만드는 재능이 있었습니다. 그는 그렇게 우리들에게 다가왔고 학생배우들을 가르쳤습니다. 일례로 그는 상송을 몇 번 연습하더니 쉽게 불렀고 그리고 본능적으로 비극적인 것도 거의 우스꽝스럽게 만들어 버렸습니다.[24]

박탄고프는 점차 연극예술의 진실이란 무대적으로 최대한의 효과를 가지고 연극적으로 이루어져야 한다고 확신한다. 그리하여 배우는 연극성의 자연법칙을 이해하고 외적인 기술, 리듬, 율동 등을 자기화해야만 한다고 생각한다.

> 연극은 그 자체 내에 리얼리즘이 있으며 그 자체로 고유한 연극적 진실이 있는 것이다. 연극의 진실은 무대에서 연극적 방법을 사용하여 사상을 전달하는 감정의 진실에 있는 것이다.... 배우의 감정은 자연법칙에 의한 것이어야 하지만, 연극적 방법으로 연기해야 한다. 자연주의적인 연기와 연극적인 연기의 차이는 마치 집에서 굽은 오리고기와 레스토랑에서 내 놓은 오리고기 요리와 같다. 똑같은 오리고기라 할지라도 레스토랑에서 내놓은 오리고기가 더욱 연극적이라고 할 수 있다. 왜냐하면 그것이 더욱 풍부한 맛이 있기 때문이다.[25]

한편 박탄고프의 연구가들은 그의 연극성에 대한 관심이 메이에르홀드의 연극작업에 대한 영향이라고 말한다. 또한 박탄고프의 모든 연극작업을 '스타니슬랍스키와 네미로비치-단첸코의 예술적 성취와 그들에게 반기를 들은 메이에르홀드의 작업을 종합한 이상적인 형태'[26]라고 평하거나, 혹은 '러시아 연극예술의 이원론을 극복하기 위한 열망스러운 작업, 러시아 무대예술의 두 날개를 합성하기 위한 끈질긴 바램'[27]으로 평가하기도 한다.

박탄고프 자신은 메이에르홀드의 대표적인 작업은 아니지만 몇 개의 공연을 보고 그의 천재성을 인정한 바 있다. 박탄고프가 관람한 메이에르홀드의 작품은 쉬니쯔레르의 판토마임인 ≪콜롬비나의 목도리≫(1911)와 블록의 ≪낯선 여자≫와 ≪광대들≫(1914)이었다.[28] 박탄고프는 이러한 메이에르홀드의 공연들에 대하여 '메이에르홀드의 작품은 확실히 새로운 연극이며 또한 그의 연극은 확실한 방향을 가지고 있다'[29]라고 말한다. 그리고 <문화협회>회의 때도 박탄고프는 배우연기는 자신이 가르칠 수 있지만, 공연만큼은 메이에르홀드가 맡아야 한다고 말한다. 그러나 이 말의 정확한 의미는 메이에르홀드가 희곡에 대한 상상력은 풍부하나 배우의 감정과 존재감에 대해서는 잘못 이해하고 있어 연기교육은 자신이 맡아야 함을 의미하는 것이다. 그리하여 그는 배우라는 인간과 연극성을 종합한 공연예술을 추구하고자 한다. 이와 관련하여 그는 다음과 같이 말한다.

> 배우에게 억지로 필요한 감정이나 리듬 그리고 연출에게 당연시되는 연극성을 불러일으킬 수는 없는 것입니다.[30]

결론적으로 말해서 스타니슬랍스키가 전반적으로 진실이라는 개념에 열중해서 무대 위의 삶의 진실을 가져왔다면, 무대로부터 삶의 진실을 벗겨 버린 메이에르홀드는 외적 기술에 의한 감각에 의존한 연극의 진실을 가져왔다고 할 수 있는데, 박탄고프는 위의 둘을 부정하는 것으로부터 출발하고 있다.

또 하나의 박탄고프에 대한 비판은 타이로프[31]의 연극성과 비교되는 것인데, 그러나 타이로프는 희곡의 새로운 분석, 희곡의 자의적 각색을 실험했던 연출가이었다. 즉 타이로프에게 있어서 희곡이라는 텍스트는 그의 모토처럼 '<까메르 극장>(이 극장은 타이로프가 설립한 극장이다)은 세익스피어를 위하여 존재하는 것이 아니라, 오히려 <까메르 극장>을 위하여 세익스피어는 존재한다'는 것이다.

이러한 관점을 가진 타이로프에 대하여 박탄고프는 다음과 같이 평가하고 있다.

> 타이로프는 재능 있는 사람이다. 그러나 그는 연극의 예술적 불멸성(이것은 박탄고프의 중요한 연극원칙이다)에 대하여 아는 바가 없다. 또한 배우에 대해서도 알지 못한다. 따라서 그에게는 므하뜨의 학생배우들이 필요하다. 그에게는 저속하고 남의 이목을 끄는 형식과 진실이 있을 뿐이다. 그는 인간의 정신을 이해하지 못하고 있다. 즉 심오한 비극과 차원 높은 희극을 알지 못한다. 그의 연극은 .... 저속하다. 므하뜨는 비록 박물관의 물건과 같은 것을 재현이라도 했지만, <까메르 극장>은 매년 유행에 따라 바뀌어 결국 저속함만 남아 있을 뿐이다.[32]

그리하여 박탄고프는 자신만의 연극성을 창조적 작업에 도입한다. 그것은 당시 유행했던 연극적인 척 하는 연극의 형태에서 벗어나 희곡의 진실한 내용과 그에 적합한 형식을 결합한 작업형태를 의미한다. 박탄고프의 연극성에 대하여 '초기에는 ≪에릭 14세≫에서 보는 바와 같이 양식화로 접근하여 이후 ≪투란도트 공주≫에서는 극도의 연극성으로 표현되어진다.'라고 말한 M. 체홉의 평은 이에 적합한 말이다.

<제 1 스튜디오>에서 두 번째 공연되었던 ≪대홍수≫(1915.12.14)는 ≪평화의 축제≫와는 다른 면을 보여 주고 있다. 미적으로 발전한 이때의 작품을 마르꼬프는 단적으로 '메소드의 정확성'이라고 평하고 있다.

≪평화의 축제≫와는 달리 히스테리칼한 면이나 감정의 과대한 노출, 그리고 극단적인 희곡분석 등의 요소가 상당히 사라졌다. 그리고 이 공연은 무대가 아니라, 마치 장기판에서나 볼 수 있는 철저함과 엄격한 계산에 의하여 이루어졌다. 그것은 또한 앙상블을 위해 모든 것을 희생한 극도의 앙상블연극 그 자체이었다.[33]

<므하뜨>와 마찬가지로 자연주의적인 디테일(큰 소리, 소음, 비소리 등)이 상당수 있었지만, 전적으로 자연주의적 연극의 특성으로 일관된 것은 아니었으며 또한 신경질적이고 흥분된 연기도 없었다. 특히 이 공연에서 비평가들도 경탄했던 것은 관객들이 공연 마지막까지 무대 위의 모든 것들이 연극이라는 것을 인식하고 있었다는 점이다.[34]

<제 1 스튜디오>에서 박탄고프의 세 번째 연출 작품은 ≪로스메르숄롬≫(1918.4.26)이었다. 그는 이 공연에서 무대적 일루전을 배제하였지만 입센의 등장인물의 사고를 전달하려는 목적은 분명히 부여하고 있다. 기아찐또바의 회상에 의하면, 박탄고프는 무대에서 배우들이 움직이지 않고 그들의 사고를 전달하기를 원하였다고 한다. 여기에서 연출의 목적은 극장에서 배우존재를 제거하는 것이 아니라, 오히려 최대한 배우 자신을 표출해 내고자 하는 것이다. 이에 대하여 박탄고프는 다음과 같이 배우들에게 말한다.

> 분장을 하지 않고 자신의 맨 얼굴로, 자신의 정신으로, 등장인물이 아닌 배우 자신이 등장인물의 가장 섬세한 심리적 뉴앙스를 전달해야 할 필요가 있습니다.[35]

따라서 이 공연은 역할의 심리적 본질로 다가갈 뿐만 아니라, 배우 자신의 개성으로서 창조적 본질로 다가가는 것이 목표이었다. 환언하면 절대적인 배우의 정신과 이해력으로 작가의 개성과 작가에 의해 창조되어진 등장인물로 접근함을 의미한다.

또한 이 공연에서 박탄고프는 처음으로 상징주의적 방법을 사용하여 배우와 연기하는 등장인물의 분리를 시도한다. 그것은 더 이상 배우에게 ≪평화의 축제≫때처럼 '쏠쯔 가족의 일원'으로서 역할창조를 요구하지 않음을 의미한다. 이러한 연기법은 배우들로 하여금 작가에 의해 창조되어진 등장인물 속에서도 이미 배우 자신이 존재함을 믿게 하는 것이었으며, 인물들의 행동의 논리성 또한 배우 자신이 이해하고 실행하도록 요구했음을 뜻한다. 그는 이 공연에서 배우들에게 다음과 같이 요구하고 있다.

> 로스메르솔롬의 상황과 그를 둘러싸고 있는 분위기를 충분히 이해하고 느끼고 난 후 역할창조에 돌입해야 합니다. 배우들은 이미 변신해 가고 있지만 그러나 결코 그 속에서 자신을 잃어버리지는 않아야 합니다.[37]

박탄고프의 후기 작품에는 배우 자신과 등장인물의 거리가 그의 공연미학으로 명확하게 자리 잡고 있다. 또한 ≪로스메르솔롬≫에서는 신비주의적 요소가 상당히 표현되었는데, 예를 들면 조명으로 무대를 어둠 속으로 몰아넣었다가 갑자기 무대와 객석을 밝혀 희곡의 상징적이면서 불안한 분위기를 신비하게 창출하였다.

한편 <제 1 스튜디오>에서의 ≪에릭 14세≫(1921.1.29)는 박탄고프의 연출적 방법이 더욱 명확해지며 철저하게 메소드의 명확성을 추구한 작품이었다. 또한 두 개의 상반된 개념의 합일 즉, 꼭두각시적인 외적 표현과 함께 깊은 내면적 세계의 결합, 서정적인 것과 그로테스크의 결합 등이 두드러지게 나타난다. 여기에서 연출의 의도는 두 세계의 대립과 갈등의 형식적인 구조를 내세우는 것이었다. ≪에릭 14세≫의 프로그램에 연출은 이렇게 적고 있다.

> 이때까지 스튜디오는 스타니슬랍스키의 가르침을 믿고 확실히 연기의 내적체험을 성취했습니다. 그러나 지금은 스타니슬랍스키의 가르침을 기본으로 함과 동시에 무대적 표현방법과 그것의 실제적 방법(호흡, 소리, 말, 문장, 생각, 행동, 육체, 율동, 리듬—이러한 모든 요소들을 구체적으로 이용해야 합니다)을 찾아야 합니다. 그래서 지금 스튜디오는 연극적 형식을 연구하는 단계로 들어가야 합니다.[38]

≪에릭 14세≫는 박탄고프의 이전의 작업형태인 감정의 진실로의 연극이 연극성에 의한 연극과 결합되어 표현된 걸작이었다. 즉 '연극성의 연극'이 '내적 체험의 연극' 속에 훌륭하게 결합된 작품이었다.

우선 박탄고프는 스트린드베르히의 희곡인물들을 세 가지 유형—죽은 세계, 살아있는 세계, 그리고 제 3의 세계—으로 나누었다. 그 중에서 에릭과 페르손은 두 세계(살아있는 세계와 죽은 세계)에 존재하는 인물이었으며, 살아있는 세계(몬스, 카린, 막스로 대변되는 농민의 세계)의 인물들은 민속의상과 그것과 어울리는 디테일을 하고 사실적인 연기와 자연스러운 분장과 일상적인 대화체를 구사하였다. 그러나 죽은 세계(궁정의 세계)의 인물들은 표현주의적이고 알레고리칼하고 도식적인 방법으로 연기를 하였으며, 특히 연보라색으로 줄무늬를 그린 얼굴은 마치 마스크를 쓴 듯하였다.

살아있는 세계와 죽은 세계 사이에 존재하는 에릭(M. 체흡 역)은 갸냘프고 앳띤 손과 발이 튀어 나와 있는 무겁고 튼튼한 의상을 입고 있었다. 특히 에릭의 분장은 흰 핏줄이 불거져 나왔고 괴상하게 커다란 눈과 관자놀이까지 빗어 올린 머리카락, 그리고 위로 치켜져 있는 왼쪽 눈썹 등이 충격적이었다. 저명한 화가인 아넨꼬프는 '나는 이와 유사한 분장은 이때까지 본 적이 없다. 에릭이 처음에 등장했을 때 그는 심적으로 불안해했으며 심하게 떨고 있었다.'[39]라고 에릭의 인상에 대하여 언급하고 있다.

또한 연출은 무대 위의 움직임을 강조하기 위하여 무대를 대각선으로 설치하기를 요구하였고, 이에 무대미술가 니빈스키는 대각선 무대를 미로로 설치하였으며 그리고 크지 않은 무대세트에 시각적으로 혼동을 일으키는 계단을 만들었다. 한편 오른쪽으로 통하는 계단은 무대전면에 세워졌는데, 그 사이에 반쯤 무너진 원기둥의 돌덩이들이 쌓여 있었으며, 좁은 아치문, 종탑 등도 보였고, 그리고 검고 흰 격자무늬로 된 마룻바닥은 불안스러운 분위기를 한층 고조시켰다.

그러나 어떤 비평가들은 그와 같은 선과 악의 직접적인 대조가 여러 가지 면에서 연극의 전체적인 흐름에 방해되고 있다고 비난하였다. 우선 무대장치의 비사실성이 살아 있는 세계의 배우들의 연기를 방해했다는 점과 궁정의 인물들의 푸른색 의상이 궁정의상으로 적합하지 않았다는 것이다.[40] 또한 연극은 없고 단지 정신병자를 위한 병동만이 있을 뿐이라고 비난하였다.[41] 그리고 어떤 비평가는 공연의 직접적인 대립구조와 추상성, 세태 묘사를 비난했으며, 또 어떤 비평가는 <므하뜨>와는 다른 선상의 그의 작품을 타이로프의 <까메르극장>작품인 ≪이것은 무엇입니까, 까메르입니까, 엑스테르입니까, 아니면 페르디난도프입니까≫의 직접적인 영향이라고 평하기도 하였다.[42] 또한 그들은

≪에릭 14세≫의 실패는 오히려 <므하뜨>의 전통 때문이라고 평가하였는데, 왜냐하면 <므하뜨>의 연기가 심리적으로는 옳고 정당하며 믿을 수 있는 것일지라도 너무 사소하고 은밀하여 배우들이 연극적으로 인간적인 특징과 섬세함을 전혀 표현하지 못하여 비극적 본질이 없어져 버렸기 때문이라고 간주하고 있다. 따라서 극적인 비극이 아니라 보통사람의 감정을 마치 이상하게 만드는 시스템의 법칙에 따라 해석되었다고 비판하였다.[43]

에릭의 역할을 맡은 M. 체흡의 연기 또한 다양하게 평가되었는데, 아넨코프는 체흡의 연기를 현대적이라고 한 반면, 페드로 추조이는 '체흡의 연기는 단조로운 극적 모멘트를 가지고 있으며, 특히 목소리는 더욱 그러하였다. 그러나 저음부분에서 만큼은 고통 받고 부서진 영혼을 극적으로 표현하였다.'[44]라고 평하고 있다. 그리고 헤르손스끼는 '비극적 형상의 명확함과 고결함 대신에 긴장을 한 채 발작적인 상태로까지 치달은 신경쇠약증세를 나타냈다.... 그러나 몇몇 장면에서 체흡은 진실한 비극적 모멘트의 고결함과 현명한 자기조절을 보여주고 있다.'[45]라고 평가하였다.

전체적으로 볼 때, 이러한 상이한 시각은 당연한 일인 지도 모른다. 왜냐하면 <제 1 스튜디오>와 <므하뜨>의 입장에서 보면 이 공연은 이전의 연극과 비교해 볼 때 낯설고 새로운 요소들이 너무 많았기 때문이다.

우선 이 연극의 기본원칙은 무대에 두개의 실재와 두개의 진실을 보여주고 갈등을 표현하는 것이었는데, 즉 일상적인 삶의 진실과 복합적이고 추상적이면서 상징적인 진실이 그것이었다. 그것은 배우들에게 무대에서의 내적 체험을 요구함과 동시에 연극적으로는 비사실적인 행동을 찾아내어 실행하도록 요구한 것이다. 연출은 인물들의 개인적 행동뿐만 아니라 무리의 배우들과 공연에 적합한 무대장치를 결합시켜 배우들로부터 군중의 형상화를 만들어 내기도 하였다. 예를 들어 연출은 네 명의 궁정인들을 갑자기 여러 방향으로 사라지도록 하여 그들이 내는 다방면에서의 정체불명의 중얼거림을 통하여 궁정의 불안감과 황폐한 궁정의 형상을 연상하도록 하였다. 여기에서 연출의 목표는 최소한의 공간, 최소한의 배우들로 최대한의 무대적 표현력을 획득하는 것이었다.

한편 박탄고프는 희곡의 마지막 부분을 의도적으로 각색하였는데, 이러한 마지막 장면은 가장 효과적인 장면들 중 하나이었다. 연출은 에릭에게 독약이 든 유리병을 주었고 에릭이 독약병을 마시자 조명은 꺼졌다가 즉시 켜졌다. 관객들 앞에는 고독한 옥좌만이 보일 뿐이었고, 주위에는 왕이 가장 좋아했던 장난감들이 어지럽게 굴러다니고 있었다. 특히 에릭 14세에서 관객과 비평가들은 연출에 의해 구성된 손의 연기법에 주의를 기울였는데,(이 방법은 이후의 《가 - 지부끄》에서 완벽하게 연출되어진다), 찌푸린 얼굴로 굳은 채 끊임없이 장난감을 만지작거리는 체홉의 손가락들은 마치 그 자체로서 살아 있는 듯 하였다.

그러나 무엇보다도 《에릭 14세》에서 가장 중요한 요소는 배우와 등장인물간의 관계가 이전의 작품들과 비교해 볼 때 더욱 섬세한 행동을 찾는 것으로 변화되었는데, 그것은 외면적 디테일, 분장의 방법, 걸음걸이(일례로 까랄네브이 비르만은 발걸음을 질질 끌고 다녔다) 등이 등장인물의 성격과 본질을 결정한 요소이었다. 또한 등장인물들은 조각과 같은 형상화로 자주 표현되었는데, 이러한 조각화 형상에 대한 이해와 시도는 박탄고프의 후기작품에서 나타나는 '환상적 리얼리즘'을 구성하는 데 중요한 자리를 차지하게 된다.

박탄고프에 의하여 구성되었던 상이한 두 세계와 두 개의 진실에 대한 대립과 갈등의 원칙은 <제 3 스튜디오>에서 공연되었던 ≪성 안토니오의 기적≫ (2번째 제작)과 ≪결혼≫(두 번째 제작)에서도 반복된다.

<만수로프스까야 스튜디오>에서 메테를링크의 ≪성 안토니오의 기적≫은 박탄고프에 의해 두 번 제작되었다. 첫 번째[1919. 9. 15] 제작 공연은 사실적이고 단순하며 평범한 것이었다. 박탄고프는 당시 자신의 메모수첩에 이렇게 쓰고 있다.

> 항상 기쁘고 환한 분위기가 필요하다. 희곡의 등장인물들ㅡ아쉴, 구스타프 등 ㅡ의 관계는 결코 적대적이지 않다. 모든 사람들은 부드럽고 착한 사람들이다.[1]

그리고 그는 희곡을 다음과 같이 분석하고 있다.

> 이 희곡은 메테를링크의 미소가 배어있는 것입니다. 왜냐하면 그는 ≪이글라 벤나와 실리제타≫와 ≪장님들≫ 그리고 ≪초대받지 않은 손님≫으로부터 조금은 벗어나고 싶었기 때문입니다. 다시 말해서 정신의 절규상태에서 벗어나서 담배를 한 대 피우고 식사를 하고 자신을 느껴보고 싶었기 때문입니다.[2]

≪성 안토니오의 기적≫의 두 번째 제작 공연(1921. 1. 21)은 첫 번째 공연과 비교해 볼 때 전반적으로 상당히 다른 형태이었다. 우선 박탄고프는 메테릴링크의 작품을 호프식으로 해석하였으며 그리고 안토니오의 외적 형상을 위하여 고야와 레오날드 다빈치의 회화로부터, 또한 기본적인 무대그림을 위하여 발라톤의 회화로부터 영향을 받았다.

이 공연에서도 상이한 두 세계의 대조법칙—흰색 배경과 밝은 가구들 주위에 검은 상복을 입은 오르탄스양의 친척들—은 ≪에릭 14세≫와 마찬가지로 박탄고프의 공연을 위한 기본원칙이었다.

또한 연출은 손님역할의 배우들을 도식적이고 고정적인 하나의 행동으로 통일시켰는데, 이에 대하여 어떤 비평가는 '여러 형태의 괴상한 옆모습을 하고 있는 여자들이 자동적으로 하나의 행동으로 통일된 무대동작은 정말 멋진 장면이었다.'[3]라고 회상하고 있다. 등장인물들은 공연의 총체적인 리듬법칙에 따라 결정적인 순간에 멈추어 움직이지 않았는데, 실제로 그들은 순간순간 조각처럼 얼어붙은 동작으로 표현되었고, 이러한 전반적인 무대동작은 비사실의 극한이었다. 여기에서 연출의 의도는 무리장면의 얼어붙은 동작을 통하여 극의 상징적인 의미를 부여하여 그로테스크한 형식을 창조하는 것이었다. 자바드스끼는 이에 대하여 다음과 같이 말한다.

> 연출에 의해 비사실적인 연기를 했던 배우들은 마치 외부에서 자신을 관찰하고 있는 듯했다. 박탄고프의 표현에 의하면, 어떤 공간에서 자신을 재료로 사용하여 어떤 형체를 만들어 자신을 조형예술의 부각 중 일부분으로 느껴 보라는 것이었다. 이것은 엄격하게 자기조절을 요구하는 정확한 계산과 자신을 소유할 수 있는 능력을 필요로 했다. 바로 이것이 박탄고프가 배우들에게 스스로를 교육시켜야 한다고 역설한 새로운 메소드이었다.[4]

박탄고프의 여제자이자 이 공연에 참여자이었던 레미조바는 '이 공연에서 얼어붙은 동작연습은 배우들에게 정당한 느낌을 주는 것이었으며 결국 공연 때 이러한 동작은 우리들에게 진실로 와 닿았다.'[5]라고 회상하고 있다.

한편 연출은 무대 위에 푸트라이트를 설치하여 배우들이 푸트라이트의 좁은 틈사이로 지나가며 연기를 하도록 요구하였는데, 객석에서는 배우들의 다리가 보이지 않았다. 이러한 장면에서도 크고 복잡한 제스처는 지양되었으며 최대한도로 무리장면을 부각의 형태로 만들고자 하였다.

과거의 ≪성 안토니오의 기적≫ 공연과 비교해 볼 때 하녀 역의 비르진은 연출에 의해 완전히 다른 인물로 창조되었으며, 또한 안토니오는 미스테리칼한 인물이 아니라 간교한 인물로 창조되었다. 이에 대하여 박탄고프는 '이것은 성 안토니오의 기적이 아닙니다. 우리에게는 안토니오의 그러한 색깔을 제거할 필요가 있습니다.'[6]라고 말한다. 연극의 마지막 장면에서 안토이오는 비르진이 선물한 것을 쇼올과 나막신 속에 감추고 관객석을 통하여 퇴장하였는데, 그 옆에 하녀는 낡은 우산을 받치고 있었다.

평론가 구레비치는 <제 3 스튜디오>에서 공연된 박탄고프의 ≪성 안토니오의 기적≫을 ≪연극평론지≫에 이렇게 총평하고 있다.

> <제 1 므하뜨 스튜디오>의 시스템선상에 놓여 있는 <박탄고프 스튜디오>는 므하뜨의 전통과 단절되어 있는 것은 아니다. 박탄고프는 젊은 예술가들을 자신의 내부로부터 출발하여 창조적 목표에 도달하도록 도와주고, 개개인의 정신 속에 있는 모든 개성을 역할을 위하여 재창조할 수 있도록 배려하고 있다. 또한 박탄고프는 그들로부터 외적 기술을 연마할 것을 요구한다. 그의 연출가로서의 상상력은 모든 희곡작품을 예술적인 그림으로 과장하여 그로테스크하게 창조하는 데 일조하고 있다.[7]

외형에 대한 탐구와 그로테스크에 대한 연구는 <제 3 스튜디오>에서의
≪결혼≫ 공연(2번째 공연, 1921. 9)에서도 계속되었다. 박탄고프는 이 공연에서도 모
호한 연극성이 아니라 작가(체홉)의 의도를 이해하고 작품에 적합한 연극성을
창출하고자 하였다. 주지하다시피 체홉의 단편희곡들은 대체로 우스꽝스럽게
진행되다가 갑자기 비애감을 준다. 따라서 연출은 이 작품을 보디빌로 해석한
것이 아니라, 가장 인간적인 드라마로 분석했으며, 이와 같은 작품의 희비극성
은 박탄고프의 기질과 유사한 것이었다. 그는 체홉을 좋아했으며 체홉의 단편
희곡들을 스튜디오에서 학생들을 가르칠 때 에튜드 소재로 자주 활용하였다.

공연은 프롤로그로 시작되어 극적 효과를 배가시켰다. 웅장하고 활기찬 4
인조 무도곡이 나오면서 등장인물들의 프레이드가 이루어졌다. 등장인물들은
과장스럽게 희화화되지는 않았지만 그들의 외적 성격은 우스꽝스러운 디테일
로 강조되었다. 예를 들면 화려한 콧수염, 원추형의 머리모양(그리스 상인), 엷
은 진홍색의 의상(즈메유끼나), 춤추는 사회자의 이마까지 늘어진 머리카락 등
이 그러하였다. 이와 관련하여 루벤 시모노프[8]는 이 공연을 '철저한 리얼리즘'
혹은 '내면에 어울리는 외적 형상화'라고 평하고 있다.

프레이드 장면에서 이미 연극의 주제는 표출되었는데, 등장인물들은 마치
춤추는 인형과 꼭두각시를 보는 듯 했다. 박탄고프는 이 작품에 대해 배우들에
게 다음과 말한다.

> 모든 사람들이 아주 흥겹게 춤을 춥시다. 결혼식은 마치 그래야 하는 것처럼
> 축제와도 같습니다. 설사 '장군'을 사서 주례를 보게 한다 하더라도 말입니다.
> 그러나 이것은 그들의 진실한 삶이 아닙니다. 그들은 살아있는 것 같지만 가장
> 중요한 것은 그들 뒤에서 누군가 그들을 끈으로 잡아당기고 있다는 것입니다.
> 그리고 그들을 당기고 있는 사람은 이렇게 말합니다. '그럴 필요가 있지'[9]

따라서 연출은 인형연기훈련을 위하여 많은 연습과제를 수행하도록 배우들에게 요구하였다. 심지어 연출은 이 작품의 배우인 자바드스끼에게 모든 배역을 연기해 볼 것을 요구하였다.[10]

이렇게 박탄고프는 점차 자신의 최고 걸작인 두 작품―≪가 - 지부끄≫, ≪투란도트 공주≫―으로 나아가는데, 그것은 그의 최종적 작업인 '환상적 리얼리즘'으로의 접근을 의미한다.

박탄고프는 배우를 위한 연출가이었다. 그는 추상적이고 비실제적인 무대작업을 배우들에게 원했던 것이 아니라, 항상 구체적이고 실제적으로 무대작업을 하는 배우를 원하였다. 그래서 그는 므하뜨 연기학교의 배우와는 다른 새로운 배우를 원하였다. 즉 새로운 연극인 환상적 리얼리즘을 위한 새로운 배우가 필요했던 것이다. 당시 므하뜨의 배우들은 박탄고프의 요구에 부응하지 못하였는데, 그것은 므하뜨의 배우들이 단순히 무대에 존재하였고 또한 자신들이 편안할 정도로만 무대에서 움직이는 한계가 있었기 때문이다. 심지어 므하뜨에서 연기교육을 받은 M. 체홉(박탄고프는 체홉을 배우로서 매우 아끼고 존중하였다)조차도 연기에 있어서 한계가 있다고 박탄고프는 말한다.

그의 태도와 제스처 등은 인물에 대한 한 가지 느낌만으로 나오는 것이다. 모든 태도와 제스처는 그 나름대로 의의와 가치가 있으며 합법적인 것이다. 그래서 모든 태도와 제스처는 외면상 아주 정당한 무대적 표현력을 가지고 있어야 한다.[11]

이처럼 박탄고프는 새로운 유형의 배우를 창조하기 위하여 새로운 배우교육시스템과 메소드로 많은 스튜디오와 연기학교에서 배우들을 가르쳤으며, 극장에서는 자신만의 연출 메소드를 가지고 작업을 하였다.

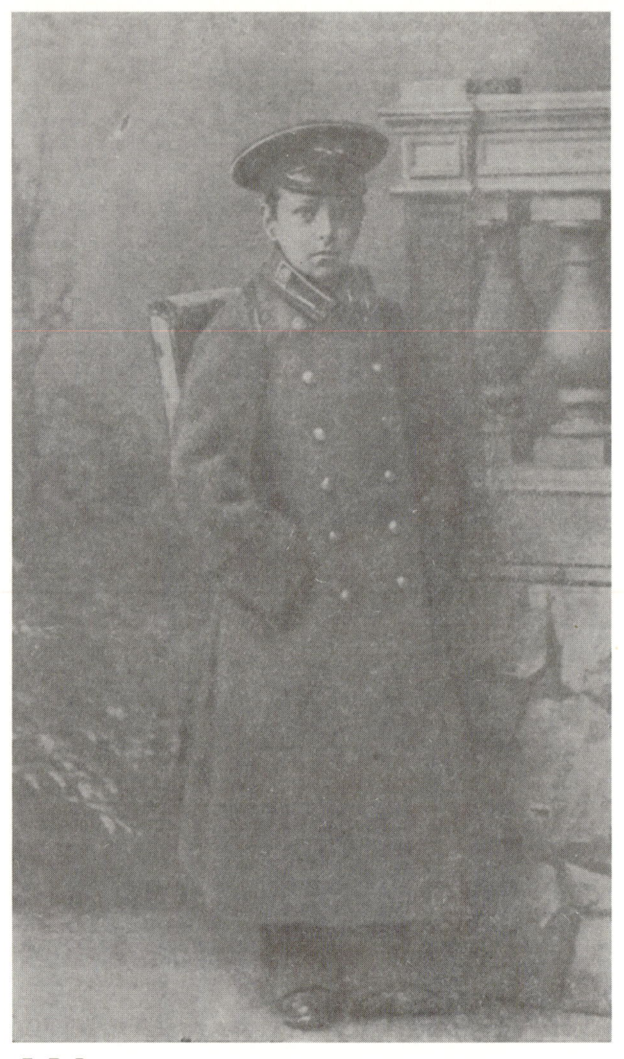

Е. Б. Вахтангов – ученик приготовительного класса
Тифлисской гимназии. 1893 г.

티플리스 김나지(유치원) 때의 박탄고프, 1893년

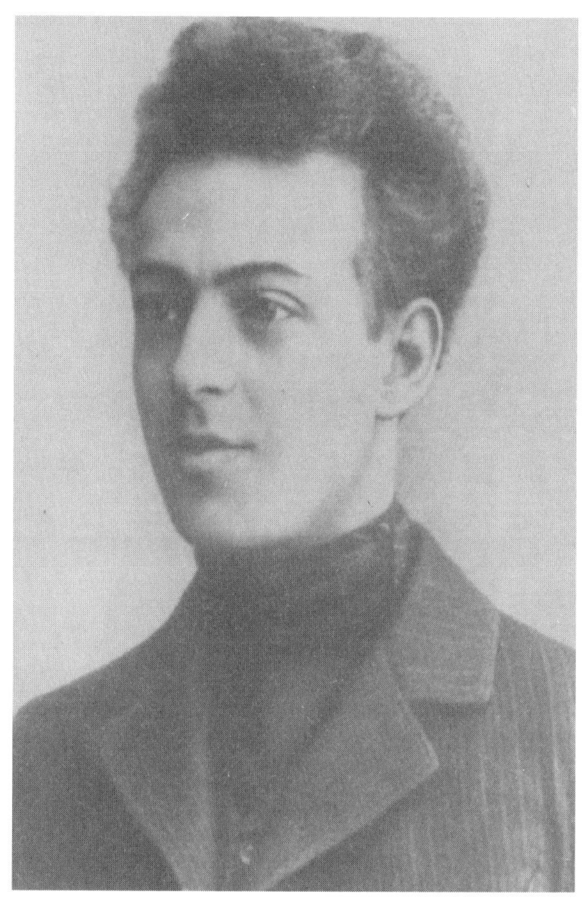

Е. Б. Вахтангов - студент. 1904 г.
대학생 시절의 박탄고프, 1904년

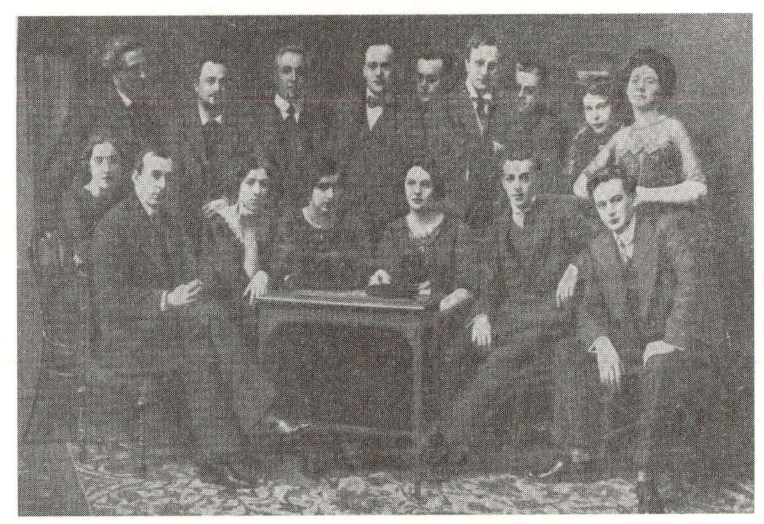

Выпуск учеников драматической школы А. И. Адашеваю 1911 г.
Е. Б. Вахтангов сидит второй справа
아다쉐프 드리마학교 졸업생, 1911년(박탄고프는 오른쪽에서 두 번째에 앉아있다)

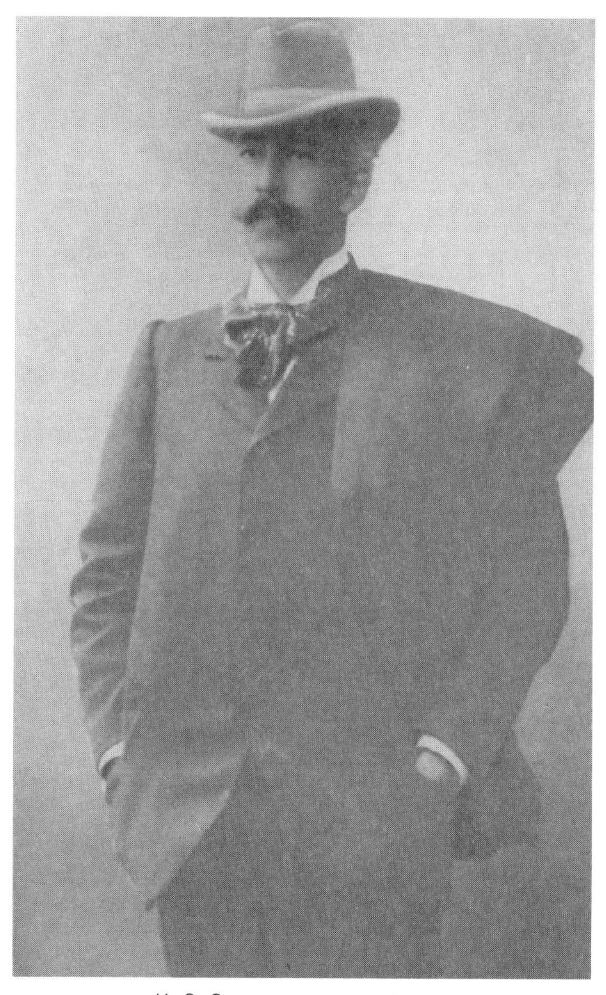

К. С. Станиславский 1900 г.
К.С. 스타니슬랍스키, 1900년

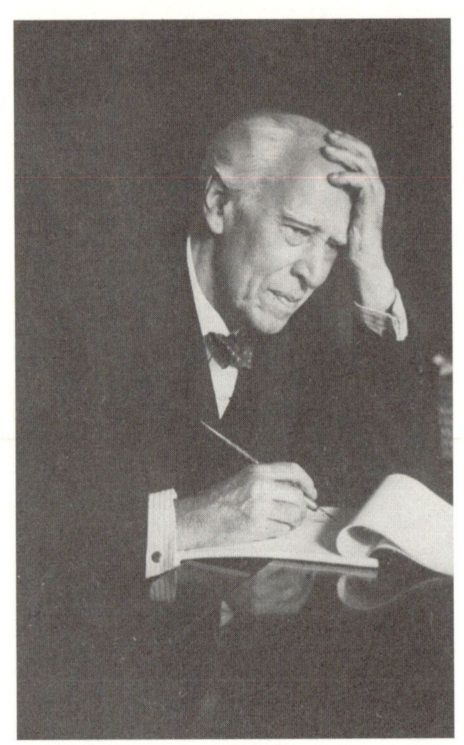

K.C. 스타니슬랍스키

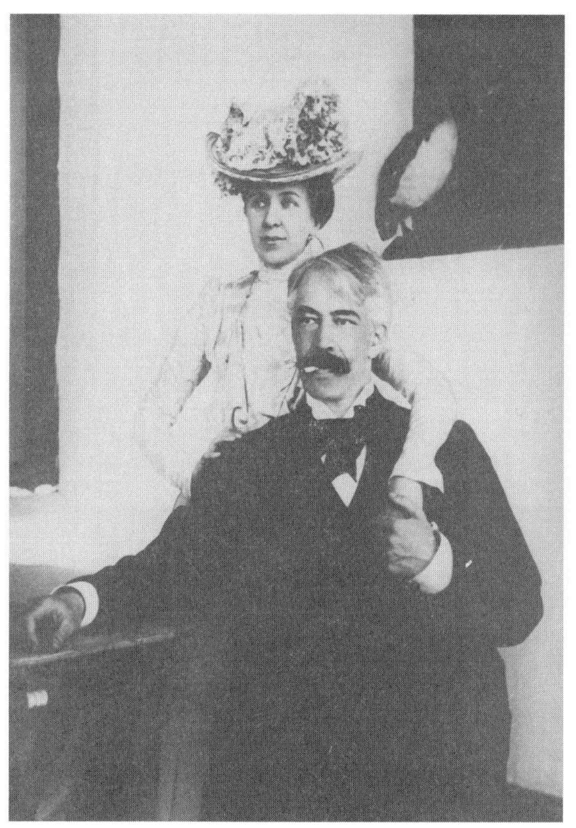

М. П. Лилина и К. С. Станиславский в Крыму. 1900 г.
크림에서 부인 리리나와 스타니슬랍스키, 1900년

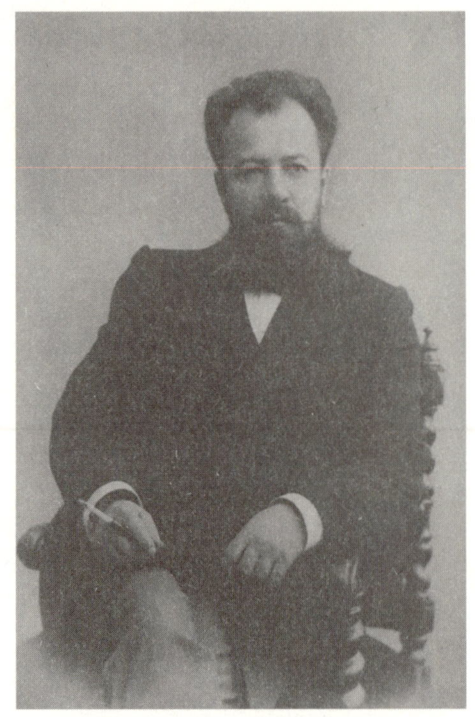

В. И. Немирович – Данченко. 1898 г.
В.И 네미로비치-단첸코, 1898년

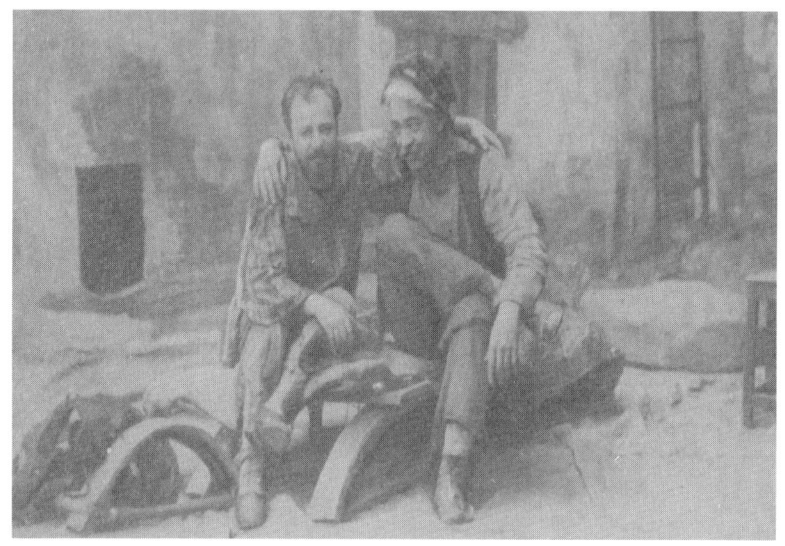

К. С. Станиславскийи Вл. И Немирович – Данченко на репетиции
песы М Горького ≪На дне≫. Шточный снимок. 28 марта 1903 г.
≪밑바닥≫에서 연습 중인 스타니슬랍스키와 네미로비치–단첸코, 1903

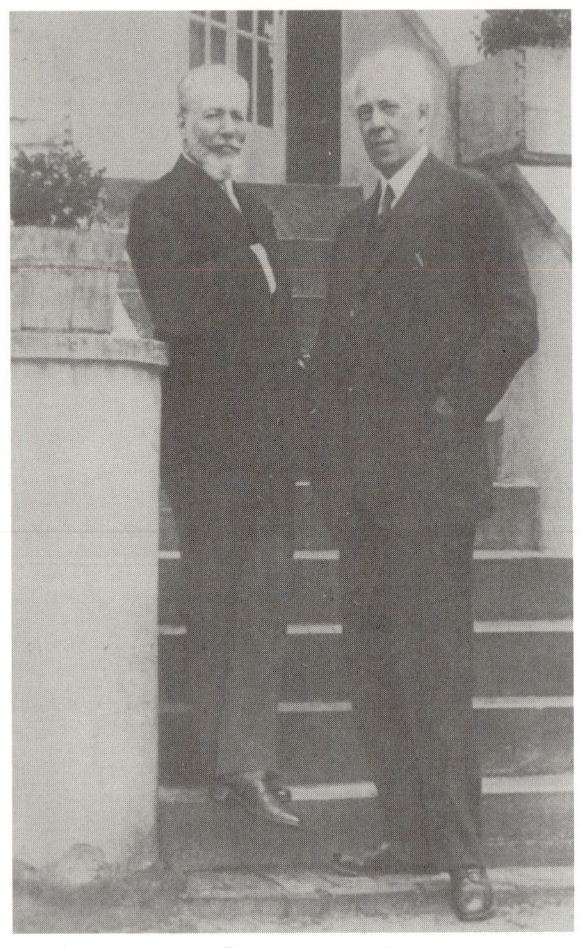

Вл. И. Немирович – Данченко и К. С. Станиславский
네미로비치-단첸코와 스타니슬랍스키

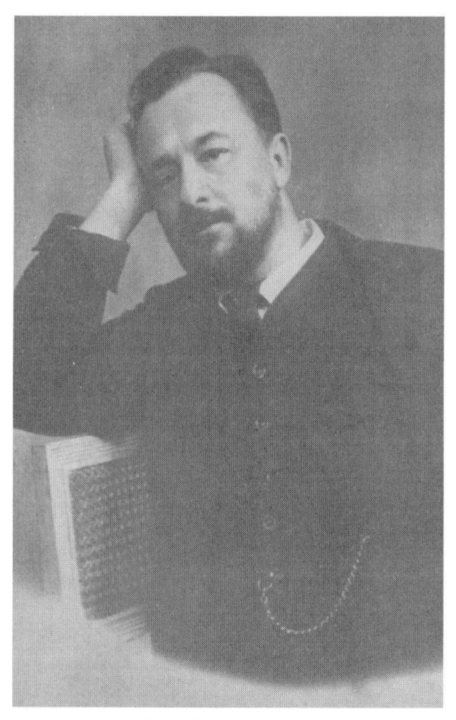

Л. А. Сулержцкий
ЛА. 술레르쥐쯔끼, 1910-1912년

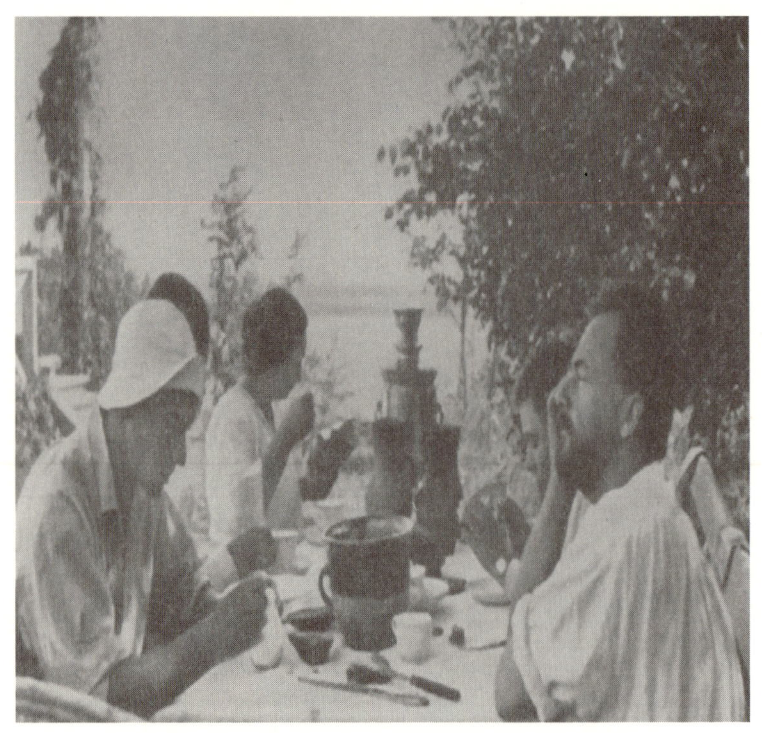

Вечерний чай. слева - Е. Б. Вахтангов и О. И. Поль,
справа - Л. А. Сулержцкий, К. К. Алесеева. Канев
카네프에서 공동생활
(왼쪽이 박탄고프, 오른쪽은 술레르쥐쯔끼이다)

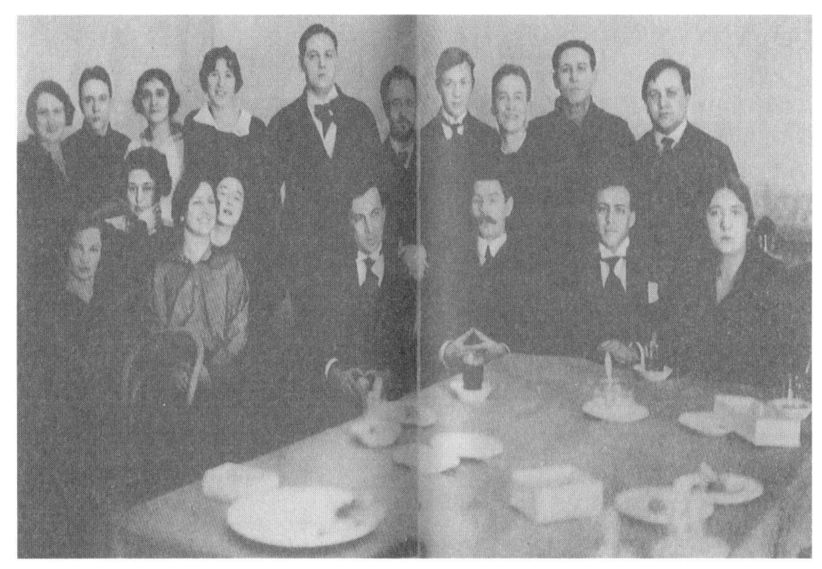

А. М. Горький в первой студии МХТ.
М. А. Чехов стоит второй слева. 1914 г.
〈제 1 스튜디오〉를 방문한 고리끼, 1914년
(첫째 줄 오른쪽에서 세 번째가 고리끼, 두 번째 박탄고프,
두 번째 줄 왼쪽에서 두 번째가 미하일 체홉, 여섯 번째가 술레르쥐쯔끼이다)

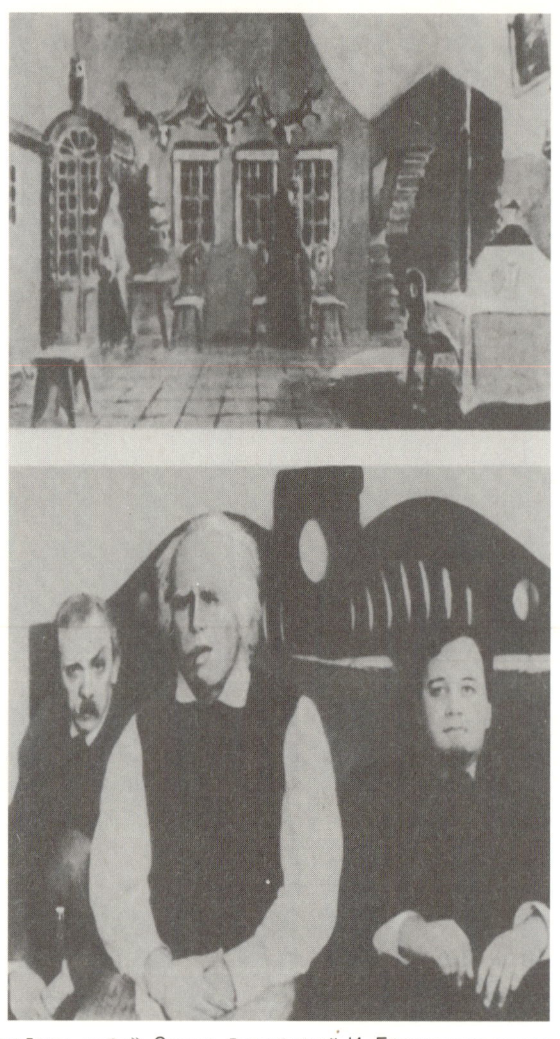

《Праздник мира》 Эскиз декораций И. Гремиславского. 1913
М. Чехов - Фрибэ, Г. Хмара - доктор Шольц,
Б. Сушкевич - Роберт. 《Праздник мира》
《세상의 평화》 무대스케치와 등장인물, 1913년
(왼쪽이 프리베 역의 미하일 체홉이다)

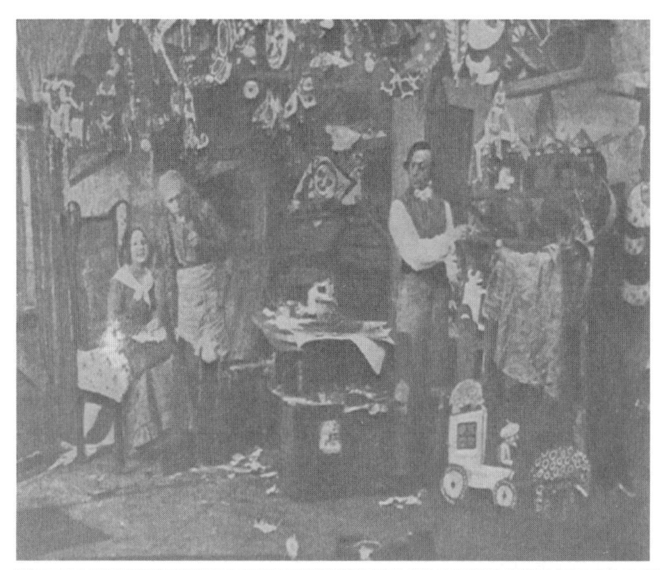

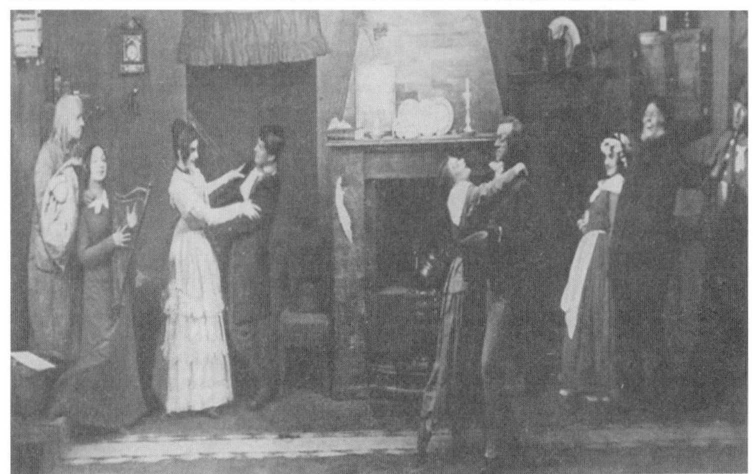

《Сверчок на печи》 по Ч. Дикинсу. Первая студии МХТ.
1914 г. Сцены из спектакля
〈제 1 스튜디오〉에서 《난로위의 귀뚜라미》 공연, 19145년
(위의 사진 오른 쪽이 박탄고프, 밑의 사진 중앙의 춤추고 있는 남자가 박탄고프이다)

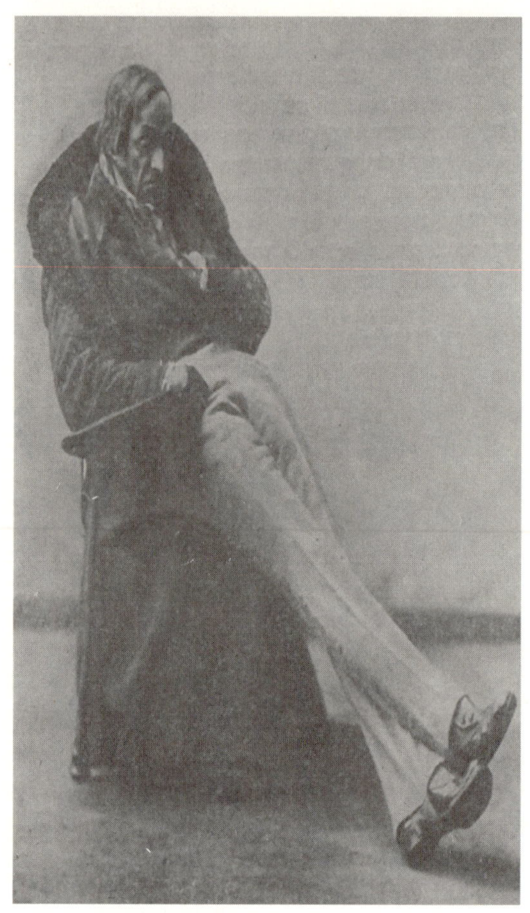

Е. Б. Вахтангов в роли Тэкльтона.
《Сверчок на печи》 Ч. Дикинсса. Первая студии МХТ. 1914 г.
《난로위의 귀뚜라미》에서 테클톤 역의 박탄고프, 1914년

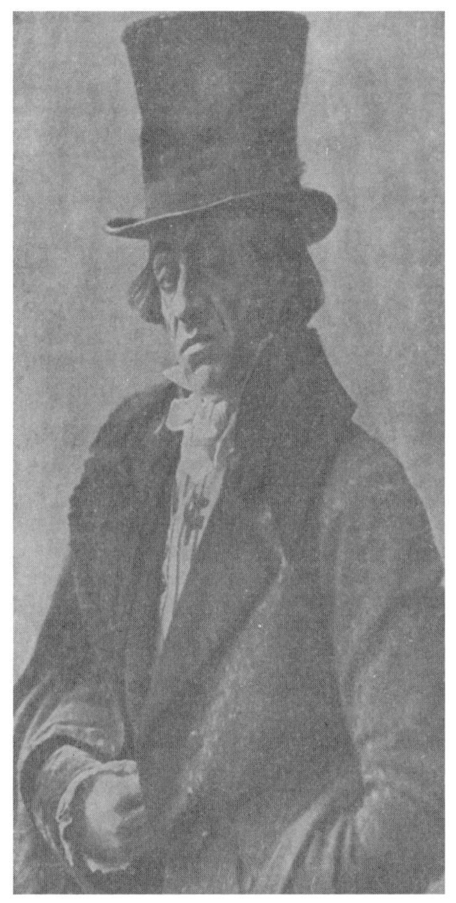

Е. Б. Вахтангов в роли Тэкльтона.
≪Сверчок на печи≫ Ч. Дикинсса, Первая студии МХТ. 1914 г.
테클톤 역의 박탄고프, 1914년

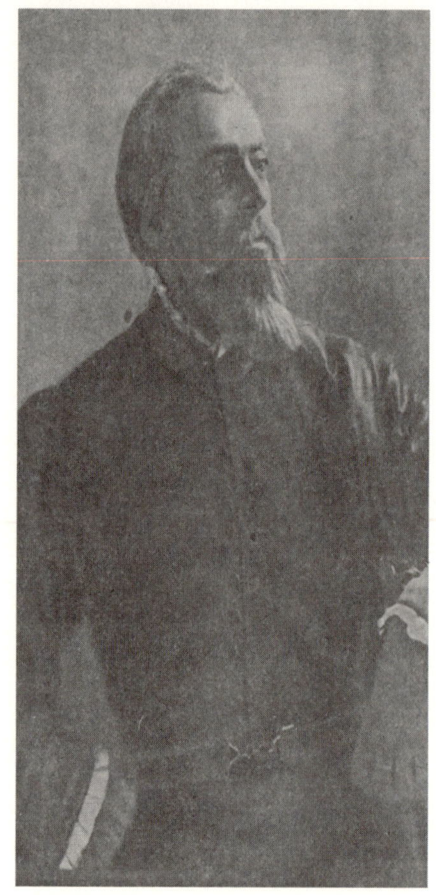

Е. Б. Вахтангов в роли гостя у Лауры.
《Каменный гость》 А. С. Пушкина. МХТ. 1915.
《석상손님》에서 손님 역의 박탄고프. 1915년

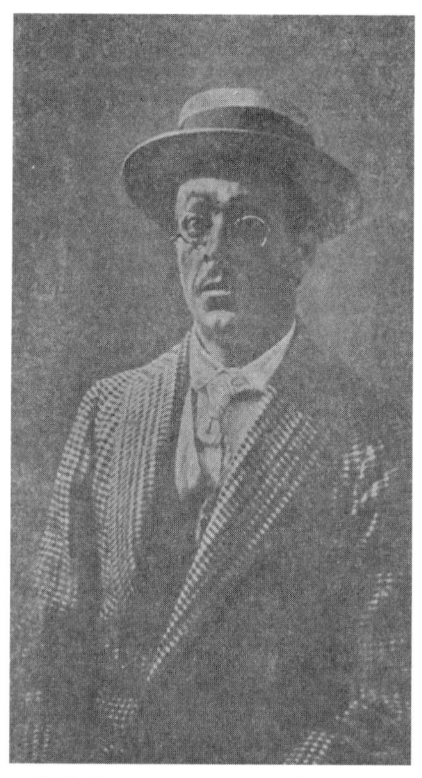

Е. Б. Вахтангов в роли Фрезера.
≪Потоп≫ Бергера. Первая студии МХТ. 1915 г.
≪대홍수≫에서 프레저 역의 박탄고프, 1915년

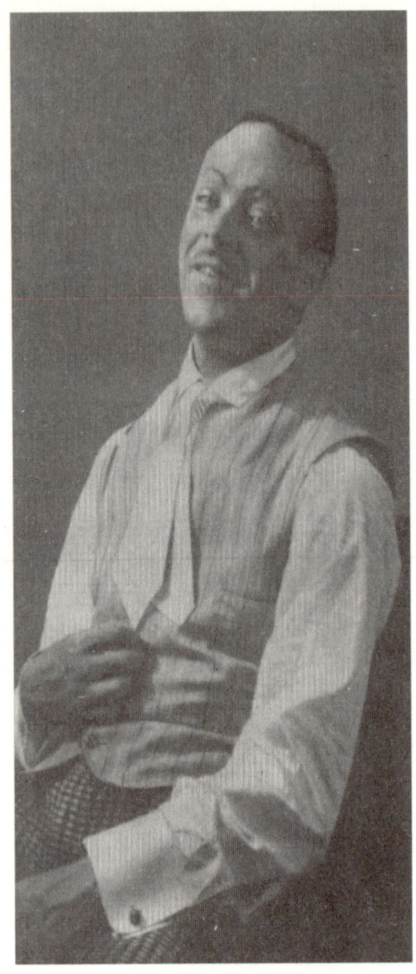

Е. Б. Вахтангов в роли Фрезера.
《Потоп》 Бергера. Первая студии МХТ. 1915 г.
프레저 역의 박탄고프. 1915년

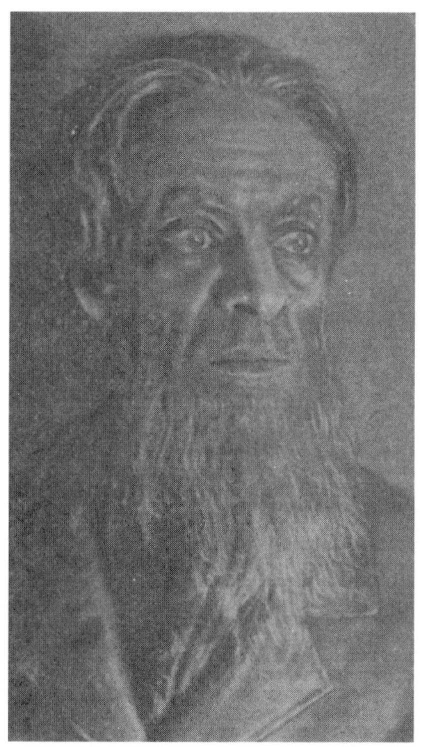

Е. Б. Вахтангов в роли Бределя.
《Росмерсхольм》 Г. Иьсена. Первая студии МХТ. 1918 г.
《로스메르스홀름》에서 브렌겔 역의 박탄고프. 1918년

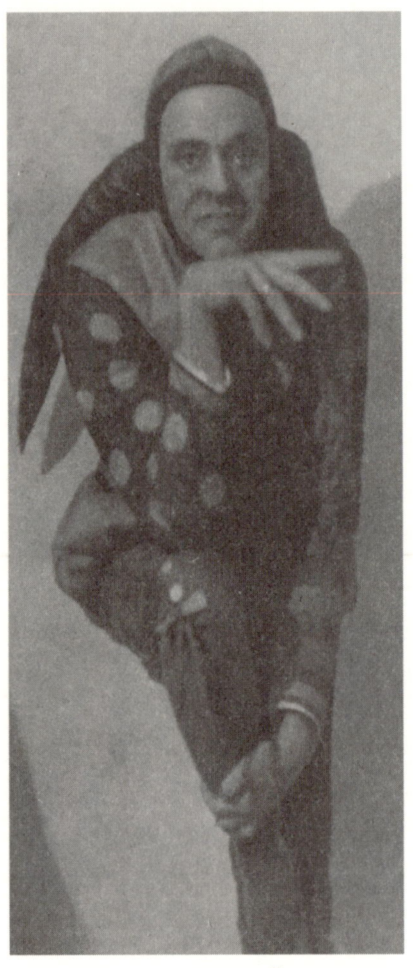

Е. Б. Вахтангов в роли Шута. ≪Двенадцатая ночь≫
В. Шекспира. Первая студии МХТ. Фотография. 1919 г.
≪12야≫에서 슈트 역의 박탄고프, 1919년

제2부 | 삼위일체론

　　박탄고프가 활동했던 스튜디오들을 열거해 보면 다양하고 복잡하다. 우선 므하뜨의 <제 1 스튜디오>와 자신의 조직단체인 <만수로프스까야 스튜디오>를 제외하고라도 <제 2 스튜디오>, <문화협회>, <프로레트쿨트(노동자문화단체)>, <차이코프스끼 스튜디오>, <군스트 스튜디오>에서는 스타니슬랍스키 시스템을 도구로 강의와 작업을 하였으며, <살라핀 스튜디오>에서는 ≪녹색 앵무새≫ 공연연습을 하였고 또한 자모스크바레쯔끼 지역의 노동자를 위하여 <프롤레타리아 스튜디오> 결성에 참가하기도 하였다. 그리고 까메르니 지역에서 <만수로프스까야 스튜디오> 단원들이 공연하였던 <민중극장>을 조직하기도 하였다. 이처럼 많은 작업과 관련하여 그는 자신의 일기장에 다음과 같이 적고 있다.

　　1919년 2월 16일. 네미로비치 단첸코가 나를 초대하여 네비로프스까야와 샤빈스끼를 소개시켰다. 그리고 <오페라타 스튜디오>를 설립하도록 제안하였다.... 1919년 2월 17일. 스타니슬랍스키가 발쇼이 극장에 나를 초대하여 그조프스끼와 함께 발쇼이 극장의 예술가들과 작업하도록 제안하였다. 저녁에는 라자레프가 나를 스튜디오의 협력자로 포함시켰다.... 수렌 하차뚜로프는 나에게 여름부터 <아르만스끼 스튜디오>에서 작업을 하자고 제안하였다.... ≪에브게니 오네긴≫을 연습하고 있는 <오페라 스튜디오>는 나와 함께 작업하자고 초청 하였다. 이 모든 것을 해야 한단 말인가![1]

그러나 벨드로르니이가 박탄고프에게 <제 1 스튜디오>에서 적극적으로 활동하지 않고 <가비마>나 그 밖의 여러 스튜디오에서 자신의 정열을 소모하 느냐고 물었을 때 박탄고프는 다음과 같이 대답한다.

왜냐하면 <가비마>에서는 나의 말이 법칙입니다. 어느 누구도 나의 창조적 열 정을 의심하지 않습니다. 지금 여기서 손을 들고 춤추고 있는 저 가난한 사람 은 일 년이 넘게 자신의 춤의 한 부분을 연습하고 있습니다. 나의 지시를 믿고 자신의 작업을 즐기면서 말입니다. 그래서 여기는 우리들이 달성하고자 하는 어떤 것을 이룰 수 있기 때문입니다.[2]

이처럼 그는 <가비마>와 <제 3 스튜디오>에서 스스로 총책임자임을 자 부한다. 일례로 1918년 11월 <제 3 스튜디오>위원회에게 다음과 같은 편지를 쓴다.

이 스튜디오에서 나는 내가 쓴 이 편지보다도 훨씬 더 오랫동안 여러분의 삶에 남을 것입니다.[3]

당시 므하뜨의 <제 1 스튜디오>는 엄격한 권위와 상이한 견해들이 복잡 하게 얽혀 있어서 박탄고프의 연출력을 신뢰하지 않는 분위기이었다. 그리하 여 여기에서 그의 연출적 상상력은 회의적으로 받아 들여졌는데, 예를 들면

<제 1 스튜디오> 배우들은 ≪에릭 14세≫ 공연에서 무대미술가인 니빈스끼의 무대그림을 비웃었고, 또한 박탄고프가 <까메르니 극장(민중극장)>의 스튜디오에 소속되어 있다고 여겼기 때문에 <제 1 스튜디오>의 수쉬케비치는 무대의상인 녹색제복에 대하여 강한 거부감을 나타내기도 하였다.

박탄고프는 배우를 존중하고 이해하고자 노력했던 연기교육자이었다. 그래서 그는 항상 냉철한 이성뿐만 아니라, 따뜻한 감정을 소유한 사람을 알기를 원했으며, 그들의 정신으로 다가가 그들의 내면에 있는 배우의 기질을 창조적 가능성으로 변화시키고자 노력하였다. 이러한 그의 노력은 그가 언급한 것처럼 '배우를 진실로 창조하기 위한 것'[4]이었다.

한편 박탄고프의 역할분배 원칙은 누가 연기를 잘 할 수 있느냐가 아니라, 누가 예측할 수 없는 잠재력을 더 많이 가지고 있는 것인가 하는 문제이었다. 일례로, 투란도트 역할에 만수로바가 아닌 다른 여배우가 더 적합했음에도 불구하고 투란도트 역할은 만수로바가 맡게 되었다. 이에 대하여 박탄고프는 다음과 같이 말한다.

연기를 잘 한다는 것이 무엇인지 나는 압니다. 또한 어떻게 연기하는 것이 훌륭한 것인지도 알고 있습니다. 그러나 이런 것들은 나에게는 흥미롭지 못합니다. 아마 만수로바는 연기를 잘 하지 못할 지도 모릅니다. 그러나 어떻게 연기를 잘하지 못하는 가를 나는 모릅니다. 이것이 나에게는 흥미로운 것입니다.[5]

자바드스끼가 '박탄고프가 가시적인 배우들의 재능에 의해 배우창조와 역할분배를 했다고 말하기는 어렵다'[6]라고 언급한 이유가 바로 여기에 있는 것이다.

많은 스튜디오에서의 작업은 박탄고프에게 인간과 배우라는 재료를 연구하도록 하였다. 그러나 그에게 있어서 가장 중요한 작업공간은 <제 3 스튜디오>였다. <제 3 스튜디오>는 1914년 <학생드라마 스튜디오>로 출발하여, 만수로프스까야 거리로 옮겨 <만수로프스까야 스튜디오>로 개명하였고, 1917년에는 <박탄고프 모스크바 드라마 스튜디오>로 이름을 바꾸었으며, 1920년에는 <제 3 스튜디오>라는 명칭으로 므하뜨와 일시적으로 병합되었다. 그리고 마침내 <박탄고프 국립극장>으로 변하여 지금의 아르바뜨 거리에 위치하고 있다. 이러한 변천과정의 <제 3 스튜디오>에서 그는 많은 역량을 축적함과 동시에 그의 연극사상을 정립시킬 수 있었다. 여기에서 그는 자신만의 배우교육 시스템을 정립하였으며 이후에 '환상적 사실주의'라는 연극을 탄생시켰다.

배우교육을 함에 있어서 박탄고프는 배우의 외적 기술이나 내적 기술로 시작한 것이 아니라, 술레르쥐쯔끼처럼 스튜디오의 정신과 원칙을 이해하는 것으로 시작한다. 1911년 그가 직업 연극의 길로 접어들었을 때 이렇게 쓰고 있다.

> 우리들이 배울 수 있는 스튜디오를 만들고 싶다. 스튜디오의 원칙은 모든 구성원들이 스스로 획득함과 동시에 모든 구성원들이 서로에게 가르쳐 주는 선생이어야 한다. 여기서 우리는 스타니슬랍스키의 시스템을 검증하고, 받아들일 것은 받아들이고 배제할 것은 배제할 것이다. 즉 수정하고, 보충하고, 거짓은 과감히 버릴 것이다. 모든 구성원들이 예술과 무대를 사랑해야 함은 물론이다. 그래서 창조작업 내에서 기쁨을 얻을 것이며, 그것은 다른 사람을 위해서가 아니라, 자신을 위하여 창조하는 것이어야 하며 자신을 위하여 즐겨야 하는 것이다. 또한 각자는 스스로에게 재판관이 되어야 할 것이다.[7] ... 이러한 스튜디오에 자신의 기쁨과 눈물을 바쳐야 한다. 상냥한 얼굴, 온화한 눈길, 열정적인 감

정이 필수적이다. 모든 구성원들은 서로 진실한 친구이며, 겸손하고, 조심스럽게 상대방에게 다가가야 한다. 그리고 서로를 소중히 여기고, 순결과 사랑이 넘치는 공간으로 만들어야 한다 ... 그곳에서 우리는 작업에 몰두하여 창조적 불길을 태울 것이다. 기쁨만이 있을 것이며, 그 모든 것을 정화시키고 싶다.[8]

스튜디오에 대하여 한마디로 정의 내릴 수는 없지만, 위에서 언급한 것처럼 어떻게 스튜디오를 창조해야 할 것인 가에 대하여 '첫째, 스튜디오와 함께 생활하고 둘째, 자신의 것으로 느끼기 위해 스튜디오에서 무엇인가를 해야 하며 셋째, 많은 시간과 작업을 통해 쌓아온 스튜디오를 보호해야 함이 필요하다'라고 그는 언급한다.

다시 말하면 박탄고프는 스튜디오의 원칙을 겸손, 고결함, 고상한 정신의 열망으로 간주했는데, 이러한 초기의 스튜디오는 마치 수도원과 흡사했다. 그리하여 스튜디오는 자신의 사명감이 충만한 곳이어야 한다고 확신하고 있다.

사명감이 없는 예술 공간은 종교성이 없는 종교와 같아서 오랫동안 존재하지 못할 것이다. 그러나 아직까지는 이러한 열정가들의 불길이 사라지지 않았으며, 재능있고 섬세한 에고이스트들의 열정 또한 살아 있다. 그러나 교묘한 수완가들은 신을 속이고, 자신의 현세의 시간을 화려하고도 낭만적이면서 이상한 물감으로 채색하여 현세에 사는 인간들의 헛된 선망의 대상이 되고 있다.[9]

이처럼 그는 사명감이 없는 예술적 쾌락만을 위한 열정은 젊은 예술가들에게 해로운 것이라고 생각한다. 따라서 스튜디오는 극장과는 다른 공간이기에, 연기수업과 공연연습을 하는 것이 예술에서 진실을 찾고자 하는 사람들의 모임이어야 하며 그리고 엄격한 도덕적 분위기가 있는 곳에서 창조작업은 이루어질 수 있다고 강조하고 있다. 그리하여 이러한 창조적 축제 분위기와 연습의 기쁨이 중요한 것이지, 결과는 중요한 것이 아니라고 생각한다.

또한 박탄고프에게 있어서 스튜디오 단원들은 연기적 재능과는 상관없이 평등한 구성원이었는데, 그들은 배우로서 작업을 함과 동시에 스튜디오의 여러 가지 역할─옷 보관하는 일, 개찰, 무대장치, 소도구담당, 가구제조, 소품제작 등─을 수행해야만 했다. 아르바뜨로 스튜디오를 옮겼을 때도 단원들에 의해 스튜디오가 설립되었는데, 어느 날 어떤 여배우가 스튜디오의 관리인으로서의 자신의 임무를 망각하고 수행하지 않았을 때 박탄고프는 한 달 동안 그녀를 수업에 참석하지 못하게 하였다. 이와는 다른 경우로 어떤 단원이 아픈 동료를 위해 스튜디오식당에서 식사를 가져다주었을 때, 이러한 사실을 알고 있었던 박탄고프는 그에게 병역면제의 기회를 주기도 하였다(당시 러시아는 내전상태이었다).

박탄고프에게 있어서 스튜디오는 규율이 있어야만 하는 공간이었으며, 그 규율은 연기교육자나 연출가의 명령에 의하여 생기는 것이 아니라, 구성원의 자발성으로 생기는 것임을 강조한다. 그리하여 스튜디오 초기에는 엄격한 규율에 의해 운영되었다. 일례로 1918년 '연기자의 밤' 행사 후, 박탄고프는 분개하여 단원들에 이렇게 말한다.

우연히 무대에서 웃음이 발생했을 때, 이것은 이해할 수 있고 용서할 수 있는 것입니다. 다음 연습 시에도 똑같은 웃음이 터진다면 이미 이것은 규율이 없다는 것입니다. 그러나 세 번째에도 또다시 똑같은 웃음이 나온다면 이제는 저속한 것이라고 할 수 있습니다. 나의 경험으로 비추어 보건대 무대에서의 웃음은 필연적인 원인을 동반합니다... 여러분은 아직까지는 예술에 대하여 끊임없이

이야기하고 논의하여야만 합니다.[10]

그리고 당시 시대적 상황이 아주 어려웠음에도 불구하고 그는 스튜디오의 상업적 활동에 동의하지 않았다. 1918년 스튜디오 단원들의 영양보급을 위해 스튜디오 내에 <알라뜨르>라는 클럽을 만들었을 때, 그는 스튜디오의 명칭을 <식당 스튜디오> 혹은 <부폐 스튜디오>로 바꾸자고 비난했을 정도였다.

그리하여 <제 3 스튜디오>에서는 성실한 생활태도에 따라 독특한 계층구조가 이루어졌다. 이때 재능의 정도는 특별히 고려되지 않았다. 이러한 기준에 따라 스튜디오 단원들은 정단원, 단원, 준단원으로 구성되었다. 정단원의 회의에 의해 단원의 승격과 추방이 결정되었는데, 단원의 추방은 규율에 위배된 행동을 했거나, 스튜디오의 생활에 충실하지 못한 경우에 적용되었다. 그러나 박탄고프는 항상 이러한 정단원의 결정에 동의하지는 않았다. 일례로 언젠가 정단원의 회의에서 두 명의 여자단원이 추방되었을 때, 그는 그들 둘 사이의 분명한 차이점에 대해 정단원에게 편지를 썼다. 한 여자 단원은 스튜디오에서 불성실한 생활태도를 보였지만, 다른 여자 단원은 스튜디오를 위하여 자기희생을 하며 많은 노력을 했기 때문에 엄격하게 차이를 두어야만 한다는 내용이었다.

이후에 스튜디오의 계층구조는 선출이 아닌 <위원회>라는 구조로 바뀌는데, 박탄고프는 우선 알레바를 믿을 수 있는 단원으로 임명했다. 알레바는 다른 사람을 임명했고, 이후에 그들은 또 다른 제 3의 인물을 위원으로 임명했다. 위원 개개인에게는 거부권이 있었으며, 만장일치로 위원을 임명하는 방식이었다.

박탄고프에 의해 실행된 이러한 스튜디오의 도덕적 원칙은 현재까지도 많은 러시아 극단들의 모델이 되고 있다. 이러한 도덕적 원칙은 배우들에게 기술적 소유가 우선이 아니라, 집단의 창조적 작업을 위한 스튜디오의 정신이 중요한 것임을 의미한다. 따라서 박탄고프는 이러한 스튜디오의 원칙 하에 무대예술의 집단화는 가능한 것이라고 간주하고 있다.

<박탄고프 스튜디오>의 초기 수업형태는 므하뜨와 <제 1 스튜디오>의 훌륭한 배우들(비르만, 기아찐또바 등)과 스튜디오의 연장자인 단원들에 의해 진행되었다. 그리고 1년 후에는 자체 내에서 조교가 배출되었으며, 그들은 다시 새로운 단원들을 가르쳤다. 이에 대해 마르꼬프는 '박탄고프는 현명하게 자신의 스튜디오를 운영했으며 그리고 스튜디오와 극장을 연계시켜 창조적 작업을 해 나갔다'[11]라고 언급하고 있다.

<제 3 스튜디오>의 역량 축적기간은 오랜 시간에 걸쳐 이루어졌다. 스튜디오의 첫모임이 1913년 말에 이루어져 영향력 있는 공연이 1918년에 나왔기 때문이다. (《라닌가의 정원》과 '연기자의 밤'은 스튜디오 자체 내의 작업으로 간주한다) 그리고 마침내 스튜디오의 참다운 성공작품은 박탄고프가 죽기 얼마 전인 1922년에 《투란도트 공주》에 의하여 이루어졌다.

그러나 모든 단원들이 스튜디오의 실험 작업을 극복했던 것은 아니었는데, 무대에서의 작업, 즉 공연을 원하여 스튜디오의 재능 있는 12명의 단원들이 탈퇴하기도 했다. 자바드스끼, 안따꼴스끼, 베르슬로프, 볼꼬프, 세로프 등이 그들이었는데, 그러나 그들 중 대부분은 몇 달 후에 다시 스튜디오로 복귀하였다. 탈퇴한 단원들 대신에 1919년 가을에 <마몬또프스끼 스튜디오>에서 딸차노프, 랴우단스까야, 바소프와 <살로핀 스튜디오>에서 시모노프, 야노프

스끼 그리고 <군스트 스튜디오>에서 학생배우들이 합류하였다.

1919년 스튜디오를 재조직하면서 박탄고프가 5년 동안 배우집단을 형성했던 <만수로프스까야 스튜디오>는 막을 내렸는데, 그때 그는 '지금은 스튜디오가 새로운 집단으로 새로운 창조적 길로 접어들었다'[12]라고 언급한다. 그리하여 이제 스튜디오는 새로운 삶, 새로운 도덕, 새로운 상호관계를 형성하기 시작한다.

한편 박탄고프는 스튜디오의 원칙에 또 하나의 불변의 원칙을 추가하는데, 그것은 '학교—스튜디오—극장'이라는 삼위일체론이다. 즉 스튜디오는 예술의 혼을 소유하고 있는 공간이며, 학교는 명확한 시스템과 하나의 도덕체계를 가지고 직업배우를 위한 교육의 장이며 그리고 극장은 배우의 진실한 창조적 공간으로서 그 자체 내에 학교와 스튜디오의 속성을 내포하고 있기 때문에 배우들은 스스로 교화하여야만 하는 공간이라고 정의 내리고 있다.

박탄고프는 ‘학교에서는 무엇을 가르치고, 어떻게 교육시켜야 할 것인 가를 알아야 한다’[1]라고 말한다. 그리하여 그는 연기교육자로서 다음과 같은 목표를 지향한다.

> 학생들의 개성을 발견하여 자신들의 자연적인 능력과 창조적 욕구를 개발한다. 그리하여 학교에서는 극장에서의 역할작업으로 다가갈 수 있는 메소드를 부여하고, 집중할 수 있는 능력을 소유하도록 가르치고 그리고 희곡을 단락별로 분석할 수 있는 능력을 가르친다. 또한 내적, 외적 기술을 위하여 반복연습을 하고, 배우의 ‘제 2의 자연’을 위해 상상력과 기질, 취향을 개발한다.[2]

박탄고프에 의하면 배우연기는 근본적으로 의식의 저변(잠재의식)에서 태동하는 것이라고 확신하고 있다. 그는 영감(靈感)에 대해서 다음과 같이 말한다.

> 영감이란 무의식이 의식의 참여 없이 이전의 일과 결합되어지는 순간이며, 영감의 부름이 있을 때만이 하나의 형식은 부여된다.[3]

박탄고프에 의하면 배우는 자신의 무의식과 본능에 문제의식을 제기하면 무의식은 창조적 응답을 하는데, 이때 무의식을 닫을려고 하는 사람은 창조적 작업에 적합하지 못한 사람이고 무대에서도 적합하지 못하며, 그것은 결국 무대에서의 무능이라고 말한다. 그리고 끊임없이 의식적으로 무의식의 세계로 접근하여 연기가 무의식적으로 표현될 수 있는 사람은 재능 있는 사람이며, 무의식적으로 무위식의 세계로 접근하여 연기가 무의식적으로 나타나게 할 수 있는 사람은 천재라고 말한다.[4] 따라서 연기교육자는 천재를 교육시키는 것은 불가능한 일이지만, 배우의 재능을 발견하고 발전시킬 수 있는 것이다. 배우연기에 있어서 박탄고프의 '의식을 통한 무의식으로의 접근'은 분명히 스타니슬랍스키 시스템의 본질과 상응하는 것이다.

박탄고프는 스타니슬랍스키 시스템을 진실로 신봉한 연기교육자이었다. 수쉬케비치에 의하면, 박탄고프는 스타니슬랍스키보다도 시스템을 명확히 이해하고 있었으며 시스템을 정립한 연기교육자이었다고 한다. 당시 시스템에 대한 논쟁이 한창일 때, 박탄고프는 '스타니슬랍스키 시스템 때문에 카차로프[5]는 배우로 다시 태어났습니다'라고 역설한 바 있다.

박탄고프는 자신의 경험에 의하여 이미 이론적으로 정립한 시스템의 요소들로부터 배우교육을 시작하였다. 즉 시스템의 행동을 위한 요소훈련인 긴장과 이완, 집중, 무대적 행동, 표현력, 관찰, 적응 등의 요소들이 그것이었는데, 그러나 해를 거듭할수록 시스템에 대한 관점은 수정, 확대되었다. 1914년과 1919년의 배우교육에 관한 그의 플랜을 비교해 보면 이러한 관점은 명확히 드러나는데, 그것은 배우교육에 있어서 시스템의 '배우 자신으로서의 작업'편은 변하지 않았지만 '역할로서의 작업'편은 박탄고프에 의해 '희곡과 역할의 분석',

'외적 성격묘사'로 나누어져 보완, 확대되었다.[6]

그리하여 배우교육의 내적 기술을 가르침에 있어서 박탄고프는 시스템의 '배우 자신으로서의 작업'편을 언급하는 것으로 시작하였는데, 여기에서 그는 스타니슬랍스키와 마찬가지로 우선 근육의 긴장과 이완의 중요성에 대하여 강조하고 있다. 그는 '배우들이 근육의 이완을 소홀히 할 때 판에 박은 듯한 감정의 연기가 발생한다. 이러한 근육이완의 결핍은 긴장으로부터 발생하여 에너지의 발산부족에 기인한다'[7]라고 말한다. 긴장을 제거하기 위해 배우는 불필요한 긴장을 없애거나, 근육의 긴장을 정당화시킬 수 있는 내적 컨트롤을 발달시켜야만 한다. 그러나 가끔씩 연출의 요구에 의해 긴장은 부자연스럽거나 익숙하지 않을 경우에도 발생하기도 하는데, 일례로 ≪난로위의 귀뚜라미≫ 연습 때 박탄고프는 여배우 호브고른의 부자연스러운 발걸음을 유심히 관찰한 후, 어떤 신발이 당신에게 맞느냐고 물었다. 그 여배우는 높은 하이힐이 자신에게 익숙한 신발이라고 대답했다. 그러나 무대연습에서는 하이힐이 아니라 슬리퍼로 신을 것을 요구했기에 그는 즉시 여배우에게 하이힐로 바꿔 신도록 했다. 이러한 간단한 신발의 교체가 그녀로 하여금 걸을 때의 긴장을 완전히 제거시켜 주었다.

그러나 진정한 근육의 이완은 구체적인 대상으로의 주의와 집중이 없으면 이루어질 수 없다. 무대 위의 배우에게는 매순간 주의할 수 있는 대상이 있기 마련인데, 이를테면 사물, 소도구, 무대장치, 소리, 자신의 감정이나 상대방의 감정 등이 그것이다. 배우는 이러한 요소들을 자신의 무대적 존재를 위하여 매순간 주의하여 완전히 그들에게 집중해야만 한다. 그러할 때 비로소 근육의 이완은 이루어질 수 있다.

한편 무대 위의 배우는 자신의 행동에 대하여 믿음을 가지고 있어야 하는데, 이러한 무대적 믿음을 가지기 위하여 무엇이 필요한 것인가라는 물음에 박탄고프는 다음과 같이 말한다.

> 무대에서의 믿음을 가지기 위하여 배우는 정당성을 찾아야만 합니다. 그것은 모든 행동과 상황에 대한 원인을 찾는 것입니다. 예를 들어, 여러분이 의자에 앉아서 아무런 이유 없이 오른쪽 다리와 왼쪽 팔을 들고 있어야 한다면 아주 불편할 것입니다. 그러나 만일 여러분이 이러한 상황을 정당화하기 위하여 왼쪽 팔은 여러분 앞에 놓여 있는 책상을 잡고 오른쪽 다리에 꼭 조여 있는 장화를 벗고 있다고 가정하고 행동한다면 이전의 불편했던 상황은 아주 편한 상황으로 바뀔 것입니다. 즉 상황에 의의를 부여한 것입니다.[9]

그리하여 박탄고프는 배우들이 정당성을 가져야만 하는 요소들을 주제별로 나누어 가르쳤는데, 즉 자세, 장소, 행동, 상황 등이 그러한 주제들이었다. 배우들은 이러한 주제들을 가지고 연습과제로 만들어 박탄고프에게 보여주어야만 했다. 그의 목적은 무대적 삶의 행동에 정당성을 가질 수 있는 능력을 배우에게 심어주고자 함이었다.

박탄고프 또한 <아다쉐프 학교>에서 이미 무대에서의 믿음과 정당성에 대한 수업을 받은 바 있었는데, 당시 많은 학생들은 진지하고 무거운 희곡적인 에튜드[10]를 만들어 선생에게 보여주었다. 예를 들면 아이가 죽는다든가, 이혼한 사람으로서의 상황 등이 그러한 것이었는데, 그러나 박탄고프는 가장 일상적인 생활소재를 사용하여 에튜드를 만들어 실연을 했다. 그 이유는 에튜드는 일상의 소재들에서 자신의 감정과 행동을 진실하게 드러내 보이는 것이 무엇보다도 선행되어야 함을 이해하고 있었기 때문이다.

그러나 행동의 정당성을 부여해야만 하는 에튜드는 결코 쉬운 것은 아니었는데, M. 체홉에 의하면 박탄고프는 행동의 정당성을 위한 에튜드에 강한 애착을 보였다고 한다. 그에 의하면 박탄고프의 행동의 정당성을 위한 상상력의 동기는 일상생활 속에서 철저히 구해졌다고 말하는데, 예를 들면 박탄고프는 책상위의 연필을 보고 생각에 빠져 있다가, 곧 그의 얼굴표정과 몸짓은 빠르게 변하면서 동시에 그의 손은 아주 느리게 연필을 집는 정당성을 찾는 것 등이다.[11] 그는 이처럼 일상생활 속에서 예술가로서의 본능에 끊임없이 호소하여 예술적으로 행동을 정당화시키고자 노력하였다.

무대에서의 믿음이란 근본적으로 어린아이와 같은 순진성에 기인한다고 할 수 있는데, 배우는 자신이 무대에 존재하고 있다는 것을 알고 있으며 이러한 믿음이 전제가 되어 이후의 상상에 의한 감정에 진실되게 반응할 수 있어야 한다.[12] 이에 대해 박탄고프는 다음과 같이 말한다.

> 텅빈 의자에 사람이 앉아 있다고 믿으십시오. 그러나 이 말은 없는 사람을 실제로 보라는 의미는 아닙니다. 어쩌면 이것은 배우연기가 아닌 환각일 수도 있습니다. 그러나 우리는 이것을 알아야 합니다. 즉 의자와 우리의 관계가 보다 분명해 질려면 의자에 사람이 앉아 있다는 관계 또한 상상할 수 있어야 함을 말입니다.[13]

이 말의 의미는 배우가 성냥갑을 살아있는 새로서 믿을 필요는 없는 것이지만, 무대에서의 순진성으로 인한 믿음을 가지고 진실하게 성냥갑을 살아있는 새로서 상상하여 관계할 수 있다는 것이다. 같은 의미로 해석해 볼 때, 배우는 자신의 면전에 리어왕이 서 있는 것이 아니라, 상대배우가 서 있다는 것을 알고 있지만 그러나 그는 상대배우를 리어왕으로 관계할 수 있어야 한다는 의미이다. 따라서 무대에서 배우가 대상(상대배우와 물체)을 믿음을 가지고 대할 때, 삶의 비진실은 연극적으로 되는 것이다. ≪라닌가의 정원≫의 제 1막을 연습할 때 박탄고프는 1막의 환희에 찬 봄의 분위기를 살려내기 위하여 배우들에게 아무 것도 없는 주위환경을 최대한의 상상력을 동원하여 봄의 기운이 무대에 가득하기를 요구했다. 즉 주위의 꽃과 나무들의 소생, 테라스의 봄의 공기 등을 상상하여 철저히 관계하도록 요구했다.

배우연기에 있어서 박탄고프는 믿음의 이상적인 형태를 어린아이의 정서와 심리상태 등과 연관시키고 있다. 어린아이들은 어떤 상황이라도 그들로서 진지하고 진실하게 이해하기 때문인데, 스타니슬랍스키 또한 분명히 어린아이의 이러한 면을 믿고 있었으며 실제로 어린아이의 반응을 자신의 무대작업을 위한 자료로 활용하였다. 일례로, 스타니슬랍스키는 술레르쥐즈끼의 아들인 미짜를 연습장에 데려와서 자신이 고안한 무대장치를 보여 주었다. 그는 미짜에게 사실적인 계단, 무대의 실제 비, 웅덩이, 그리고 오리 등을 의기양양하게 보여 주며 아이의 반응을 기다렸다. 그러자 미짜는 '거짓말, 집안(극장)에 있는 집(무대의 집)에서 이럴 수가 있어요'라고 소리쳤다. 스타니슬랍스키는 즉시 자연주의적인 무대를 완전히 제거해 버렸다.

근육의 이완, 주의집중, 믿음, 정당성 그리고 순진성 등으로 인하여 이제 배우는 '주의의 원'을 만들 수 있다. 박탄고프는 배우들에게 '주의의 원'을 위한 연습과제로서 일상적인 소재들을 행동화해 볼 것을 제안한다. 예를 들어, 십자가 수놓기, 빨래하기, 장화손질, 점토로 조각 만들기, 잼 만들기, 머리손질하기,

사탕상자 풀기, 낚시하기, 난로 불 피우기, 옷 입기 등이 그가 제안한 과제들이 었다. 당시 시스템이 막 형성되고 있을 때, <제 1 스튜디오>의 배우들에게 '주의의 원'이라는 개념은 추상적이고 모호한 것이었다. 이와 관련하여 기아찐또 바는 당시의 상황을 이렇게 회상하고 있다.

> 《희망의 죽음》 공연 때, 여배우 우스펜스까야는 3막에서 등장하기 전에 수 건을 덮어쓰고 있었다. 그때 어린 우리들은 장난기가 발동하여 그녀가 수건을 덮어쓰고 무엇을 하는지 보고 싶어서 수건을 벗겼는데, 그러자 그녀는 성을 내 며 '너희들이 나를 주의의 원으로부터 내 쫓았어. 나는 지금 등장해야 한단 말 이야.[14]

그리고 시스템을 어설프게 흉내 내고 있었던 다른 스튜디오에서는 젊은 배우들에게 주의집중을 위하여 오랫동안 추상적이며 막연한 빛을 발사하도록 가르치기도 하였다. 그리하여 주의집중을 한 배우들로 하여금 오랫동안 침묵 을 강요한다든가, 심지어 배우들이 서로서로 주의의 대상이나 물체를 나누어 가지자고 약속을 할 정도로 '주의의 원'이라는 개념과 실제에 대하여 이해하지 못하고 있었다.

그러나 <제 3 스튜디오>에서 박탄고프는 앞에서 언급한 것처럼, 처음에 는 일상에서 쉽게 구할 수 있는 주의대상을 설정하여 행동하도록 가르쳤고, 점 차로 복잡하고 넓은 구체적인 대상을 가지고 행동하도록 '주의의 원'을 가르쳤 다. 이것은 박탄고프가 당시 많은 스튜디오에서 모호하게 생각하고 있었던 '주 의의 원'이라는 개념을 실제적으로 올바르게 가르쳤음을 의미한다. 환언하면 박탄고프는 배우교육을 위하여 처음에는 평범하면서도 일상적인 연습과제를 가지고 배우들을 이해시켜 연습하도록 가르쳤으며, 점차적으로 복잡하고 희곡적인 연습과제를 배우들에게 요구하였음을 알 수 있다.

한편 무대에서 배우의 존재에 관한 모든 것은 명확한 무대의 목표에 의하여 좌우된다. 무대의 목표는 배우가 연기하는 매순간 존재하며, 그것은 배우의 믿음과 '주의의 원'을 결정시켜 배우의 연기를 명확하게 해준다. 박탄고프는 무대의 목표를 3개의 요소로 나누고 있다.

1. 등장의 목표(내가 왜 무대로 등장하는가)
2. 원함(내가 무엇 때문에 이 목표를 수행해야 하는가)
3. 행동의 형상 혹은 적응[15]

하나의 예를 들어보자. <나는 돈을 빌린다>에서 <빌리다>는 행동인데, 그러나 돈을 빌리는 이유나 목적은 다양하다. 새로운 옷을 사기 위하여, 학비를 내기 위하여 혹은 가난한 사람을 도와주기 위하여 등 여러 가지 이유나 목적을 수반한다. 이것은 '원함'과 같은 의미이다. 그리하여 이러한 행동과 '원함'의 결합으로 인하여 명확한 행동의 형상이나 적응이 발생한다. 여기에서 '적응'이란 돈을 빌려야 하는 어떤 행동의 형상을 의미한다고 할 수 있다.

결과적으로 박탄고프가 언급하고 있는 무대의 목표란 행동의 형상 혹은 적응을 의미한다고 할 수 있다. 박탄고프는 스타니슬랍스키의 '내적 체험의 연극' 기술을 가르침에 있어서 배우는 무대에서 궁극적으로 행동을 해야만 하는 것이지, 내적 체험만 해서는 안 됨을 강조하는 것이다.[16] 그리하여 배우는 무행동의 순간인 감정을 보여 주고자 해서는 안 되며, 또한 감정표현의 외형적인 것(웃음, 울음, 화냄 등)을 표현하고자 해서도 안 되는 것이다. 달리 말하면, 감정은 반드시 행동 속에서 찾아야만 함을 강조하는 것이다.

한편 무대에서 배우의 행동은 자신의 의지를 동반하지만, 그러나 가끔씩 감정은 자신의 의지와는 관계없이 나타나기도 하는데, 예를 들면 '나는 울고 싶지 않은데 눈물이 난다'가 그 예이다. 무대적 행동의 목표와 '원함'을 박탄고프는 의식의 순간으로 간주했기 때문에 배우는 부단히 그것을 의식적으로 만들어 나가고 구체화시킬 수 있는 능력을 키워가야 한다. 그러나 위에서 언급한 것처럼 '적응'은 무의식적인 것으로 분류한다.

나의 목표: 슬픔을 진정하고자 한다(원함). 나는 가라앉힌다(행동)
그러자 동정이라는 감정이 생긴다. 눈에서 눈물이 흐른다.

여기에서 눈물이 바로 배우의 내적 과정이 외적으로 나타나는 적응[17]인데, 만일 배우가 재능이 많으면 이러한 적응이라는 무기는 크고 광범위하다고 할 수 있을 것이다.

위에서 언급한 것처럼 박탄고프는 배우들에게 '내적 체험 연극'의 기술은 당연히 수용해야 하지만 무대에서는 감정이 표현되어지거나 보여져서는 안 되는 것이라고 말하고 있다. 이 말의 진정한 의미는 무대에서의 연기란 배우가 무대의 목표를 수행하여 신체적 행동의 모음이 되어야 함을 뜻한다. (박탄고프는 신체적 행동을 자신의 배우교육시스템에서는 개별적인 것으로 분류하고 있다) 이와 관련하여 그는 다음과 같이 언급한다.

무대에서 무행동은 있을 수 없는 일이다. 따라서 배우는 행동하기 위하여 무대
에 등장한다.[18]

환언하면 배우는 무대에서 자신의 진실된 감정으로 살아야 하지만, 행동
은 찾아서 실행해야 하는 것이지 감정을 보여주려고 해서는 안 된다는 의미이
다. 자신의 감정을 무대에서 보여주려고 하면 할수록 그 연기는 이미 생동감이
없어지고, 진실하지 못하며, 판에 박힌 연기가 되기 때문이다.

그렇다면 무대에서는 감정은 무엇이며 어떻게 발생하는 것인가? 무대에
서의 감정은 전적으로 무대의 목표로부터 발생한다. 그러나 그 감정은 실제적
인 삶의 감정은 아닌 것이다. 이에 대한 박탄고프의 예는 적절하다.

만일 우리가 무대에서도 우리가 실제적 삶에서 느끼는 것처럼 살아야 한다면,
틀림없이 공연이 끝난 후에 우리는 정신병원으로 보내져야만 하거나 혹은 무
덤에서 고별식을 들어야만 할 것이다.[19]

그리하여 무대에서의 실제적인 삶의 감정의 표출은 이미 예술이 아니기
때문에 박탄고프는 무대적 감정을 '반복되어지는' 혹은 '정서적인' 것으로 설명
한다. 배우는 공연에서 실제적 삶으로부터 내적 체험을 하고 있지만 그러나 그
것은 반복되어지고 정서적인 감정으로 내적 체험을 하는 것이다. 그리고 그는
다음과 같이 언급한다.

감정은 우리들의 삶에서 내적 체험되어 정신 속에 형성되어 있다. 그러나 이러
한 감정으로 인물을 창조하기를 원할 때, 순서적으로 혹은 논리적으로 정신 속

에 저장되었다가 표출되어지는 것은 아니다. 따라서 배우의 목표는 개인의 정신 속의 여러 곳에 저장되어 있는 감정을 적합하게 끄집어내어 창조하고자 하는 인물의 삶에 요구되어지는 감정을 논리적으로 위치시키는 것이다. 이러한 정신의 부분들은 모든 기능들과 마찬가지로 우리의 의지에 의하여 동반된다. 따라서 의지는 모든 창조적 행위의 토대라고 할 수 있다.[20]

한편 배우는 무대에서 감정뿐만 아니라 행동까지 기억하는데, 박탄고프는 이러한 행동을 정서적 기억과는 다른 정서적 행동이라고 말한다. 정서적 행동은 역할의 형상을 창조하는 데 기여한다. 이와 관련하여 그는 배우들에게 이렇게 조언한다.

도대체 어디에 코안경을 걸쳤다든가, 작은 스푼을 가지고 있다든가 하는 특징이 있습니까? 당신은 왜 그와 같은 형태를 형상화시켰습니까? '나딴 오시빠비치는 그런 특징을 바꾸는데 있어서 정당성을 가지고 있지 못합니다. 덧신은 어디 있으며, 덧장갑을 낀 손은 어디 있습니까? 올바르게 찾아져야만 합니다.[21]

박탄고프의 배우교육에 있어서 또 하나의 중요한 요소는 감정의 내적 템포와 에너지의 상승, 하강에 대한 조절 능력이다. 에너지의 상승이 기쁨, 웃음 등에서 나온다면, 에너지의 하강은 권태, 우울 등에서 발생한다. 다양한 에너지 상태에서의 신체적 행동은 다양한 무대형상을 창조할 것이며 또한 다양한 적응을 요구한다. 박탄고프는 스튜디오 단원들에게 에너지의 상승과 하강에 대한 연습과제로서 '주의의 원'을 사용하여 에튜드, 즉 다양한 감정상태에서 머리모양을 다듬거나, 벽난로를 피우거나 하는 등을 실연해 볼 것을 요구한다. 또한 다양한 템포를 가지고 친구들을 위하여 빨리 오믈렛 요리를 할 경우, 아침에 혼자서 식사를 해야 하기 때문에 서두를 필요가 없는 경우 등을 배우들에게 보여줄 것을 요구하기도 한다.

결론적으로 말하자면, '주의의 원'에서 자신의 무대적 목표를 찾고, 믿을 수 있는 정서적 기억, 행동 그리고 여러 가지의 적응을 모색하여 에너지의 템포를 결정한다면 배우는 실제적으로 자신의 내적 기술을 소유할 수 있을 것이다.

그러나 무대에서 배우는 혼자서 존재하지 않는다. 상대방과의 교류에 의하여 배우는 무대에서 실제로 살아있게 되는데, 그것은 텍스트에서 묘사되고 있는 추상적인 인물을 구체적인 인물로 창조하는 또 다른 존재방식이다. 교류는 서로에게 자신의 목표를 이루고자 할 때 발생하는 충돌의 기운인데, 나의 목표가 상대방에게 영향을 주고 상대방의 목표가 나에게 영향을 주는 것이어야 함을 뜻한다.[22] 박탄고프는 연극적 교류의 진실성을 획득하기 위하여 배우들에게 다음과 같은 에튜드를 제시한다.

> 여기 상자가 있습니다. 지금 이것을 황금이라고 가정합시다. 나에게는 여러분이 무엇을 어떻게 믿든 중요하지 않습니다. 그러나 여러분의 상대방이 그것을 황금이라고 믿도록 해보십시오.[23]

박탄고프는 배우들에게 자신의 근육의 긴장을 통제할 때와 유사한 또 하나의 통제자, 즉 무대에서 엄격하게 진실한 교류를 주시하는 사람을 자신의 내부에 만들 것을 제안한다.

배우는 무대에서 자신을 위하여 혹은 상대방을 위하여 교류하는 것이지, 관객을 위하여 교류함은 아니다. 일례로 무대에서 상대방의 말을 듣는 것은 관객이 보기 때문이 아니라, 상대방의 말이 자신으로 하여금 흥미로운 것인 지 그래서 무엇을 어떻게 응답, 재반응 해야 할 것인지 하는 문제이기 때문이다.

이와는 대조적으로 무대에서 배우는 '군중속의 고독'의 상태로 존재하기도 하는데, 이것은 또 다른 형태의 '주의의 원'이다. 1913년 박탄고프는 '가장 이상적인 배우의 재능은 관객이 보고 있다는 생각으로부터 해방될 수 있는 능력이며 그리하여 관객을 잊어버리고 그 순간의 인물의 삶 속에서 사는 것'[24]이라고 말한다. 그러나 이후에 박탄고프는 배우의 기술 중 하나로 '군중속의 고독'은 배제하지 않았지만 그것으로부터 빨리 빠져 나올 수 있는 능력을 요구한다. 그 이유는 '군중속의 고독'이 무대에서 당연한 것이지만 모든 무대행위에 적용되는 것은 아니며, 모든 유형의 연극에서 절대적인 것은 아니라고 생각했기 때문이다. 그리하여 1919년 박탄고프에 의하여 작성된 시스템에서 배우의 필수적인 재능으로서 '주의의 원'은 포함시키고 있지만 '군중속의 고독'은 제외시키고 있다. 따라서 1919년 이후에 박탄고프는 '주의의 원'에 있는 배우는 항상 하나의 궁극적인 목표(관객에게 최대한의 감화를 주는 것)로 나아가는 무대의 상황을 조절할 수 있는 능력이 있어야만 한다고 강조한다. 이와 관련하여 그는 위대한 이태리 비극배우인 살비니[25]의 연기를 예로 든다.

어떤 공연에서 살비니는 마치 사자처럼 무대 위를 이리저리 뛰어 다니다가 테라스로 뛰어가서 고함을 질렀습니다. 놀란 무대장치가가 무대 뒤에서 '이것은 마분지로 만든 겁니다'라고 속삭였습니다. 그러자 살비니는 속삭이는 목소리로 '알고 있소'라고 대답한 다음, 이전의 감정을 유지하며 연기를 계속했습니다. 이것은 어떠한 상황에서라도 냉정한 이성을 가지고 자신을 관찰할 수 있어야 하며, 여러분 주위에 무엇이 있는 지를 생각해야 함을 의미합니다.

당시 그는 이미 므하뜨의 '제 4의 벽'의 연극을 당연한 것이라고 생각하지 않고 있다. 무대와 객석의 강제적인 분리는 그에게 있어서 더 이상 무의미했으며, 관객은 항상 틈 사이로 들여다보는 행위를 지양하고 자신이 극장에 있음을 인식해야만 한다고 생각한다.[26]

위에서 언급한 것처럼 배우의 내적 기술교육에 있어서 박탄고프는 스타니슬랍스키 시스템에 의거하여 학생들을 가르치고 있음을 알 수 있다. 그러나 정작 그는 배우의 내적 기술과 외적 기술의 결합이야말로 배우교육의 중요한 메소드라고 강조한다. 박탄고프는 배우들에게 관객을 감화시키기 위하여 많은 요소들, 즉 얼굴표정, 풍부한 목소리, 표현력 있는 행위, 내적 체험, 기질 등을 구비해야만 한다고 강조하는 것은 그러한 이유이다. 이와 관련하여 1921년 박탄고프는 <제 1 스튜디오>의 강의플랜을 위하여 자신의 메모수첩에 다음과 같이 적어 놓고 있다.

1. 무대의 리듬에 관하여
2. 연극적 조형술에 관하여
3. 제스처와 손연기법에 관하여
4. 연극적인 것을 위하여(리듬, 율동, 명확성, 연극적 교류 등)
5. 연극의 형식과 내용에 관하여
6. 배우는 기법을 창조하는 장인이다.
7. 연극은 연극일 뿐이다. 희곡은 관념이다.
8. 배우술은 '가장의 예술이다'.[27]

배우의 외적 기술에 관한 이러한 요소들을 그는 이미 자신의 스튜디오와 다른 스튜디오에서 가르치고, 실행하고 있었다. 예를 들어 1918년 <군스트 스튜디오>에서 배우의 연극적 조형술에 관하여 이렇게 언급하고 있다.

> 역할과 무대와 희곡에서 조형성을 느껴야만 합니다. 만일 이러한 느낌이 없다면 아무것도 없는 것입니다. 즉 이러한 느낌을 숙련시켜 자기화하지 못하면 수업은 무의미합니다.[28]

아울러 그는 자신의 일기장에, 일 년만에 스타니슬랍스키 시스템을 이해했으며, 이후에는 표현력이 풍부한 율동은 무엇이며, 무대형상화는 무엇이고 그리고 조형술, 무대에서의 움직임, 제스처, 연극성, 무대 속의 무대는 무엇인지를 깊이 있게 인식하고 있다고 적고 있다.[29] 이러한 점으로 미루어 볼 때, 그에게 있어서 배우는 신체적 율동이나 움직임에 충실해야 하는 존재이었는데, 그러나 이것이 춤을 잘 춘다든가, 아름다운 육체를 소유하고 있는 것이 아니라, 자신에게 율동적인 감각을 훈련시켜 율동적인 움직임뿐만 아니라, 모든 사물이 율동성의 존재임을 인식하고 느끼는 것을 의미한다. 예를 들면 아무렇게나 버려진 사물에서도 그것의 고유한 율동성은 존재하는 것이며, 얼어붙은 호수의 표면에서도, 쾌적하게 자고 있는 고양이에게도, 벽걸이에 놓여 있는 화분에서도 그리고 대리석으로 만든 조상(彫像)에서도 율동성을 인식하고 느껴야 한다. 이러한 것을 배우는 자신의 의식적인 습관으로 훈련시켜 무대에서는 무의식적으로 율동적으로 표현될 수 있도록 해야 하는데, 예를 들면 목소리의 강약이나 풍부한 얼굴표정, 근육의 에너지를 합리적으로 분할하는 능력, 제스처, 유연한 화술, 감정의 논리적인 발전능력 등은 무대에서 자신을 율동적으로 표현

할 수 있는 요소들이라고 할 수 있다.[30]

　그리하여 박탄고프는 므하뜨의 배우들이 연기의 외적 기술을 무시하거나 무관심함을 비난했는데, 왜냐하면 그들은 무대에서 자신들이 편한 대로 움직이며 존재하고자 했기 때문이다. 이에 대하여 박탄고프는 '깊은 사고와 내적 체험을 소유한 여러분들이 외적 기술이 중요하지 않으며 또한 필요 없다고 여기십니까?'[31]라며 비난했다.

　그러나 박탄고프는 외적 기술이 배우의 내적 체험이 결여된 독립된 것은 아님을 재차 강조하고 있다. 예를 들어 그는 러시아의 배우인 렌스끼의 '분장은 얼굴에 하는 것이 아니라, 정신에 하는 것이다'라는 말을 자주 인용하고 있는데, 그가 이 말을 자주 인용한 이유는 배우가 무대에서 정제된 내적 형상을 명확하면서도 섬세하게 관객에게 다가가도록 하기 위함이었다. 일례로 ≪로스메르솔름≫에서 박탄고프는 여배우 흐마라의 인물형상화를 창조하기 위하여 가능한 걸음걸이를 없애고 그녀의 모든 일을 앉아서 행동하도록 요구한 것은 이와 관련된 좋은 예이다.[32]

　많은 스튜디오에서 작업하면서 박탄고프는 자신의 목표를 배우를 교육시키는 것이지 공연을 위한 것은 아니라고 언급하고 있다. 이 말은 학교에서는 원칙적으로 공연의 형태는 없으며, 임의의 텍스트는 연기교육자의 교육목적에 의해 선택되어지는 것임을 의미한다. 따라서 학교에서 채택된 희곡은 교육을 위한 교과서일 뿐이지, 공연목적을 위한 희곡은 아니었다. 그러나 1919년 스튜디오를 개방된 공동단체로 재조직했을 때 이러한 관점은 수정되는데, 즉 스튜디오와 학교의 목표는 이전과 동일하지만, 기능은 본질적으로 공연제작을 위한 구체적인 작업을 수행하도록 하고 있기 때문이다. 그리하여 스튜디오와 학교에서 다양한 작품을 연구, 분석하면서 취득한 숙련된 기술을 극장에서 활용함과 동시에 새로운 연극적 방법으로 접근하고 있다. 그는 ≪투란도트 공주≫의 총연습 즈음에, '반년에 걸쳐 스튜디오는 특별하면서도 당연한 연극적 형식을 획득하기 위하여 다양한 희곡을 재료로 채택한다'[33]라고 말하고 있는데, 이 말은 스튜디오의 기능적 변화를 입증하고 있다.

　　박탄고프의 연출가로서의 메소드, 공연예술의 미학적 평가는 한국연극에 거의 알려져 있지 않다. 박탄고프는 배우의 역할작업을 배우교육시스템의 일부분으로 간주한다. 여기에서 중요한 것은 역할의 제기된 상황에서 배우 자신을 가장 본질적인 존재로 파악한다는 것이다.

　　역할작업은 단순히 희곡이라는 재료를 가지고 연습을 하는 것이 아님에도 불구하고 많은 연출가나 연기교육자들은 그렇게 이해하고 있다. 역할작업이란 배우가 자신이 맡은 역할에 필요하고 관계되는 모든 요소들을 찾고 발전시켜 나가는 것이다. 따라서 그것의 목적은 역할에서 인물의 본질을 확대, 강화시켜 인물 속에서 배우 자신의 새로운 삶을 사는 것을 의미한다.

　　배우는 인물을 이해하기 위하여 인물의 감정을 이해할 필요가 있고, 이후에 이러한 감정을 무대적으로 표현할 수 있어야 한다. 무대에서 내적 기술이란 창조되어진 인물의 형상화로서 새롭게 무대적 삶을 사는 방법을 말한다. 허구의 무대에서 올바르게 존재하는 배우는 다름 아닌 인물 속에서 살면서 자신의 무대행위를 컨트롤할 수 있는 능력을 갖춘 배우를 일컫는다.

　　박탄고프는 므하뜨의 많은 예술가들이 스타니슬랍스키 시스템을 제멋대로 이용하고 있음을 안타깝게 여겼다. 그리하여 그들이 '내적 체험으로서의 연극'의 법칙에 대한 무한한 가능성을 정확하게 이해하지 못하고, 또한 이것이 극장에서 창조작업을 위한 기본임을 알지 못하고, 여러 장르와 형식의 예술로 인도하는 지름길임을 이해하지 못하고 있음을 안타깝게 여겼다.[1]

박탄고프는 스타니슬랍스키 시스템이 어떤 공연의 양식이나 연극의 장르, 심지어는 연기양식까지도 미리 결정해 주는 것은 아니라고 말한다. 예를 들어 ≪투란도트 공주≫에서 자바드스끼가 역할의 제기된 상황에서 자유롭게 빠져나와 연기했다는 것은 이를 증명하는 것이다. 또한 ≪성 안토니오의 기적≫에서도 그는 완전히 자유롭게 행동하여, 어떠한 무대적 의무감도 느끼지 않았으며, 따라서 그의 비사실적인 연기, 관객과의 자유로운 관계, 배우존재의 다양한 방법들은 근본적으로 기존의 연극과는 다른 형태를 띠고 있었다.

극장에서 공연을 위한 최초의 작업은 희곡을 분석하는 것으로 시작되었는데, 1919년 박탄고프는 희곡 분석 작업을 네 단계로 나누고 있다.

1. 최초의 희곡읽기, 문학적 분석, 역사적 분석, 예술적(무대그림) 분석, 연극적 분석
2. 단락나누기
3. 관통행위
4. 속대사 분석(서브텍스트)[2]

<스타니슬랍스키 시스템에 관한 소고>에서 박탄고프는 까미사르�줴프스끼의 '희곡의 관통행위란 근본적인 감정, 기본적인 색채이다'라는 분석에 대하

여 '희곡의 관통행위란 희곡전체를 하나의 방향으로 나아가기 위한 행위'이라고 전제하고, 예를 들어 입센의 『로스메르솔롬』의 관통행위는 '새로운 삶에 대한 갈망'[3]이라고 박탄고프는 말한다.

희곡의 관통행위를 찾기 위하여 박탄고프는 두 가지 원칙에 따라 단락 나누기를 하고 있다.

1. 무대적 행동에 따른 단락 나누기
2. 분위기, 상황에 따른 단락 나누기[4]

이러한 단락 나누기는 연출에게 있어서 중요한 작업과정 중 하나이었는데, 박탄고프는 이러한 단락들을 희곡의 최종 목표로 접근하는 단계라고 보았으며, 그리고 이러한 단락들을 재차 주요단락과 보조단락으로 나누고 있다.[5]

관통행위와 희곡의 단락을 나누고, 단락은 주요단락과 보조단락으로 나눈 후, 주요단락과 보조단락에 당연히 포함되어 있는 인물들의 관통행위 또한 계획되어졌다. 그리고 역할을 위하여 주요단락 속의 주요사상은 보조단락의 보조사상과는 엄격히 구별되어졌으며, 배우는 무엇이 그에게 중요한 것이며, 무슨 일이 우연히 일어났으며, 주요사상을 위하여 우연한 일이 어떻게 이용되어질 것인 가를 정확히 이해해야만 했다.[6]

박탄고프는 인물의 관통행위 속에는 근본적으로 어떤 원함이 있다고 생각했는데, 즉 인물이 무엇 때문에 희곡 속에서 살고 있으며 행동하는 가라는 물음 속에는 반드시 어떤 원함이 존재한다는 의미이다.[7] 예를 들면 햄릿의 관통행위는 아버지의 죽음에 대한 복수이며, 로스메르의 관통행위는 자신의 양심을 지키는 것이었으며, 레베크의 관통행위는 로스메르의 양심을 자기희생을 하면서도 지지하는 것이다. 이러한 관통행위는 어떤 원함을 반드시 수반하는 것이다.

한편 역할의 관통행위를 올바르게 이해하고 실행하기 위하여 배우는 인물의 본질을 모색해야만 하는데, 그것은 인물의 특별한 개성을 의미한다고 할 수 있다. 그러나 이러한 특별한 개성은 오랜 시간과 경험에 의하여 형성되어진 것이기에 인물의 본질로의 접근은 텍스트의 논리적인 분석과 의식적인 분석에 의하여 이루어질 수 있을 뿐만 아니라, 본능과 잠재의식의 도움으로 달성되어 질 수 있는 것이다. 즉 이성적인 분석과 본능의 도움으로 인물로의 새로운 삶이 시작되는 것이라고 할 수 있다.

역할작업에 있어서 박탄고프는 이처럼 배우의 내적 변신을 강조하고 있는데, 그것은 이성적으로 인물의 성격과 관통행위를 결정하고, 주요단락과 보조단락에서 인물의 행동 단위를 나누고, 주어진 텍스트의 단락에서 무대의 목표를 찾은 후, 배우의 이성과 정신으로 인물을 양육시키는 작업을 의미한다.

한편 배우는 인물의 정서를 내적 체험함과 동시에 인물의 외적 형상화작업을 해야만 하는데, 그때 배우는 자신으로부터 출발하여 인물을 자신에게 적응시키거나, 인물로부터 출발하여 자신을 인물에게 적응시킬 수 있다. 그러나 존재하지도 않는 텍스트의 인물을 막연히 찾아서 그것을 자신에게 끌어오는 것은 금물이며, 자신이 소유하고 있는 어떤 재료를 가지고 인물을 창조할 필요가 있는 것이다.[8] 그리하여 연습과정에서 배우는 역할을 위한 모든 것을 흡수하여, 매일 연습을 통해 찾아진 디테일에 따라 본질을 찾아 나가야 할 것이다.

박탄고프는 희곡분석과 역할에 관한 이론적인 토론을 오랜 시간동안 책상에 앉아서 하는 것을 좋아하지 않았다. 그는 즉시 인물의 행동과 희곡의 무대그림을 찾고 난 후, 개인의 시연을 통해 심리적 본질을 모색하기를 원했다. 가끔씩 박탄고프는 인물형상화를 위하여 감각적인 특징을 제시할 때가 있었는데, 일례로 ≪투란도트 공주≫를 연습할 때, 그는 코메디 델아르트의 마스크에 대한 정보를 얻기 위하여 이태리의 지휘자인 에스타시토를 초청했다. 그러나 박탄고프에게 관심을 끌게 한 것은 에스타시토가 강의한 코메디 델아르트의 마스크에 관한 정보가 아니라, 그의 외모이었다. 하얀 턱수염이 난 이 작은 노인네는 열정적인 기질, 솔직성, 순진성과 삶의 기쁨을 표출해 내는 사람이었다. 그가 강의를 마치고 떠났을 때, 박탄고프는 '그를 보십시오, ≪투란도트 공주≫에서는 그와 같은 인물이 필요합니다.'라고 배우들에게 말했다. 그리하여 에스타시토는 작품을 위하여 살아 있는 모델이 되었다.[9]

쥬스낀에 의하면, 초기의 희곡 읽기에서는 내적 체험 없이 진행되었으며, 인물의 성격이 모색되고 찾아졌을 때 연출은 감정과 억양을 넣어 읽기를 허락했다고 회상하고 있다. 이러한 과정을 반복하면서 배우들은 조심스럽게 인물을 찾기 시작했으며, 점차 인물형상을 확대시켜 나갔다. 이때 박탄고프는 배우들에게 끊임없이 인물에 대한 상상력을 발휘하여 '오늘은 역할에 대하여 생각하고, 여러분의 상상력을 발휘하여 인물형상화를 준비하고, 내일은 이것이 무대에서 보여질 수 있도록 하십시오.'[9]라고 말했다.

한편 배우는 인물의 역사(삶)에 관한 것을 인지하고 있어야만 했는데, 이것은 인물에 대한 '무대상의 특별한 약력'을 의미한다. 이러한 인물의 약력은 배우에게 인물을 창조하는 데 있어서 뿌리를 제공해 주는 것이었다. 이와 관련하여 라빠뽀르뜨[10]는 박탄고프와 <살라핀 스튜디오>에서 작업한 ≪혁명의 결혼≫에서 프로스페로 역할에 대한 작업을 다음과 같이 회상하고 있다.

> 당시 미하엘리스의 희곡에서 배우들은 믿을 수 있는 자감을 찾지 못하고 있었다. 그때 박탄고프는 배우들에게 다음과 같은 상상력을 제공했다. 즉 대학생 시절에 프로스페로는 라틴가에 살았다. 프로스페로의 허름한 방에는 침대가 있었고, 그 옆에는 촛불이 타고 있었으며, 많은 책들이 쌓여 있었다. 그러던 어느 날, 극장의 대중석에서 한 여자를 보았고, 그 여자를 사랑하게 되어 만나보고 싶었다. 어느 날, 그는 그녀가 늙은 귀족에게 문장이 새겨진 사륜마차로 끌려가는 것을 보았다. 오랫동안 프로스페로는 늙은 귀족과 여자를 찾았으나 허사였다. 마침내 그는 파리로 돌아가 늙은 귀족에게 복수를 하기로 마음을 먹고 진실을 알리기 위하여 마스크를 착용하고 파리시민의 가슴과 이성에 혁명의 불길을 당기는 동기를 마련했다.[11]

위에서 언급한 프로스페로의 개인역사는 희곡 속에는 없는 내용이었지만, 인물에 대한 이러한 '무대의 약력'을 제공받은 배우는 연출이 제시한 상상력의 도움으로 살아 있는 인간으로서의 프로스페로를 느낄 수 있었으며, 마침내 희곡속의 인물 역사는 배우 자신의 삶의 연장으로 존재하게 되었다.

한편 극장에서 박탄고프에 의한 연습과정은 즉흥형식으로 이루어졌는데, 이러한 즉흥적인 연습과정을 그는 희곡을 최대한 확장시키는 '종합적인 우연성'이라고 했으며, 이것의 목적은 무대에서 살아있는 행동을 창조하기 위한 것이었다.[12] 그리하여 희곡의 에피소드를 활용하여 테마별로 나누어 많은 에튜드를 만들었으며, 이러한 에튜드는 젊은 배우들의 상상력을 불러일으키도록 하였고 그들의 잠재의식을 일깨워 주었는데, 이러한 잠재의식은 역할의 본질로 접근하는 데 일조하였다. 이러한 과정을 거치며 배우들은 테마별로 자신이 만든 대사에다 조형성과 행동을 곁들여 연기하기 시작했다. 따라서 자연히 일시적으로 텍스트는 제외되었다. 그러나 이후에 연출은 텍스트에 나오는 아주 사소한 것, 예를 들어 감탄사나 쉼표까지도 의미를 정확히 인지하고 실행하기를 요구했다.

또한 박탄고프는 즉흥적인 갑작스런 상황에 대처하여 보고, 듣고 할 수 있는 적응능력도 배우들에게 요구했다. 일례로 연출은 연습 중에 어떤 목적을 가진 무리들을 갑자기 무대로 내 보내고 나서 곧이어 이전의 무리와는 다른 목적을 가진 무리들을 무대로 내 보냈다. 이러한 연습과정에 참여한 배우들은 자신들의 새로운 상황을 순간적으로 인식하면서 역할의 본질을 유지해야만 했는데, 그것은 마치 '캔버스에 새로운 무늬를 자연스럽게 만들어 갈 수 있는'[13] 능력을 요구하는 것이었다. 고르차꼬프는 박탄고프가 배우의 창조적 직관을 잠재의식적으로 불러일으키기 위한 연습과정 중 하나를 다음과 같이 회상한다.

《투란도트 공주》 연습 때, 불안과 초조라는 분위기를 찾기 위하여 연출은 <칼라프의 밤> 장면이 진행되는 동안에 무대에 불협화음의 음향을 갑자기 삽입시켰다. 배우들은 처음에는 당황했으나 다음의 에피소드가 진행됨에 따라 이미 이 상황과 분위기를 자기화시켜 자신들의 행위를 최대한 빠른 속도로 적응시켜 나갔다. 그러자 이번에 박탄고프는 다시 무대의 분위기를 바꾸어 버렸다. 음악은 아주 조용하고 부드럽게 연주되었고 무대장치를 전환시키는 사람들은 저마다 나름대로의 리듬을 가지고 음악에 맞춰 등장했다가 사라졌다. 크고 시끄러운 음악을 기대했던 배우들은 이러한 무대 분위기를 의식하지 못한 채 이전의 템포를 가지고 그들의 행위를 계속해 나갔다. 당연히 그들의 연기는 부자연스러웠고, 그때까지 보고 있던 연출은 '지금 판에 박은 연기가 시작되고 있습니다. 여러분들은 미리 불협화음을 예견하고 있었기 때문에 새로운 상황

과 분위기를 보고, 듣고, 인식할 수 있는 능력을 스스로에게 부여하지 못하고 있는 것입니다.[14]

한편 박탄고프는 텍스트를 단순히 대사로서 암기하지 말아야 하며 그 의미를 명확히 이해하고 말을 해야만 한다고 강조한다. 이 말은 배우에게 대사에 주의할 것이 아니라, 대사 뒤에 숨겨진 행동이나 감정, 즉 속대사에 주의를 기울여야 함을 의미한다. 이와 관련하여 박탄고프는 <가비마 극단>의 배우들에게 다음과 같이 말한다.

> 만일 누군가가 여러분에게 '지금 몇 시입니까'라고 묻는다면, 이 말은 여러 가지 상황에서, 여러 가지 억양과 감정을 가진 의미로 해석할 수 있습니다. 즉 그는 단순히 시간이 몇 시인 지를 알고 싶은 것이 아니라, 너무 오랫동안 당신이 앉아 있어서 이미 늦었다는 것을 알려 주기 위한 것인 지도 모릅니다. 혹은 반대의 경우로서 여러분이 병원에서 오랫동안 의사를 기다리고 있어서 일 분 일 초가 중요하게 느껴지기 때문일 수도 있습니다.[15]

이처럼 박탄고프는 속대사의 중요성을 강조하는데, 이것은 배우에게 똑같은 대사라고 할지라도 여러 가지 의미로 해석되어짐을 인식시키고자 함이었다. 즉 연출은 상식적이고 평범한 대사 뒤에 존재하는 속대사를 소생시켜 살아있는 말로 다시 창조할 수 있도록 배우에게 요구하고 있는 것이다. 이와 같은 속대사를 스타니슬랍스키는 등장인물의 '내적 독백'(이것은 말로서 표현되어지는 것이 아니라, 배우의 연기에서 표출되어지는 것이다)이라고 언급했다. 박탄고프는 이러한 속대사의 극한적 효과를 ≪가 - 지부끄≫에서 보여주고 있는데, 이 공연에서 배우는 관객이 전혀 이해하지 못하는 고대 유태어로 된 텍스트를 사용하고 있지만, 내적 독백의 기술로 극도의 섬세한 외적 표현을 창출해 내고 있다.

역할작업에 있어서 박탄고프의 내적, 외적 메소드는 본질적으로 동등한 가치를 지니고 있는데, 그것은 역할의 내적 본질과 외적 성격을 창조하기 위한 작업이 항상 동시에 이루어졌기 때문이다. 그는 발화되어지는 심리적 독백보다는 믿을 수 있는 외적 성격의 디테일한 행동을 더욱 가치 있는 것으로 어겼다. 일례로 《성 안토니오의 기적》 연습 때, 그는 비르진이 마루를 청소하기 위해 가지고 다니던 빗자루를 몇 시간 동안 계속 들고 다니게 했다. 이러한 행동은 역할에 대한 본질을 배우에게 인식시키기 위한 것이었는데, 실제로 비르진의 빗자루는 항상 손에 쥐어져 있었고, 그것은 인물의 본질 중 한 부분이었으며 '제 2의 나'를 표출하는 상징이었다. 이처럼 외적 성격이란 항상 역할의 내적, 심리적 본질의 표현임을 박탄고프는 배우들에게 인식시키고 있다. 또 하나의 예로, 1908년 브리지까프까즈에서 네돌린의 니노치까(지나이다의 애칭)를 공연할 무렵, 박탄고프는 자신의 메모에 인물들의 성격과 그들의 행동에 따른 감정의 유형을 명확히 기술해 놓고 있는데, 여기에는 인물들의 행동적 리듬과 외적 성격도 아울러 기술해 놓고 있다.

쁘리쉐프는 끊임없이 술을 마시는 사람이다. 무의미한 제스처를 항상 한다. 그리고 그는 바스크족의 쉰 듯한 목소리로 말한다. 크레췌또프는 테너처럼 고음의 톤으로 이야기한다. 부산한 움직임, 빠른 걸음걸이, 감수성이 예민하고 선량한 성격의 소유자. 그는 항상 자신이 자작나무껍질로 말은 담배를 피운다. 자주 호주머니에 손을 넣고 서서 발을 쳐다보고 있다. 익살스러운 어조로 말한다. 자주 설교를 늘어놓는다.[16]

무대에서 인물의 내면은 외적 표현인 형식을 통해서 드러난다. 그리고 모든 신체적 행동은 내적 정당성을 가지고 있어야 하며, 임의적으로 아무렇게나 갖다 붙일 수는 없는 것이다. 그리하여 인물성격의 부여는 억지로 이루어지는 것이 아니라, 내적 본질을 결정하는 외적 표현이 논리적이고 자연스러운 상태로 표출될 때만이 가능하다. 따라서 인물성격은 배우 자신이나 연출의 서투른 강요에 의해 찾아지는 것이 아니라, 명확하고 섬세한 인물에 대한 이해와 관찰을 통해 구할 수 있는 것이라고 박탄고프는 강조한다. 또한 하나의 외적 성격만으로 인물을 창조할 수는 없는 것이며, 인물의 행동리듬과 템포그리고 관찰에 의한 모방, 조형성 등이 바로 인물의 내적 본질을 결정하는 것이다.

자신의 연습과정을 '종합적인 우연성'이라고 말하면서 박탄고프는 전날에 연습했던 섬세하고 좋았던 연기나 인물형상을 다음날 다른 방향으로 바꾸기도 하였다. 이와 관련하여 그는 다음과 같이 말한다.

그것은 좋기 때문에 좀더 좋은 것을 찾을 필요가 있는 것입니다. 좋은 것으로부터 더 좋은 것을 구하는 것은 어렵지 않습니다.[17]

그리하여 박탄고프는 연습 때 항상 토론과 논쟁을 통해서 배우들을 긴장상태에 놓이게 했는데, 공연의 많은 부분들은 연습과정에서 찾아지거나 획득한 것이었으며, 결코 연출이 집에서 미리 준비한 연구 자료들에 의해 이루어진 것은 아니었다. 이러한 연습과정을 통해 역할작업은 수없이 많은 변화를 통해 발전해 나갔다. 레미조바는 이에 대하여 다음과 같이 회상한다.

박탄고프는 미리 구체적인 무대장치도 결정하지 않았다. 무대장치는 연습과정에서 배우와 함께 모색되었다. 그리고 배우연기에 있어서도 표현의 형식은 내포하고 있는 본질과 불가분의 관계가 있을 때 채택되었다. 따라서 배우가 명확하게 내용과 형식이 조화로운 어떤 것을 찾았을 때 혹은 내용을 형식으로 충분하게 표현하였을 때, 박탄고프는 '그렇게 합시다'라고 말했다.[18]

앞에서도 언급한 것처럼, 박탄고프는 여러 가지 방법을 사용하여 배우의 의식이 깨어날 수 있도록 유도했는데, 그 중에서도 가장 중요한 창조적인 메소드는 '보여줌'이었다. 베르쉴로프는 박탄고프의 '보여줌'의 방법은 스타니슬랍스키와 네미로비치-단첸코의 그것과는 다른 차이점이 있다고 언급한다.

스타니슬랍스키의 '보여줌'은 까찰로프나 모스크빈조차도 놀랄 정도로 어떤 역할이든 가히 천재적으로 시연해 보였다면, 네미로비치-단첸코는 역할을 '보여줌'과 동시에 인물의 감정과 사고, 느낌이 어떠한 것인 가에 대해서도 이야기했는데, 그것은 복잡하고 어려운 것일지라도 간단하게 이해할 수 있도록 만들었다. 그러나 박탄고프는 역할을 '보여줌'에 있어서 텍스트는 거의 이용하지 않고 역할의 본질을 즉흥적으로 보여 주었다.[19]

배우들은 박탄고프가 보여준 하나의 제스처를 관찰하고서도 역할의 본질을 이해할 수 있었는데, 자하바[20]는 이러한 박탄고프의 '보여줌'을 '주변적인 보여줌'이라고 말하고 있다. 일례로 박탄고프는 ≪성 안토니오의 기적≫ 연습 때, 모든 등장인물의 아침식사 때의 형상을 보여 주었는데, 즉 그들이 어떻게 먹으며, 어떻게 넵킨을 사용하며, 식사하면서 어떻게 대화하는 가를 보여 주었다. 미하일 체홉에 의하면, 박탄고프는 ≪에릭 14세≫ 연습 때 에릭의 인물형상을 약 2분만에 그려 자신에게 보여 주면서 에릭에 관한 모든 디테일을 분명하게 제시했다고 회상한다.

> 박탄고프는 나에게 에릭에 관한 기본적인 골격과 형상을 그려 건네주었다. 그
> 것은 내가 이다음에 에릭에 관한 디테일한 형상과 역할의 세밀한 부분들을 생
> 각한 바로 그것이었다.[21)]

본질을 꿰뚫은 즉흥적인 감각의 일례로, 어느 날 박탄고프는 체홉에게 당구를 어떻게 칠 수 있느냐고 물었다. 체홉의 말을 주의 깊게 듣고서 즉시 당구공 서너 개를 포켓에 집어넣었다. 또 한 예로, <가비마 극단>에서 그는 배우들에게 고대 유태인들이 어떻게 회당으로 자신을 인도해 갔으며, 어떤 행동의 양식으로 의식을 진행하였는가를 보여 주었다.

> '여러분이 랍비(율법학자)를 접견할 때 어떻게 노래합니까? 그렇게 '하시다'(18
> 세기 유대교의 종교파의 노래)를 부릅니까? 그들이 어떻게 '하시다'를 부르는지
> 보여 주겠습니다.' 그의 눈은 거의 엑스타시한 상태이었으며, 그의 목소리는 열
> 정에 휩싸였다. 자연스럽게 우리들의 손은 높이 들려졌고, 우리들의 노래는 점
> 차 고조되었다.[22)]

이러한 '보여줌'은 박탄고프 자신이 연출로서뿐 아니라 재능 있는 연기자임을 보여주는 것이기도 했다. 예를 들면 그는 몇 가지의 제스처를 통해 프랑스 귀족의 환멸, 사랑, 열정, 격렬함 등을 생생하게 보여주었으며, 그리고 고골의 ≪죽은 혼≫에 등장하는 부인을 보여줌에 있어서 가상의 주름 잡힌 천으로 된 옷을 매만지고, 인사차 손과 입을 약간 펴면서 지친 듯한 한숨을 내쉬는 형태로 보여주었다. 그러한 형상은 마치 그가 주름장식의 의상을 입고 있는 듯

했다. 박탄고프는 '지친 듯한 한숨은 고골의 연극에 속하는 전형성입니다. 만일 우리가 고골을 새롭게 공연하기를 원한다면, 고골연극에 있어서 어떤 것이 필수적인 행동의 본질인 가를 주의 깊게 이해하고 고찰해야 합니다.'라고 말한 바 있다.

　　연출가로서의 박탄고프의 이러한 '보여줌'은 배우를 우회적인 방법으로 깨어나도록 하는 방법이었는데, 이러한 방법은 배우에게 결코 무엇을 강요하는 것이 아니라, 배우 자신이 믿을 수 있는 자감을 발견하는데 있어서 상상력을 자극하기 위한 메소드이었다. 이처럼 박탄고프는 인물창조를 위하여 자신의 기질, 상상력 그리고 순수함을 가지고 배우에게 영향을 주었다.

　　한편 박탄고프는 배우의 정신 속에서 발전해 가는 인물형상화의 증대과정을 삼각형으로 비유하며 설명한다. 최초에 배우는 삼각형 내의 어느 한 곳에 머물다가 점점 꼭지점으로 향해 가는데, 여기에서 삼각형의 꼭지점은 역할의 본질을 의미한다. 배우가 꼭지점으로 향해갈수록 그 폭은 점점 좁아지는데, 이때 배우에게는 역할의 본질을 느끼기 위한 좀더 구체적이고 섬세한 외적 요소들이 요구되어진다. 결국 이러한 과정을 통해 인물형상에 대한 느낌은 하나의 명확한 관점으로 모아지며, 그것은 곧 삼각형의 꼭지점으로 향해 가는 것이라고 할 수 있다.[23]

　　또한 그는 이러한 일련의 과정을, 연습과정 속에서 찾아진 인물의 수많은 감정적인 디테일을 배우들이 자신감을 획득하면서 누르는 벨로 비유하고 있다. 따라서 배우가 역할을 이해하고 행동으로 실행하여 인물 속에서 재생될 때, 수많은 벨의 양은 하나로 모아지며 그때서야 비로소 인물의 모든 감정을 지배할 수 있게 되는데, 이러한 상태를 박탄고프는 역할의 본질적인 상태라고 생각한다. 박탄고프에 의하면 이러한 결과에 도달하면 배우는 자연스럽게 그리고 잠재의식적으로 자신의 행동을 창조해 나가는 것이다.

이러한 과정을 거쳐 역할의 본질은 무르익게 되어 배우는 더욱 더 인물의 내적, 외적 형상의 특징을 공고히 할 수 있는 논리적 기반을 쌓아간다. 박탄고프가 말하는 예술적 자연상태는 바로 이러한 것을 의미하는데, 이러한 예술적 자연상태에서는 단지 축제적인 분위기와 창조적 자유, 그리고 무대에서의 환희만이 존재하며, 그래서 이러한 상태에서는 굳이 연기를 할 필요가 없으며 단지 인물의 무대적 목표만 수행하면 되는 것이다.[24] 무대예술에서는 이와 같은 상태를 흔히 '무대에서 산다'라고 말하고 있다.

이전의 축적된 의식적인 작업들이 잠재의식적으로 결합되어 의식의 참여 없이 모든 것이 하나의 형상이 될 때, 혹은 배우의 모든 작업들, 즉 내적 기술과 외적 기술을 위한 모든 요소들이 나무랄 데 없이 연마되었을 때, 무대에서 진실한 배우의 영감은 존재한다.[25] 따라서 영감이란 역할을 위하여 완전히 새로운 것을 찾는 것이 아니라, 익숙된 그리고 반복된 것으로부터 발생하는 신선한 상태의 표출이라고 할 수 있다.[26] 이러한 상태에서 배우는 내적으로 모든 것이 준비되어 있으며, 또한 역할의 본질로부터 모든 것이 표현되기 때문에 무대에서 자연스럽게 즉흥연기를 할 수 있을 것이다.

천재적인 배우만이 희곡에서 주어진 인물의 형상화를 전체적으로 이해할 수 있는 능력이 있으며, 그리하여 그는 인물을 이해하자 말자 즉시 삼각형의 꼭지점으로 접근한다. 이러한 배우는 무대로 등장하기 전에 '나는 인물의 과거와 그의 주위환경과의 관계, 무대적 목표 등을 연기하기 위해 등장한다'라고 말할 수 있을 것이며, 그와 동시에 '나는 무대에서 나의 말로서 그리고 나의 감정으로 행동하기 위해 등장한다'라고 말할 수 있는 그런 배우이다. 박탄고프는 이러한 배우교육을 자신의 궁극적인 목표라고 말하고 있다. 이러한 점으로 미루어 보아, 역할의 본질로부터 연기하는 즉흥연기의 배우창조가 바로 박탄고프의 배우교육의 초목표임을 알 수 있는데, '배우는 필연적으로 즉흥연기자가 되어야만 합니다. 이것이 바로 배우의 탈랜트라고 생각합니다'[27]라는 말은 그와 같은 의미이다.

그리하여 단원들의 즉흥연기의 훈련방법을 극대화하기 위해 박탄고프는 즉흥 희곡창작에 대한 계획을 세운 바 있다(이러한 생각은 <제 1 스튜디오>에서 술레르쥐쯔끼와 함께 시도된 적이 있다). 베르쉴로프의 제안에 의해 테마는 결정되었고, 그것은 크리스마스 밤에 세 명의 지방순회극단 배우들이 어느 집에 찾아가 기쁨을 주기 위해 연기를 한다는 내용이었다. 인물들의 약력이 작성되었고, 그들의 성격 또한 찾아졌다. 박탄고프는 인물들의 정확한 삶의 역사에 대하여 구체적인 줄거리를 배우들에게 요구했다. 그러나 경험이 많지 않은 단원들이 텍스트 없이 이러한 줄거리와 역할의 본질로 접근하기가 쉽지 않다는 것을 인식한 후, 박탄고프는 이것을 간단한 연습과제로 활용하는 데 그쳤다. 당시 이러한 과정을 기록했던 자하바는 박탄고프에 의해 시도되었던 즉흥 희곡창작 단계를 '테마의 제시, 구체적인 줄거리를 가진 집단 창작작업, 참여자들이 구성한 텍스트의 즉흥연습, 순간순간의 텍스트 결정체, 이전에 결정된 텍스트를 완전히 희곡으로 각색'[27]이라고 정리하고 있다. 결국 이러한 작업이 공연으로 연결되지는 못했지만, 이것은 대본에 의한 공연이 아니라, 집단에 의한 즉흥적으로 창조되어진 희곡 창작 작업이었다. 이와 관련하여 박탄고프는 미래의 연극은 희곡작가에 의해 텍스트가 쓰이지 않을 것이라고 말한 바 있는데,

그것은 희곡이라는 예술작품이 차후에 배우들에 의한 집단 창조 작업으로 창작되어지리라고 생각했기 때문이다.

　기질로 보아 박탄고프는 배우적 연출가이다. 그는 연출가인 자신을 위하여 공연을 제작하지 않았고, 배우로서 작업을 시작했으며 그리고 점차 연출가인 자신을 배우로 간주하여 연출을 하고자 했다. 네미로비치-단첸코는 연출가 박탄고프를 회상하는 행사에서 다음과 같이 이야기한다.

　　연출가는 연극을 위하여 단지 외적인 형상이나 색채를 제공하는 사람은 아닙니다…. 한편의 연극을 창조하는데 있어서 연출가는 모든 부분에 걸쳐 영감을 부여하는 사람입니다. 연출가는 무대형상을 창조하는 사람이며, 또한 배우의 창조작업을 위하여 거울같은 존재입니다. 박탄고프는 연극작업에 있어서 선생이자 동료이고, 협력자이고 왕이며 관리인입니다.[28] 연출가는 배우에게 정신을 부여하고 영감을 불어넣는 사람입니다. 그리고 무대에서 거짓을 제거하는 사람이기도 합니다.[29]

　연출가에게 있어서 가장 중요한 일은 배우의 정신에 다가갈 수 있는 능력이지, 배우에게 역할에 필요한 색채를 단순히 보여 주거나, 텍스트의 사상을 이해하도록 도와주는 것은 아니다. 즉 배우들이 대상에 대한 자감을 가지지 못하거나, 본질적으로 목표를 이해하지 못하거나, 역할의 본질로 접근하지 못하거나, 오직 대사에만 매달리거나, 관통행위로부터 동떨어져 있거나, 혹은 긴장해 있거나 하는 모든 경우에 있어서 이러한 것들을 해결해 줄 수 있는 실제적 방법을 알게 모르게 제시해 주는 것이 바로 연출의 의무이다.[30]

　따라서 박탄고프는 배우와의 실제적 작업에 있어서 연출의 모든 노력은 다음과 같은 방향으로 나아가야 한다고 말한다.

1. 주의 깊고 세심한 텍스트의 창조적 분석(이때 중요한 것은 속대사를 이
   해하는 것이다)
2. 각 단락의 명확한 목표결정(무엇을, 무엇을 위하여)
3. 인물과의 관계설정(인물의 개성구축)
4. 인물의 세계관을 배우 자신으로 결합[31]

이에 따라 박탄고프는 배우가 연습과정에서 다음과 같은 5가지 사항을 자기화해야 한다고 적고 있다.

1. 배우는 무대에서 무엇을 하며, 무엇을 위해 이것을 하는 것인 가를 알
   아야 한다.
2. 배우는 인물의 과거를 알아야 한다.
3. 배우는 상대방과의 믿을 수 있는 교류를 증대시켜야만 한다.
4. 배우는 작가가 제시하고 있는 대로 열망하고 행동해야만 한다.
5. 배우는 텍스트를 올바로 이해해야만 한다.[32]

그러나 극장에서 연출의 역할에 대한 박탄고프의 생각은 배우와의 작업에만 국한되어 있는 것은 아니며, 근본적으로 연출가는 연극작업의 과정을 관리하고 조직하는 사람이어야 한다. 따라서 박탄고프에 의하면, 연출은 소도구와 무대장치를 세우거나 운반할 수 있어야 하며, 극장에서 작업하는 모든 사람의 모범이 되는 교사이어야만 한다는 것이다.[33]

고르차꼬프는 박탄고프의 메모수첩을 우연히 보게 되었는데, 수첩에는 이

렇게 적혀 있었다.

1. 연극작업은 극장입구에서 옷을 거는 일부터 이미 시작된다. (스타니슬

   랍스키)

   연출은 무대의 노동으로로부터 시작한다. (박탄고프)

2. 연출은 집단을 위하여 효모와 같은 존재이다.[34]

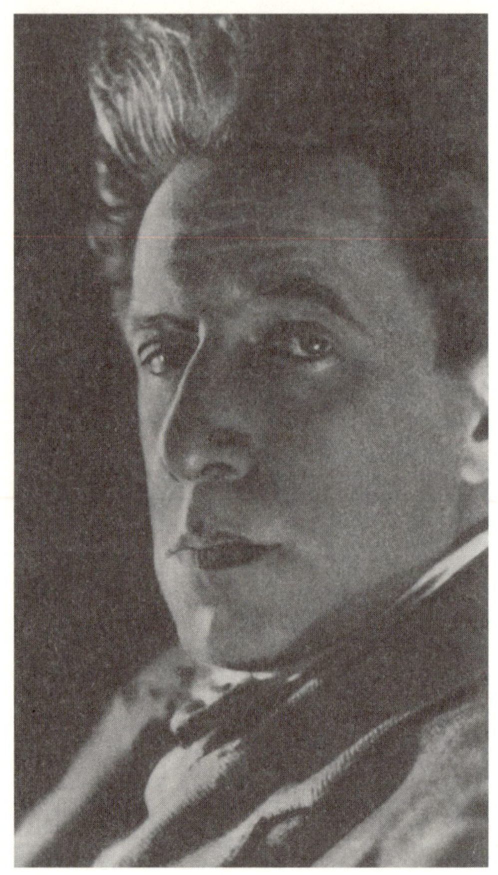

Вс. Э. Мейерхольд.
Вс. Э. 메이에르홀드, 1925년

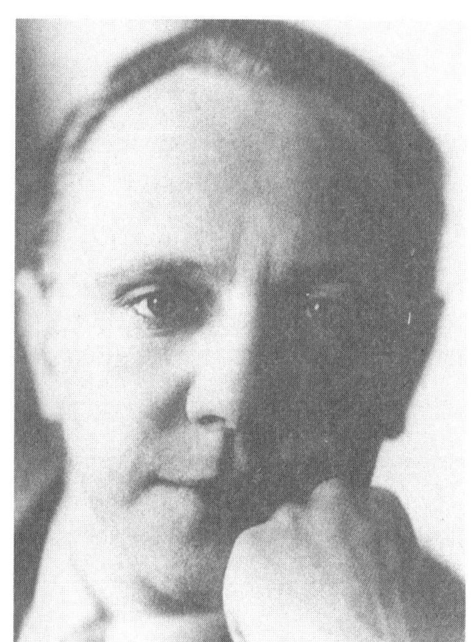

М А Чехов. 1929 г.
МА 체홉, 1929년

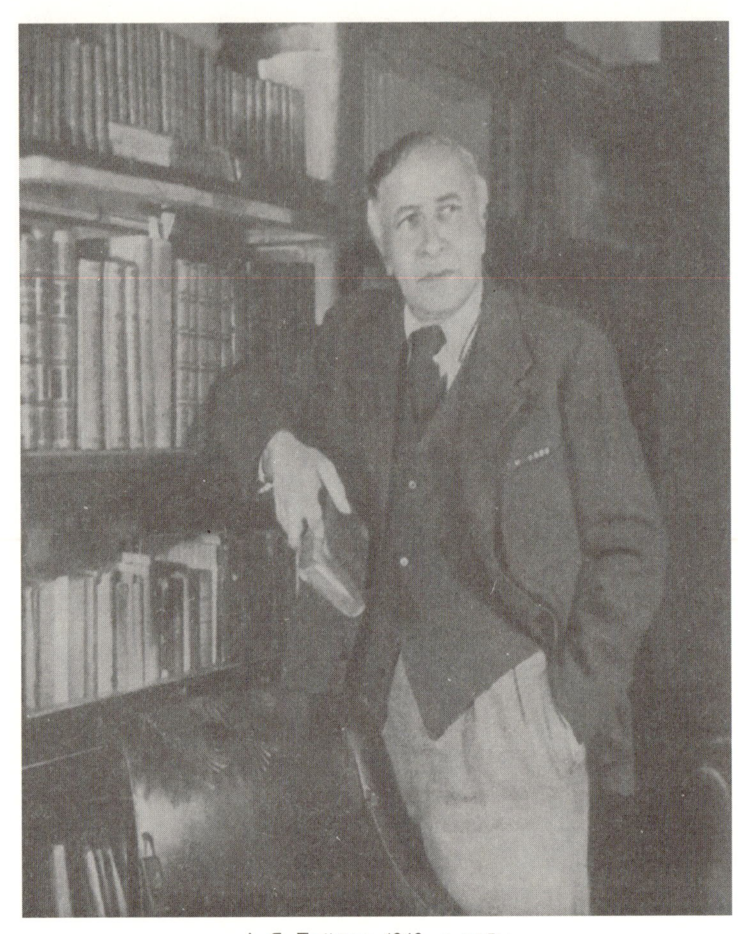

А Я Тайров. 1940-е годы
1940년대의 А Я 따이로프

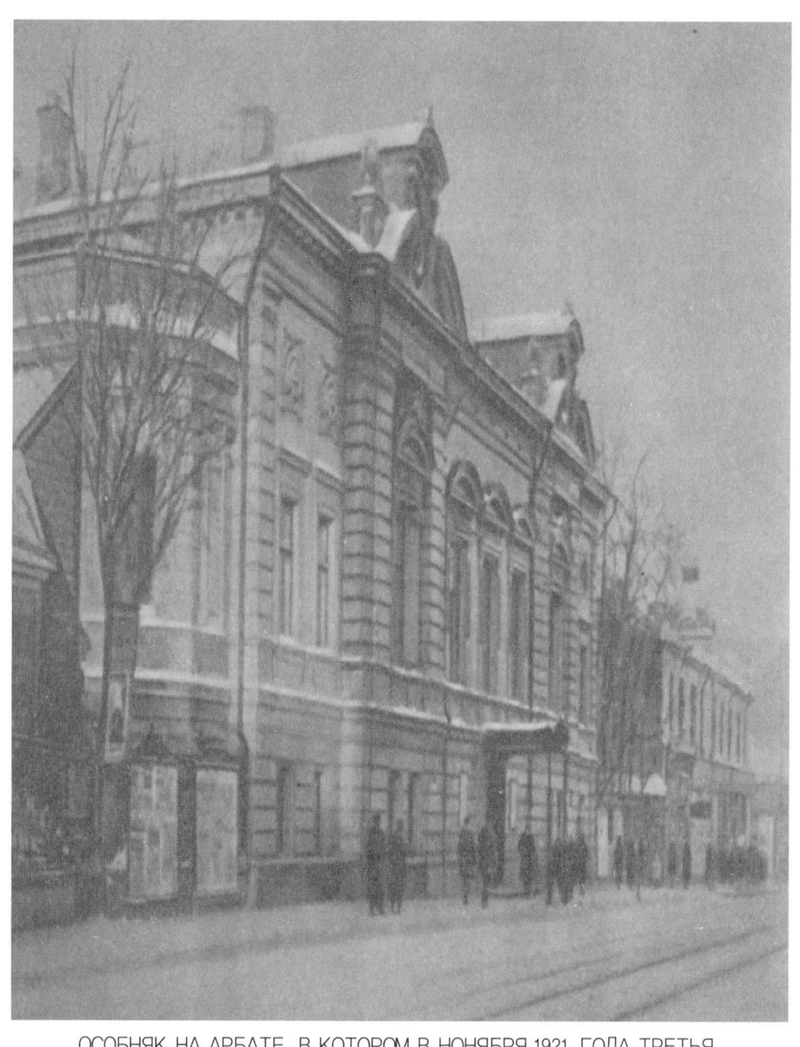

ОСОБНЯК НА АРБАТЕ, В КОТОРОМ В НОНЯБРЯ 1921 ГОДА ТРЕТЬЯ
СТУДИЯ МХАТ ОТКРЫЛА СВОЙ ПЕРВЫЙ СЕЗОН
아르바뜨거리의 〈제 3 스튜디오〉 개관, 1921년
(현재는 구(舊) 아르바뜨 거리의 박탄고프 극장이다)

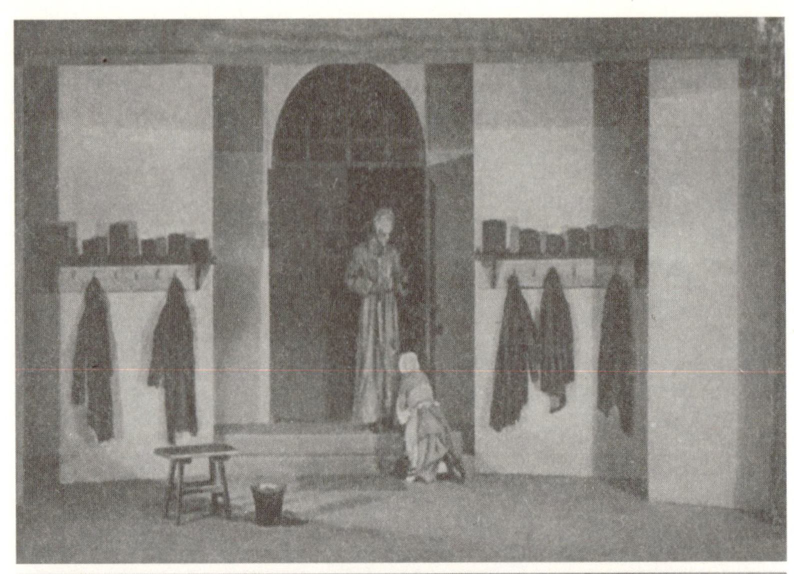

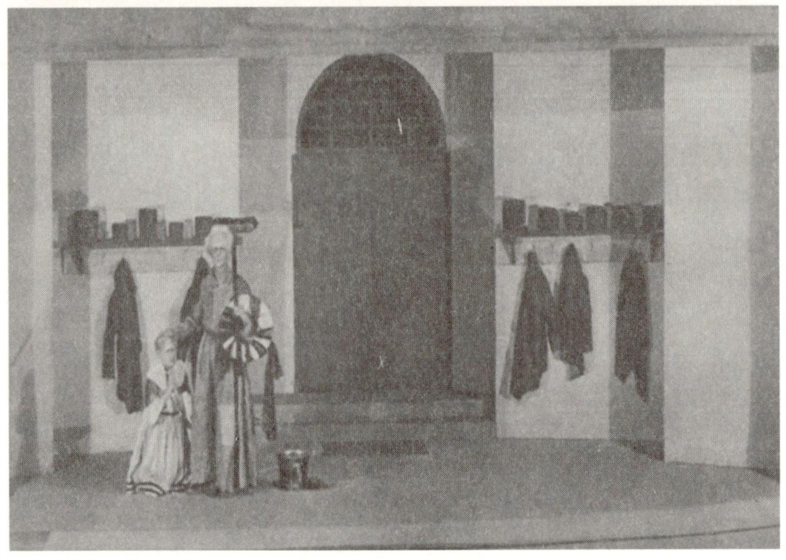

위) Приход Антония 아래) Антоний благословляет Виржини
≪성 안토니오의 기적≫ 공연, 1921년
(위 사진은 안토니오의 등장, 아래 사진은 안토니오가 비르진에게 축복을 내린다)

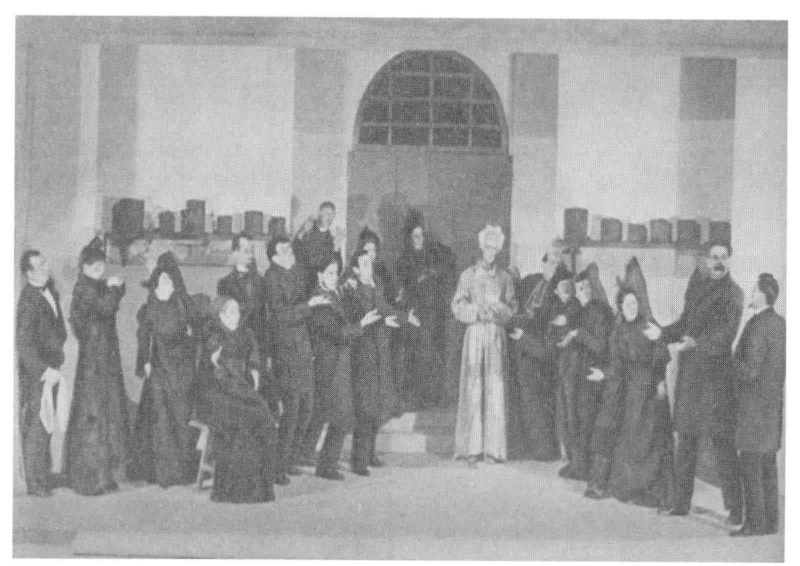

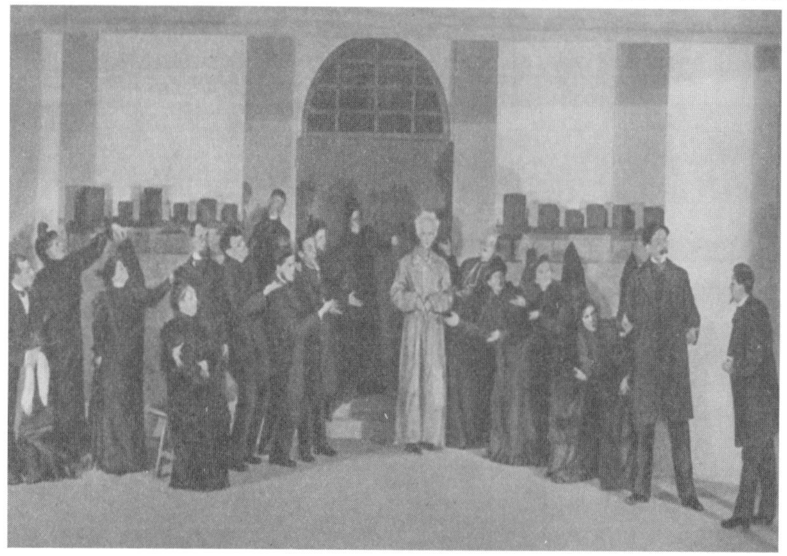

Сцены с родственниками
《성 안토니오의 기적》
위 사진은 친족들과의 장면

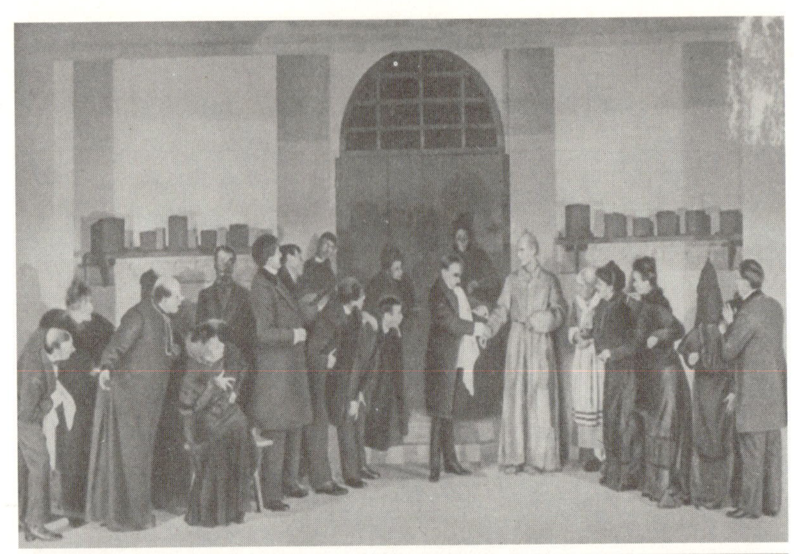

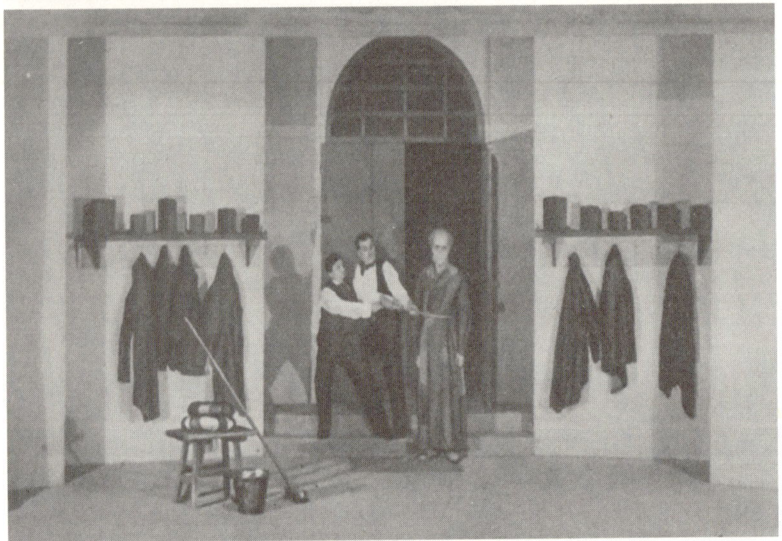

위) Доктор проверяет пульс Антония 아래) Пытаются вывести Антония
≪성 안토니오의 기적≫
(위 사진은 박사가 안토니오의 맥박을 검사한다. 아래 사진은 안토니오를 끌어낸다)

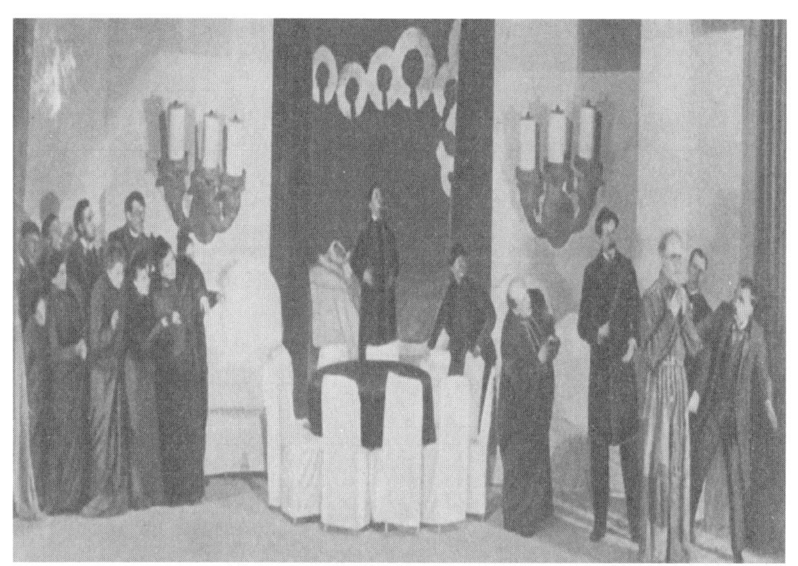

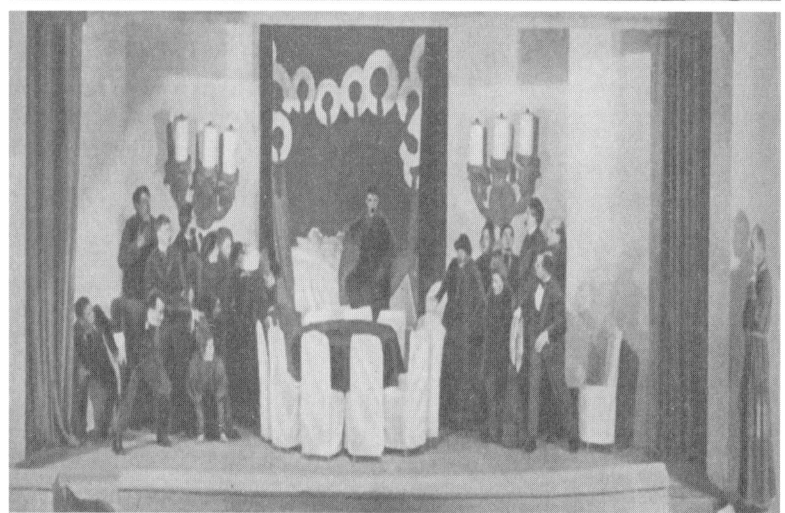

Антоний собирается воскресить маземуазель Ортанс

≪성 안토니의 기적≫

(안토니오는 오르탄스 부인을 위해 손을 모아 기도한다)

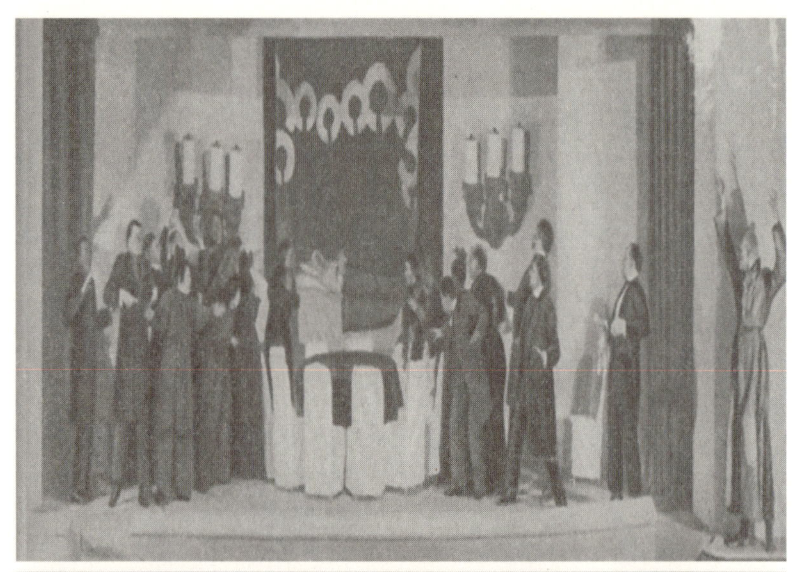

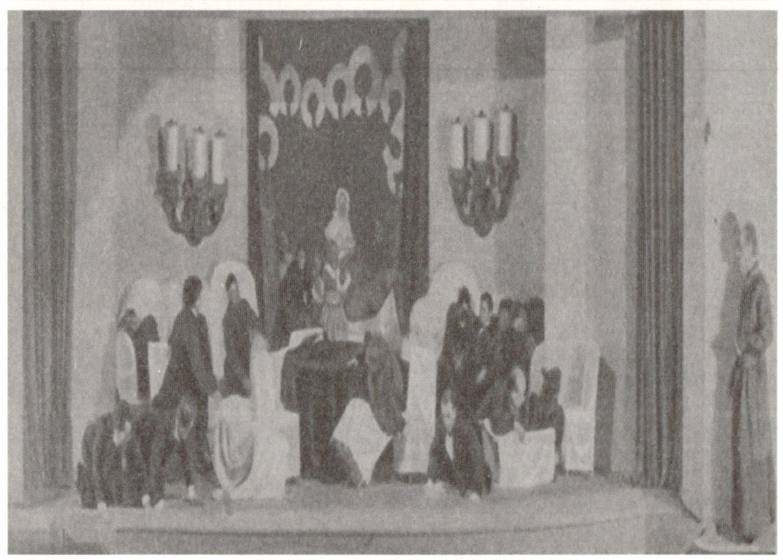

Воскрешение маземуазель Ортанс
≪성 안토니오의 기적≫
(오르탄스 부인의 소생)

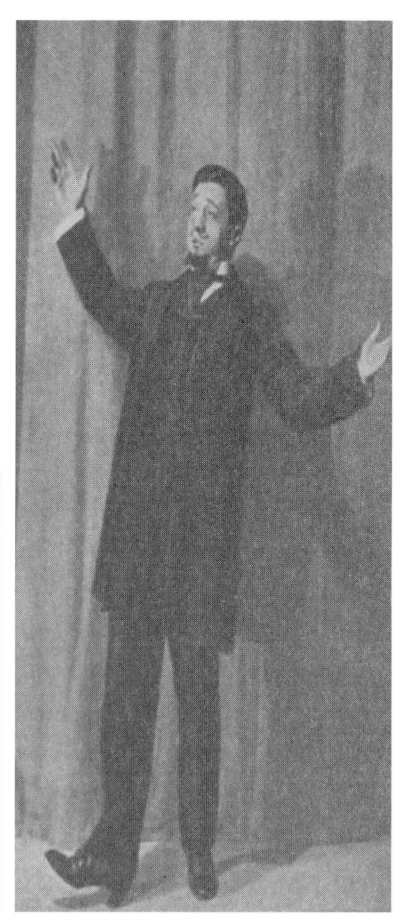

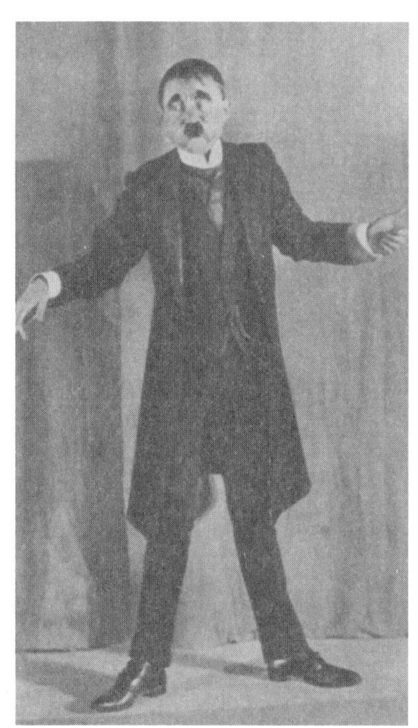

왼쪽) Гюстав - О. Н. Басов 오른쪽) Доктор - Б. Е. Захава
(왼쪽은 규스딴 역의 바소프, 오른쪽은 박사 역의 자하바)

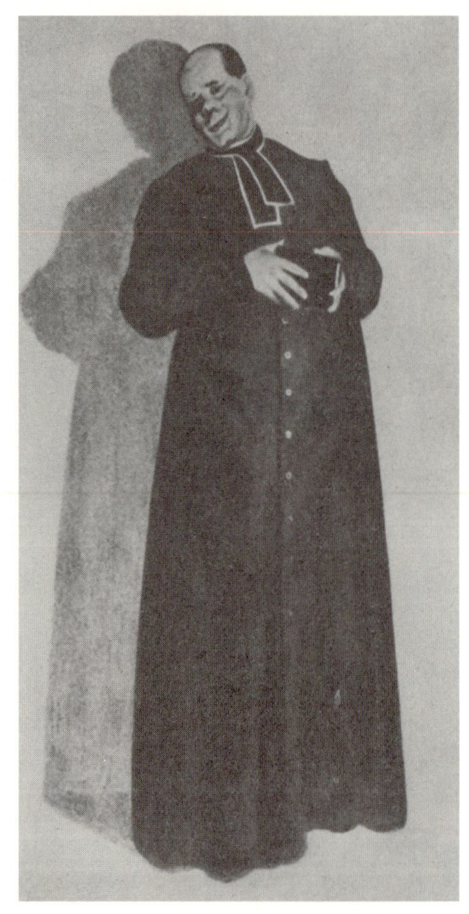

Кюре – Б. В. – Б. В. Щукин. Рисунок И. М. Петухова
큐레 역의 슈낀

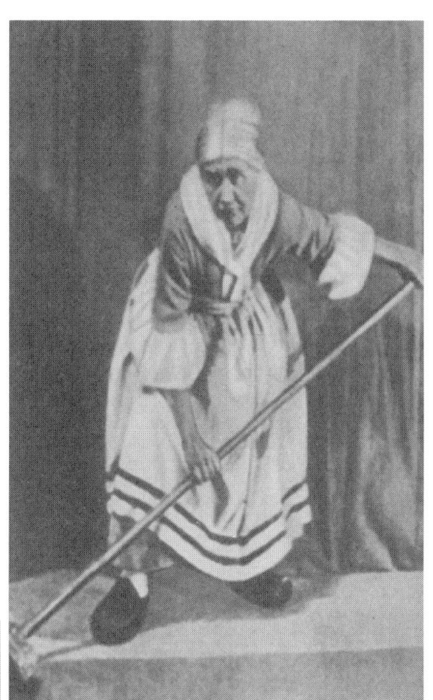

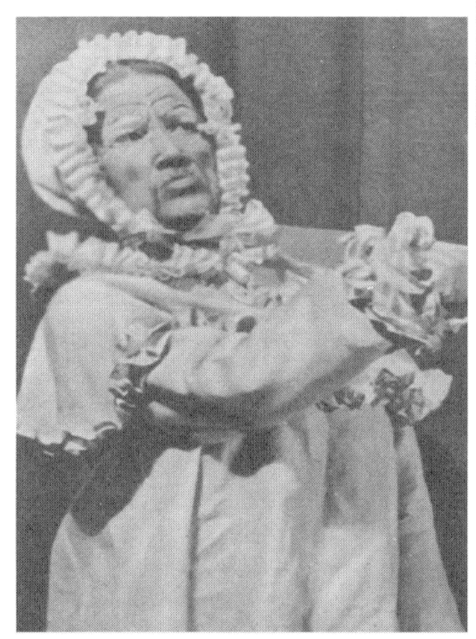

위) Виржини – М. Ф. Некрасова
아래) мадемуазель Ортанс – К. Т. Семенова
위는 비르진 역의 네끄라소바, 아래는 오르탄스 역의 시메노바

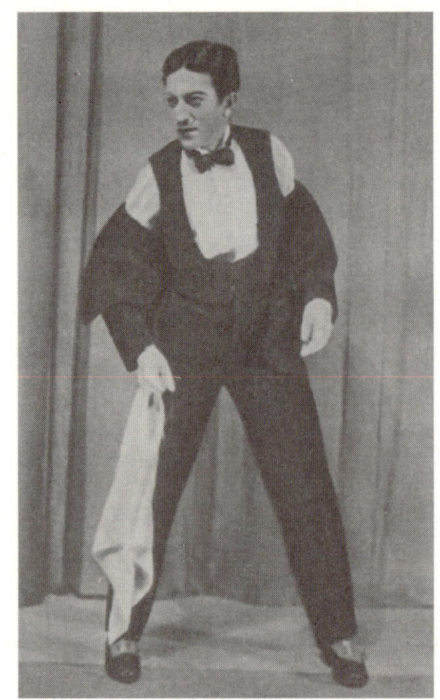

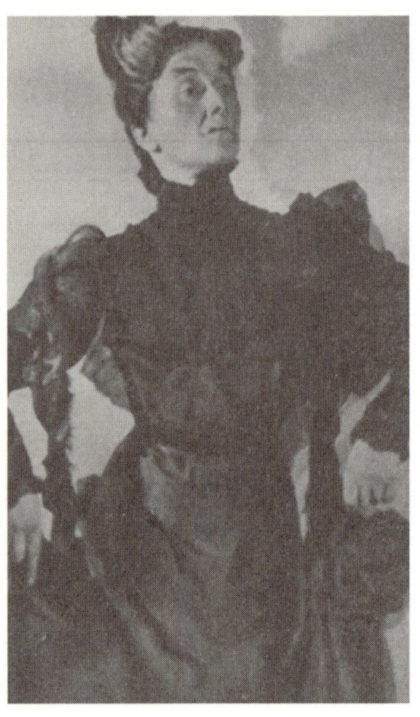

위) Жозер – Р. Н. Симонов 아래) Родственница – Е. В. Лауданская
위는 조제프 역의 시모노프, 아래는 친척 역의 랴우단스까야

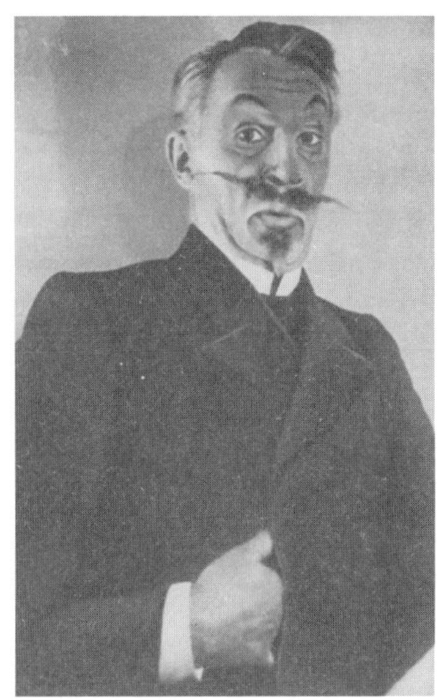

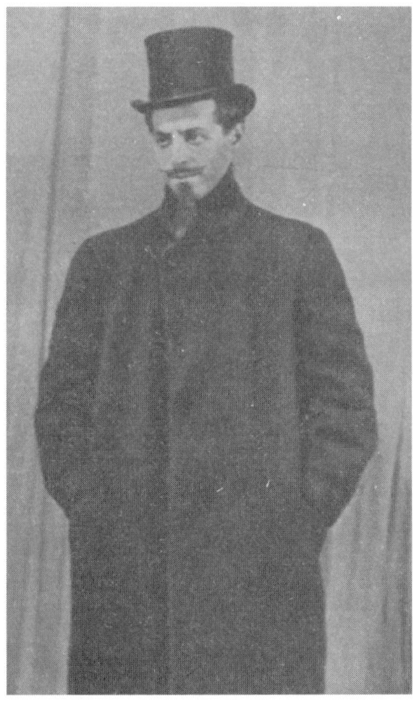

위) Родственник - Б. М Шухмин
아래) Полицейскийкомиссар - Л М Шихматов
위는 친척 역의 슈흐민, 아래는 지방의원 역의 슈흐마또프

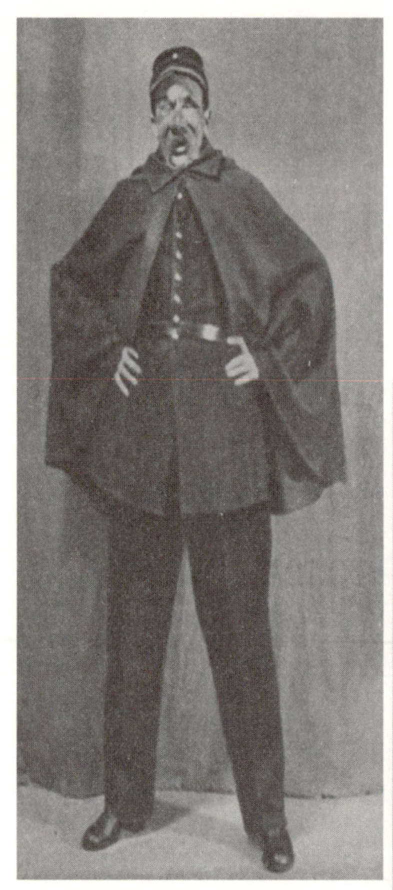

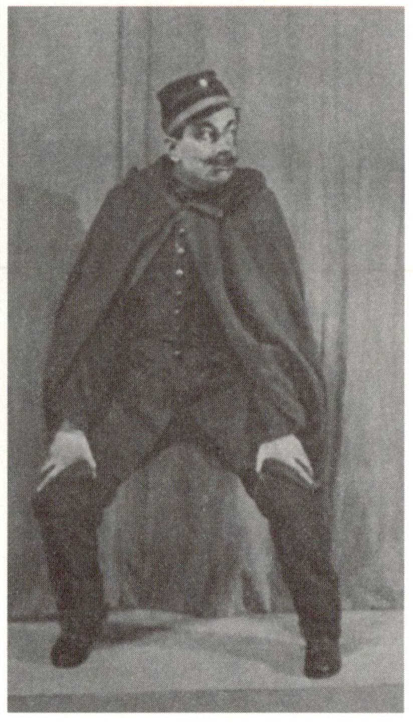

위) Биргадир – И М Толчанов
아래) Полицейский– К Я Мирнов
위는 브리가질 역의 짤차꼬프, 아래는 지방사원 역의 미르노프

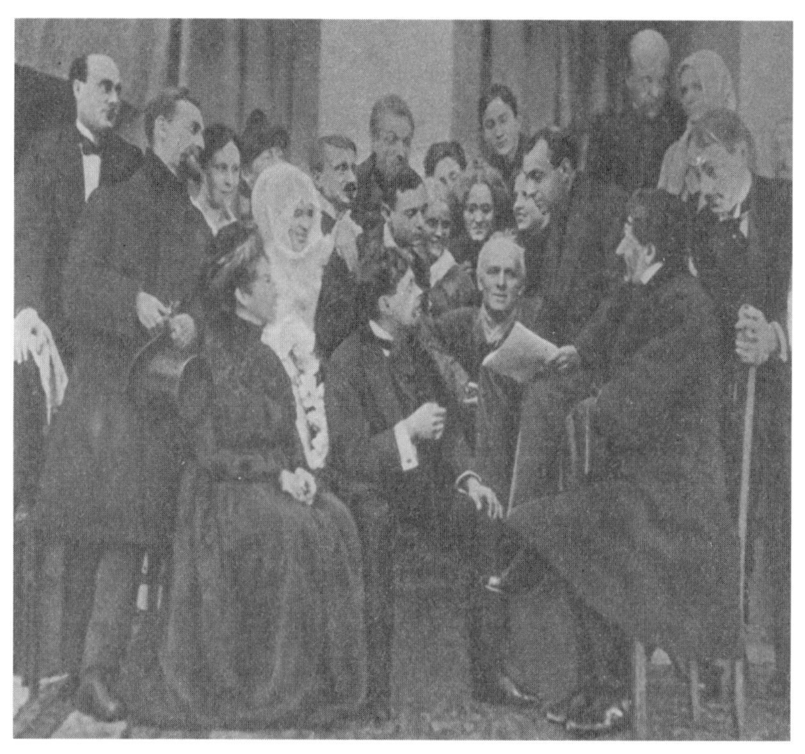

Исполнители спектакля ≪Чудо святого Антония≫
с Е. Б. Вахтанговым

박탄고프와 ≪성 안토니오의 기적≫의 배우들
(오른쪽에 앉아서 대본을 들고 있는 사람이 박탄고프이다)

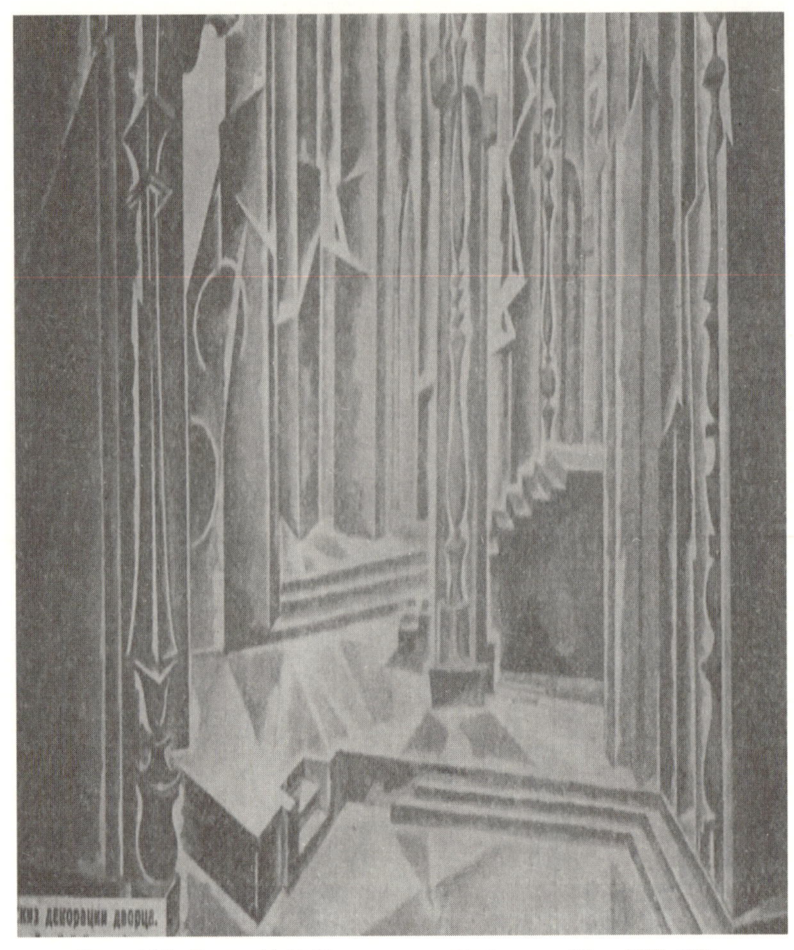

《Эрик XIV》. Эскиз И. И. Нивинского. Первая студия МХТ. 1921 г.
《에릭 14세》 무대스케치, 무대미술 니빈스끼, 1921년

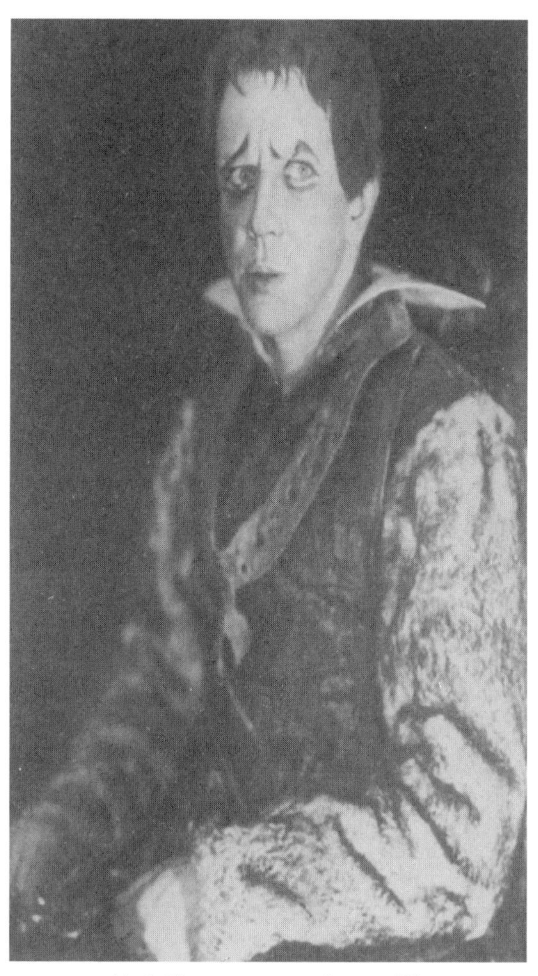

М. А. Чехов в роли Эрика XIV.
≪Эрик XIV≫А. Стриндберга.
Первая студия МХТ, 1921 г.
≪에릭 14세≫에서 에릭 14세 역의 미하일 체홉, 1921년

제3부 | 환상적 사실주의(Fantastic Realism)

내적 체험과 가장(假裝)으로서의 연극성: '환상적 사실주의'

1

배우 자신과 등장인물, 현실과 예술, '내적 체험'과 '가장'의 상호관계는 박탄고프의 중요한 창조적 관심대상이었다. <학생드라마 스튜디오>에서의 강의 노트를 보면, 박탄고프는 연극을 몇 가지 종류로 나누고 있다. 첫째로, 배우는 어떤 유형의 연극에서 미리 자신의 감정으로 내적 체험하고 적응시키는 것인데, 이러한 연극은 배우가 내적 체험한 것을 관객에게 보여주면서 설명하는 것이다(코클랭은 이러한 연극을 집에서 미리 역할을 준비하여 그 결과를 관객에게 보여주기 위하여 극장에 가는 것이라고 했다). 이러한 형태의 연극은 '재현의 연극'이다. 이러한 연극에서 배우는 변하지 않는 적응, 즉 판에 박힌 감정이나 행위를 정제하여 극적으로 표현하고자 한다.

둘째, 어떤 유형의 연극에서 배우 자신은 인물의 텍스트를 암기하여 공연 때 자신의 기분과 열정으로 출발하여 순간적으로 살아있는 감정으로 연기하는 것이다. 이러한 연극은 '혼의 연극' 혹은 '영감의 연극'이라고 할 수 있다. 므하뜨의 배우들은 인물의 정서적 감정으로 무대에서 살고자 했으며, 그러한 것들로 관객에게 영향을 주고자 했는데, 이것은 '내적 체험의 연극'이라고 할 수 있다.[1] 그러나 극도의 사실적인 감정을 표출했었던 므하뜨의 배우들은 연극적 형식을 배제하고 일상적인 억양을 사용했으며, 무대에서 조명을 잊고자 했다. 박탄고프에 의하면, 그들은 연극의 외적 형식을 경시하여 사소하고 일상적인 자연주의로 빠져버렸다고 말한다.

그리고 또 하나의 연극형태는 두제, 살비니, 살라쁜으로 대표되는 '장인의 연극'이다. 이러한 배우들은 재현이나 내적 체험을 한 것이 아니라, 단지 무대에서 '놀이'를 하고 있다. 박탄고프는 이러한 연극을 다음과 같이 말한다.

그들은 연기하면서 그들이 연기하고 있다는 것을 보여주고 있다.[2]

이러한 연극에서 배우는 진실하게 내적 체험을 하면서 최적의 외적 형식을 모색하는데, 이때 배우의 내적 체험이란 열정과 감정으로 역할의 본질로 접근하는 힘을 의미한다. 또한 이러한 연극에서 배우의 내적 체험은 최대한의 영향력 있는 섬세한 무대행동으로 관객을 감화시키는 것이다. 그리하여 무대의 조명 또한 그들의 삶의 감정을 방해하는 요소가 아니라, 오히려 배우와 등장인물, 연기와 실제적 삶 사이에서 점차 본질적이고 명확한 예술적 놀이를 부여하는 요소가 된다.

이미 앞에서 언급한 것처럼 <제 1 스튜디오>에서 ≪평화의 축제≫ 이후 박탄고프의 창조적 작업은 심리적 자연주의로부터 탈피하고 있는데, 그리하여 그는 당시의 극장들이 '연극이란 존재하지 않는다'라는 법칙에 반대하고, 극장에는 연극만 있을 뿐이라는 원칙을 내세운다. 이것은 모든 텍스트로부터 특별하고 유일한 무대적 형식을 찾아야만 한다는 의미임과 동시에 더 이상 무대와 삶을 혼동할 필요가 없음을 의미한다. 즉 연극은 삶의 모방이 아니라, 특별한 실재이자 초현실이며 현실의 축소라는 의미이다.

그러나 박탄고프는 사실주의의 원칙과 내면적이고 정신적인 배우의 기술을 배제하지는 않는다. 오히려 그는 배우들에게 무대에서의 진실한 감정을 요구한다.

배우는 무대에서의 상상력을 실현시키기 위한 진실을 이해하고 소유할 때 비로소 참된 예술은 시작된다.[3]

다른 인물로 표현되어야만 하는 배우라는 본질과 무대의 제약성, 그리고 희곡적 상황의 비사실성이 존재하는 한, 연극은 본질적으로 절대적 사실성을 구현할 수는 없다. 그리하여 극장에서 배우는 관객을 자신이 설정한 환경으로 초대하여 새로운 연극적 사실성을 부여해야만 한다. 따라서 극장에서의 삶의 형상은 필연적으로 다른 형태로 변형되어지기 마련이다.

이러한 관점으로 볼 때, 박탄고프의 '연극의 연극성'은 고의적이고 의도적인 개념이라고 할 수 있다. 그러나 그는 타이로프식의 연극성을 추구하지는 않고 있으며, 에브레미노프[4]처럼 이데올로기로서 혹은 변형된 본능의 논리로서도 연극성을 다루지 않는다. 그리하여 박탄고프는 무조건적인 외형묘사 혹은 모호한 내면적 묘사로서의 '연극성'을 거부하고 있다. 예를 들어 스타니슬랍스키가 ≪12야≫를 연습할 때, 박탄고프는 실제적이지도 않으면서 제작비가 많이 드는 연극만들기에 대하여 비난하고 있다.

스타니슬랍스키는 이상하리만치 왜곡되게 '연극성'을 만들려고 했다. 연극은 아주 아름답고, 위엄있고, 값비싸지만, 쓸모없는 것이 될 것이다. 벌써 6천루블은 들었을 것이다. 이 얼마나 단순한 원칙인가! 관객은 이와 같은 값비싼 공연을 요구하는 것은 아니다.... 스타니슬랍스키를 이해할 수 없다! 누구에게 이러한 외관이 필요하단 말인가. 나는 정말 이해할 수 없다. 공연은 외적으로 아주 흥미로움을 줄 수 있고 성공하리라고 확신하지만, 그러나 내면적인 연구는 이루어지지 않았음을 나는 확신한다.[5]

죽기 전, 박탄고프는 자신의 연극을 '환상적 사실주의'(fantastic realism)이라고 부른다.

내가 추구하고자 했던 연극을 '연극적 리얼리즘'이라고 부를 수 있을 지도 모른다. 이것은 연극 그 자체로서의 개념이다. 왜냐하면 극장에서는 모든 것이 연극적이기 때문이다.[6] 극장에서는 그림이 그려진 막이 있고, 오케스트라도 있고, 좌석안내원도 있고, 정장차림으로 입장해야 하는 에티켓도 있다. 그리고 무대장치, 무대의상을 입은 배우들이 그들의 목소리와 기질을 보여준다. 그러면 박수갈채가 뒤따른다. 의심할 것 없이 극장에서 이러한 모든 요소는 정말로 연극적이다.[7]

박탄고프의 '환상적 사실주의'는 우선 사실주의이다. 그것은 연극에서 감정은 진실한 것이어야 하고, 인간적인 심리는 사실적이기 때문이다. 그러나 제약적인 무대는 방법적으로, 분위기적으로 환상적으로 나타난다. 이것이 배우가 자연주의적인 방법으로 인물을 창조해서는 안 되는 이유이다. 따라서 배우는 무대적 표현력을 위하여 자신이 소유하고 있는 모든 무기(내적 기술과 외적 기술)를 사용하여 인물을 창조하고 연기해야만 한다.

'환상적 사실주의' 연극에서 관객은 자신이 극장에 있다는 사실을 잊어서는 안 되지만, 그러나 이러한 사실이 관객의 솔직한 감정을 방해하지는 않아야 하며, 따라서 관객의 눈물과 웃음을 방해해서는 안 된다. 이와 관련하여 1922년 4월 11일, 박탄고프는 학생들과의 대화에서 이렇게 이야기한다.

> 극장에서는 자연주의도 사실주의도 없으며, 환상적 사실주의만 있을 뿐입니다. 믿을 수 있도록 찾아진 연극적 방법들은 오히려 작가들에게 무대에서의 진실한 삶을 제공하는 모티브가 됩니다. 그러한 방법들은 훈련될 수 있을 것이며, 그리하여 형식의 창조가 필요하고 무한한 상상력이 필요합니다. 바로 이것이 내가 환상적 사실주의라고 부르는 이유입니다.[8]

박탄고프는 이러한 연극이 진실한 연극이며, 미래의 연극이 될 것이라고 확신하고 있다. 그리하여 박탄고프는 극장연극의 실재를 상징적이고 과장적이면서도 예술적 의미를 내포한 형태로 파악하고 있다. 따라서 그는 진실하면서도 결코 평범하지 않은 연극적 본질의 구현을 위하여 조화와 균형 잡힌 과장으로 접근한다. 그것은 극장에서의 내용과 형식을 종합하고 실험하는 시도로 이루어졌다. 이에 대해 박탄고프는 다음과 같이 말한다.

> 나에게는 예술의 실재에 대한 특별한 관점이 있다. 그것은 삶의 대부분이 환상적이고 결코 평범하지 않다는 것인데, 때때로 이러한 삶의 실제적 본질이 나에게 나타난다. 현상에 대한 평범한 관계나 삶에 대한 평범한 시각은 리얼리즘으로의 접근이 아닌 듯하다.[9]

안따꼴스끼는 박탄고프의 '환상적 사실주의'를 '거짓의 진실'이라고 평하고 있으며, 그리고 박탄고프 연구가인 블록은 '경향상 편협적인 무대의 심리주의에 대하여 과장의 방법으로 혹은 자연스러운 연극의 형식을 획득하기 위하여 내용에 충실하면서도 강력한 무대적 표현력의 방법으로 나타나는 특수한 연극성'[10]이라고 평가하고 있다. 죽기 전에 박탄고프는 제자들과의 대화에서 '믿을 수 있는 마스크를 찾아야만 합니다'라고 말하고 있는데, 이 말의 의미는 그로테스크하다든지, 인형이나 꼭두각시 같은 방법을 모색해야 한다는 의미가 아니라, 실제적으로 연극적인 방법을 모색해야만 한다는 의미로 받아들여야 한다.[11]

한편 많은 비평가들에 의해 평가되고 있는 박탄고프의 그로테스크는 합리적이고 사실적인 것을 단순히 파괴함을 의미하는 것이 아니며, 또한 진실성과 내적 정당성의 법칙이 존재하지 않는 기이하고 모호한 기법은 더욱 더 아니다. 일례로 ≪투란도트 공주≫ 연습 때, 박탄고프는 무대의 형식이 극도의 표현력과 논리적인 내용과의 상호관계 속에서 획득되어야 하는 것이지, 추상적인 그 무엇이 그로테스크가 되어서는 아니됨을 강조하는 것은 바로 그러한 이유 때문이다.[12]

박탄고프 이전에 연극적 그로테스크의 개념은 메이에르홀드의 『연극에 관하여』라는 저서에 서술되어 있는데, 여기에서 그는 '무대적 그로테스크의 목표는 관객을 점진적으로 무대의 행위로 교감하도록 하여 관객의 행동을 이전과는 다른 대조적인 상태로 몰아넣는 것이다. 그리고 그로테스크의 기본법칙은 예술가의 의도에 따라 관객이 이해하는 순간으로부터 전혀 예상하지 못한 순간으로 인도하는 것이다'[13]라고 쓰고 있다.

그러나 박탄고프는 무대적 그로테스크를 메이에르홀드처럼 '이해하기 힘든 수수께끼'로 이해하지 않고 있다. 그는 그로테스크를 배우의 연기방법이자,

연출가에게 있어서는 작품의 섬세하고 응축된 내용을 내적으로 정당화시키는 메소드라고 말한다. 따라서 그에게 있어서 그로테스크는 '표현력의 극대화이었고, 가장 깊고, 가장 은밀한 내용의 본질을 무대적으로 구현하기 위하여 탐구되어지고 찾아져야만 하는 명확한 형식' 그 자체이었으며, 또한 연출가에게 있어서 그로테스크는 연극의 내용과 형식의 본질적인 결합속에서 탐구되어지는 창조적 완성도라고 말한다.[14]

결국 박탄고프에게 있어서 그로테스크 연극은 평범한 연극을 지양하고, 배우 자신을 그로테스크하게 표출할 수 있는 새로운 배우의 형태를 창조하는 기술이었는데, 이와 관련하여 자신의 일기(이 일기는 <프세흐스발스끼 휴양소>에서 그가 항상 지니고 있었던 것이다)에 다음과 같이 쓰고 있다.

> 더 이상 '성격배우'는 필요치 않다. 성격창조에 재능이 있는 모든 배우는 비록 희극적일지라도 비극적인 것을 느껴야만 한다. 그로테스크는 그런 점에서 비극적이자 희극적이어야 한다.[15]

스타니슬랍스키 또한 '그로테스크는 차원 높은 예술의 단계이다. 그것은 내면적인 것을 최대한의 과장을 통하여 외적으로 최상의 섬세함과 대담한 정당성을 부여하는 것이다'[16]라고 말하면서 박탄고프의 그로테스크에 대한 견해에 부응하고 있다. 그리고 스타니슬랍스키는 박탄고프와의 논쟁에서 비록 이 용어 자체가 자신에게는 마음에 들지 않는 것이라고 말하면서도, 박탄고프의 그로테스크 연극을 다음과 같이 평하고 있다.

> 당신은 내가 전 생애에 걸쳐 이루고자 했던 예술의 최고 수준을 그로테스크를

통하여 달성하고자 하는군요. 그리고 당신은 완전한 예술적 창조 작업을 그로
테스크라고 부르고 싶어하는 군요. 내가 당신에게 대답해 줄 수 있는 것은 그
것에 대한 명칭에 연연하지 말라는 것입니다.[17]

그리하여 박탄고프가 죽은 후, 그의 마지막 연극인 ≪투란도트 공주≫의
그로테스크한 특징 때문에 많은 비평가들은 '환상적 사실주의'를 '그로테스크
한 네오리얼리즘'[18]으로 이해하기도 했다. 그러나 오늘날 박탄고프의 ≪투란도
트 공주≫는 그의 '환상적 사실주의' 연극 중 최고의 작품으로 자리매김 되고
있다. '환상적 사실주의'의 목표는 그것이 어떠한 연극일지라도 연극적 형식,
즉 믿을 수 있는 외적 방법, 그리고 그것과 내용의 조화를 찾는 것이다.[19]

박탄고프의 '환상적 사실주의'의 절정은 그의 마지막 두 작품인 ≪가 - 지
부끄≫와 ≪투란도트 공주≫에서 잘 나타난다. 이러한 공연들의 미학적인 측
면은 이미 이전의 작품들, ≪결혼≫, ≪성 안토니오의 기적≫, ≪에릭 14세≫
에서 명확히 나타나고 있다. 위의 연극들에서 배우 자신은 인물로 변신하여 그
속에서 재생됨과 동시에 그 속에서 배우 자신을 드러내는 듯하였다.

배우 자신과 등장인물간의 거리는 박탄고프 연극의 특징으로 규정된다. 박
탄고프에게 있어서 배우와 인물의 거리개념은 본질적으로 이전의 전통적인 정
신적 자연주의 연극이나 '판에 박힌 듯한, 인척 하는 연극'과는 분명 다른 것이
었는데, 그것은 배우가 관객을 완전히 망각하지 않음과 동시에 등장인물로서
도 완전히 심취하여 몰입하지 않음을 의미한다. 그럼에도 불구하고 배우는 자
신의 숙련된 외적 기술로 '인척'하는 연기도 하지 않으며, 내적 기술의 도움으
로 비사실적인 무대의 인물에게 자신의 진실한 감정을 부여하는 것이다.

<가비마 스튜디오>(가비마는 고대 유태어로 '무대'라는 의미이다)에서의
≪가 - 지부끄≫ 공연은 박탄고프 자신이 적극적으로 참여하였던 마지막 작품
이었다. (≪투란도트 공주≫에서 그는 이미 작업에 적극적으로 참여하지 못할
정도로 건강이 좋지 않았다)

<가비마 스튜디오>는 상인 촌락의 니쮜느이 게슬로프스끼 소로(小路)에
위치하고 있었다. 스튜디오는 1917년 쩨마흐를 중심으로 모인 유태인 예술가
들의 집단체이었는데, 스튜디오가 개관될 무렵, 박탄고프는 유태작가들의 라스
까스(단편작품)를 가지고 '스튜디오의 밤' 행사를 준비하고 있었다. 스튜디오에
서는 박탄고프 외에도 그의 제자들인 슈낀, 시모노프, 볼꼬프, 아지린이 스튜디
오 단원들을 가르치고 있었다.

스튜디오의 객석은 자루를 깁어 놓은 회색 천으로 되어 있었는데, 고리끼
의 표현에 의하면 '이러한 거칠고 투박한 마포조각은 극장을 찾는 사람들로 하
여금 인상 깊은 진지함과 단순하면서도 엄격함을 주는 것'[1]이었다. 무대는 특
별한 것이라고는 아무것도 없었고, 극장은 두 부분으로 분할되어 있었는데, 하
나는 객석용으로 벤치가 널찍이 펼쳐져 있었고, 또 다른 텅 빈 공간은 배우의

연기를 위하여 그 어떤 단(壇)도 없는 무대이었다. 20세기 초에 이와 같은 무대는 전형적인 스튜디오 형태라고 할 수 있는데, 이러한 무대에서의 연기양식은 좌익계열의 연극에서 흔히 볼 수 있는 것이기도 하였다.

그러나 <가비마 스튜디오>에서 박탄고프는 좌익계열의 연극을 함으로써 대중의 참여를 유도하지는 않았다. 그는 ≪가 - 지부끄≫에서 무대 뒤와 푸트 라이트를 제거하고, 이전에는 볼 수 없었던 방법으로 조명을 설치했는데, (조명기구를 무대장치 내에 숨겨 특수 조명효과를 창출했다) 그 결과 비사실적이고 환상적인 분위기가 창출되었다. 또한 작품의 일상적인 이야기를 신비적인 요소를 가미하여 신화 혹은 환상적인 전설로 바꾸었다.

안 스끼(라빠쁘르뜨 시멘 아끼모비치, 1863-1920)의 희곡『가 - 지부끄』는 러시아어로 쓰여져 므하뜨에 처음으로 소개되었다. 스타니슬랍스키 또한 이 희곡을 마음에 들어 했으나, 안 스끼는 이 작품을 <가비마 스튜디오>의 개관작품으로 제공하였다. 처음에 안 스끼 자신은 이 희곡을 이디쉬어(유럽 중동부의 유태어)로 번역하였지만, 이후에 시인인 하임 나흐만 뱔리끄에 의해 다시 한 번 고대 유태어로 번역되었다.

희곡의 간략한 줄거리는 다음과 같다.

1막에서 젊은 하난은 부유한 상인인 센데르의 딸 레야를 사랑한다. 레야는 회당에서 하난의 <노래를 위한 노래>를 들으며 강한 애정을 느낀다. 그들의 부모들은 친구 사이었는데, 그들의 아이들이 성장했을 때 약혼시키기로 약속을 했었다. 그러나 센데르는 레야를 위하여 하난보다 더 부유한 젊은이와 약혼을 시킨다. 신에 대한 믿음을 상실한 하난은 라지엘 천사의 금지된 책에 나오는 사탄의 도움을 청한다. 그러나 기력이 쇠약해진 하난은 결국 죽고 만다.

그의 몸은 장례식의 검은 천으로 덮인다.

2막은 레야의 결혼식 장면이다. 센데르의 마당구석에는 천민을 위한 잔치 음식이 차려져 있고, 그들은 주인을 공경하며 춤과 노래를 부른다. 그러나 갑자기 레야가 기력이 없어지면서 의식을 잃었을 때, 춤과 노래는 멈춘다. 의식을 회복한 레야는 마치 이 지상의 것이 아닌 어떤 힘이 자신의 영혼을 아주 먼 곳으로 데려 갔다고 말한다. 그때 지나가던 방랑인이 정처 없이 떠도는 지부끄가 살아있는 사람의 육체로 들어간 전설에 관한 이야기를 해 준다.

잔치는 끝나고 천민들은 센데르의 굳은 모습을 보고 비웃는다. 레야와 그녀의 약혼자인 미나쉐는 그 자리를 떠난다. 그러나 갑자기 레야가 그를 밀치면서 미나쉐는 자신의 약혼자가 아니라고 말한다. 그러자 지부끄가 레야의 몸속으로 들어와 하난의 목소리로 <노래를 위한 노래>를 부른다.

센데르는 딸을 유태교의 현자인 아즈리엘에게 데리고 가서 지부끄를 쫓아내 주기를 호소한다. 현자는 레야 주위로 마술의 원을 긋고, 지부끄가 몸속에서 추방될 때까지 원을 넘지 못하도록 한다.

현자의 질문에 레야는 순순히 대답하지만 숨어있는 하난의 목소리는 강한 톤으로 '나가지 않아. 이 세상에서 나의 혼이 거주할 곳은 어디에도 없어'라고 소리친다. 그때 현자는 지부끄인 하난의 혼에게 저주를 퍼붓는다. 그러자 하난의 혼은 레야를 괴롭히는 것을 그만둔다. 그러나 사랑하는 사람을 따라 가고자 하는 레야는 상징적인 마술의 원을 넘어 죽는다. 하난의 육체에 씌어졌던 레야의 육체위에도 방랑인에 의해 슬프게 마포조각으로 덮인다.[2]

전설적인 요소를 많이 가지고 있는 이 희곡은 시적인 경향을 보이고 있으며, 그러면서도 일상적인 장면과 사회비판의 요소를 내포하고 있는 이 희곡은 결코 단순한 구조로 이루어져 있지는 않았다. 비록 희곡의 기본적인 토대가 지부끄에 관한 신비한 사건으로 이루어져 있다고 할지라도 이 희곡은 전반적으로 자연주의적으로 묘사되어 있다.

박탄고프는 이러한 간단하지 않는 희곡을 양식적인 측면에서 자신의 '환상적 사실주의'(이 용어는 1921년 12월 당시에는 '연극적 리얼리즘'이라고 불리웠다)라는 관점으로 풀어 나갔다. 그러나 당시 권위 있는 비평가 꾸겔은 '연출가는 상징주의와 신비주의를 사용하여 훌륭한 일상의 희곡을 엉망으로 만들어 놓았다'[3]라고 비난한다. 그러나 희곡의 첫 대사인 '무엇 때문에 높은 곳에 있는 혼이 심연으로 추락하고, 무엇 때문에 추락한 혼이 승천을 바라는가?'라는 말은 희곡이 꾸겔이 말한 것처럼 일상적인 작품이라고 단정 짓기는 어렵다. 그리하여 희곡에 묘사되어 있는 유태인의 작은 촌락이라는 공간의 묘사가 작가의 궁극적인 목적이 아님은 분명하며, 결국 박탄고프의 목표 또한 그러한 일상적인 무대화작업이 아니었음은 당연한 것이었다.

≪가 - 지부끄≫의 총연습에서, 박탄고프는 배우들에게 공연의 원칙을 다음과 같이 설명한다.

> 작품은 자연주의적으로 혹은 사실주의적으로도 수용해야만 합니다. 그 외는 아무것도 없습니다.[4]

이 말의 의미는 그가 일상적인 상황의 본질을 인정하고 보존하면서 연극적 '가장'으로서 공연되어지기를 원하고 있음을 뜻한다.

또한 박탄고프는 안 스끼가 희곡의 부제를 <두 세계 사이에서>라고 적어 놓고 있기 때문에 이 부제에 적합한 기법을 사용하고자 하였다. 그것은 그가 이미 즐겨 사용했던 기법, 즉 대조의 법칙, 대립되는 두 세계의 갈등적 모순이었다.

이 작품에 있어서 박탄고프의 특별한 관심은 고대 유태어를 모르는 관객에게 철저한 이해를 구하도록 하는 것이었는데, 그것은 그가 언급한 것처럼, '환상적 사실주의' 연극이란 모든 사람들에게 충분한 이해를 줄 수 있는 조형술이 작품 속에 내재해야 함을 의미하는 것이었다.[5] 시넬니까바의 회상에 따르면, 1920년 하지꼬바에서의 강연에서 박탄고프는 구체적으로 ≪가 - 지부끄≫라는 희곡을 지적하지는 않았지만, 그러한 희곡을 공연할 계획에 대하여 언급했다고 한다.

> 사람들이 이해하지 못하는 말로 배우들이 말하지만, 그러나 모든 사람들이 이해할 수 있는 그런 연극을 만들고 싶습니다.[6]

당시 스타니슬랍스키 또한 술레르쥐쯔끼에게 이사도라 던컨의 춤을 예로 들면서 '연극은 말이 없지만 모든 것을 전달할 수 있는 그러한 것으로 나아가야 합니다.'[7]라고 말한 바 있다. 박탄고프는 끊임없이 배우에게 '나는 여러분이 무엇을 말하는지 이해를 못하겠습니다. 그리고 여러분이 무엇을 하는 지도 모르겠습니다'라고 말하면서 말로서 설명하는 것을 그만두도록 요구했다. 그는 말없이 모든 것이 이해되어지도록 하기 위하여 배우에게 실제적으로 외적 표현력을 획득하고자 했는데, 그것은 말 뒤에 숨어있는 내적 본질이 행동되어지도록 요구한 것이었다.

연습의 마지막 단계에서 박탄고프는 스튜디오의 이러한 작업에 대하여 평가를 해 줄 수 있는 사람을 단계적으로 초대했다. 그리하여 처음에는 초대된 관객들을 위하여 1막만 공연하였고, 이후에 2막을 공연하였으며, 그리고 난 후에 전막을 공연하였다. 박탄고프는 초대된 관객들에게 부분공연이 어떻게 이해되어졌는지 검증하고자 했는데, 일부 비평가들은 이러한 부분공연을 높이 평가하였고, 그중에서도 마르고린같은 비평가는 독창적인 2막을 전막으로 공연하도록 연출에게 제안하기도 하였다.[8]

어느 날, 박탄고프는 연습 때 미하일 체홉을 초대했는데, 연습을 보고 나서 그에게 이해되지 않는 부분들에 대하여 이야기해 줄 것을 요청했다. 그가 떠난 후, 박탄고프는 배우에게 다음과 같이 말했다.

> M. 체홉이 연극에서 이해하지 못한 것은 희곡의 대사가 아니라, 여러분들의 연기였습니다. 좋은 연기는 언어와는 별개로서 모든 것을 이해시킬 수 있는 것입니다.[9]

그리하여 연습은 늦은 밤까지 진행되었고, 그 결과 놀라운 성과를 이루었는데, 이와 관련하여 미하일 체홉은 다음과 같이 평가하고 있다.

> 정말 놀라운 일입니다. 배우가 작가에 의해 제기된 텍스트의 의미 있는 내용을 크게 기대하지 않고 배우 자신의 정신 속에서 표출되는 표현력의 방법들을 모색하자, 비록 하나의 몸짓이었음에도 불구하고 이렇게 많은 의미를 창조해 낼 수 있다는 것을 말입니다.[10]

≪가 - 지부끄≫에서는 두 가지의 어려운 목표가 성취되었는데, 첫째는 현대적이며 연극적인 양식이 성취되었다는 것이고, 둘째는 <가비마>의 젊고 미숙한 단원들이 참된 배우로 창조되었다는 점이다.

작품분석을 함에 있어서 박탄고프는 희곡속의 갈등세계가 몇 가지의 특
징적인 무대형상으로 나타날 수 있음을 간파했는데, 첫째로, 사회적으로 혜택
받고 경제적으로 안정된 부유한 계층의 세계, 즉 센데르, 약혼자, 그의 선생들,
중매인은 마치 꼭두각시같은 형상을 한 채 단조롭고 고정적인 동작을 하고 있
었으며, 그것은 마치 정신과 육체가 분리되어 있는 듯한 정체적인 제스처를 행
하고 있는 인물들이었다. 이러한 정체적인 동작은 이미 박탄고프에 의해 ≪성
안토니오의 기적≫에서 나타난 '손님'의 형상과 유사한 것이었다. 그들은 공연
전체를 통해 사소하고 무의미한 제스처를 사용하고 있었는데, 볼꼬프는 이들
을 '무의미한 제스처군'이라고 말했다.

둘째로, 사회적으로 밑바닥계층인 천민으로 대표되는 비정신의 세계는 주
인의 부를 찬양하며 노래하기도 하지만, 그들이 잔치로부터 쫓겨난 뒤에는 주
인의 탐욕을 저주하기도 한다. 이러한 세계는 극도의 표현주의적인 색채로 표
출되어지거나 비극적 그로테스크의 형식을 띠고 있었다.

마지막으로 나타나는 세계는 하난과 레야로 대표되는 진실한 인간의 정
신과 사랑의 세계이었다. 그들의 세계는 자신들의 성격을 규정하는 <노래를
위한 노래>의 주악장에서 명백히 표현되고 있으며 그리고 그들의 연기양식은
엑스타시한 서정시적인 것이었으며, 이 역할을 맡은 배우들은 부드럽고 섬세
한 율동으로 연기하였다.

어떤 평론가에 의하면, 연극의 첫 도입부는 마치 영화처럼 시작되었다고
회상하는데, 조명불빛에 나타난 레야와 하난의 손은 느리면서 수줍게 접근하
다가 마침내 그들의 손은 접촉하고 전율하며 곧 하나로 합쳐졌다.

한편 연극의 무대장치는 알트만에 의해 제작되었는데, 단순한 선, 검은 색

과 황색, 원근법에 의한 무대그림, 전치된 사물의 크기와 용량으로 제작된 작품의 세계는 비극적으로 표현되었다. 이러한 무대장치는 어떠한 자연주의적인 요소도 없었다. 알트만에 의하면, 박탄고프는 무대그림을 보고 난 후, 1막의 자연주의적인 무대그림을 완전히 바꾸어 버렸다. 박탄고프 연출의 초기 작업에서는 표현주의적 경향보다는 자연주의적 경향(≪결혼≫과 ≪성 안토니오의 기적≫)이 농후했으나, 그러나 ≪가 - 지부끄≫의 초연이 있기 1년 전의 그의 작품들, 즉 ≪결혼≫, ≪성 안토니오의 기적≫의 두 번째 제작공연, 그리고 ≪에릭 14세≫에서는 대립의 갈등으로 인한 그로테스크, 즉 극단적인 두 세계사이의 갈등구조가 절정에 달하고 있음을 이미 앞장에서 언급한 바 있다. 이러한 사실로 미루어 보건대, ≪가 - 지부끄≫에서의 1막의 무대장치 수정은 박탄고프에게 있어서 당연한 결과이었을 것이다.

평론가들은 알트만의 무대장치에 대하여 1막의 무대장치는 샤갈과 비교할 수 있으며, 2막은 고야와 그리고 3막은 초기 이태리 르네쌍스 회화와 유사하다고 평하고 있다. 그러나 1970년 스미로노프-네스비쯔끼와의 담화에서 알트만은 ≪가 - 지부끄≫의 무대그림은 이미 1911년 무렵의 <유태인의 장례식>이라는 자신의 그림에서 출발하고 있다고 주장한다.

한편 등장인물은 메마르고 비옥하지 못한 토양에서 자라는 나무처럼 구부러진 형상을 하고 있었으며, 그들의 행동이나 제스처는 과장스러워 보였다.[11] 이러한 형상화에 따라 인물의 분장 또한 비사실적이었는데, 모든 인물들은 네 가지로 혼합된 색채의 분장을 하고 있었다. 당시 팔레에프와 함께 분장을 담당했던 자바드스끼는 '나는 선명한 색채들을 혼합하여 마치 종이나 마포 위에 물감을 칠하듯 분장을 하였다'[12]라고 회상하고 있다. 또한 이 공연은 시각적 일뿐만 아니라, 후각적으로 관객에게 직접적인 영향을 주었는데, 예를 들면 타는 양초의 향으로 인해 극장은 후덥지근하고 묘한 분위기를 창출하였다. (이미 박탄고프는 대홍수에서 담배냄새로 연극에 특별한 의미를 부여하였는데, 이것은 후각을 자극하여 극적 효과를 배가시키기 위한 기법이었다)

표현주의적 양식으로 접근하면서, 박탄고프는 배우의 인물창조를 위하여 연습초기에 등장인물의 외적 특징과 그로테스크한 연기방법을 요구하지 않았으며, 단지 초자연적이고 민속적인 요소들이 배우로 하여금 본질적인 인물형상화의 증대에 매우 유용하다고 언급한다. 그것은 배우가 희곡의 내용으로부터 특별한 분위기를 느끼도록 유도하기 위한 것이었다. 연습의 참여자이었던 비르야르에 의하면, 박탄고프는 어두컴컴한 상태에서 연습을 시작했다고 회상하고 있는데, 연출은 이 상태에서 배우들에게 유태인의 전설에 대하여 서로서로 이야기할 것을 요구하였으며, 이후에 감정의 포화상태를 유지한 채 텍스트로 들어가자고 제안한다.[13] 이러한 시도는 인물의 외적 표현력은 오로지 역할의 본질을 찾은 후에 보여질 수 있음을 의미하는 것이었으며, 그러한 시도 이후에 배우들은 인물의 형상에 대하여 느끼고, 인물의 내면에 몰입한 후에 등장인물과 배우 자신과의 관계를 결정하고, 섬세한 연극적 형식을 찾기 시작하였다. 박탄고프는 이와 관련하여 다음과 같이 말한다.

연극적 진실이란 연극적 방법과 상상의 도움으로 표현되는 감정의 진실이다.[14]

그리하여 박탄고프는 배우에게 상상력을 자극시키기 위하여 연습 때 다음과 같은 과제들을 제시하고 있다.

당신은 굶주린 거지입니다. 손을 어떻게 사용합니까? 류마치스에 의해 구부러진 손가락으로 어떻게 물건을 잡을 수 있습니까? 그러나 거지는 이미 오래 전에 물건을 가뿐히 잡는 법에 익숙해져 있습니다. 그리고 물건을 잡고 경련을 일으킵니다.[15]

당신은 당신의 딸을 부유한 남자에게 결혼시킨 부자상인입니다. 그래서 가슴과 배와 쫙 편 손바닥과 편안한 손가락은 마치 그가 풍부하고 많은 것을 가지고 있다는 것을 말하고 있는 듯합니다. 따라서 가슴과 배는 조금 앞으로 내밀어져 있고, 손은 쫙 펴져 있으며, 살찌고 풍족한 상체보다 조금 앞으로 나와 있습니다. 이것이 상인인 당신의 모습입니다.[16]

방랑인으로서 당신은 손을 어떻게 해야 합니까? 어떻게 걸어야 합니까? 당신의 상상력으로 손과 걸음걸이의 특징을 찾아보십시오. 당신이 창조한 인물을 사랑하십시오. 그리고 인물의 본질과 형식을 사랑하십시오. 형식을 중시하십시오. 자, 손에는 지팡이를 붙들고 어깨에는 자루를 메고 방으로 들어와 보십시오. 당신은 방랑인입니다. 오른쪽 어깨를 조금 위로 치켜들고 앞으로 내밀어 보십시오. 그리고 걸어 보십시오. 당신은 방랑인임을 잊지 마십시오. 그가 어떻게 살아가는지, 무엇을 생각하고 판단하는 가에 대하여 한시도 주의를 늦추지 마십시오. 그리고 계속 걸어보십시오. 이제 당신 스스로 찾아보기 바랍니다.[17]

박탄고프는 배우가 역할로서 개성적인 인물형상을 소유하기를 요구함과 동시에 그러한 인물형상을 연극의 전체를 위하여 조화롭게 배치시키고자 하였는데, 이와 관련하여 배우에게 다음과 같이 말한다.

어느 누구도 다른 사람이 이야기할 때 움직여야 할 권리는 없습니다. 만일 누군가 이야기를 시작한다면, 무대에 있는 모든 사람은 머리의 어설픈 움직임으로 인해 관객의 주의를 자신에게 끌지 않도록 '얼어붙은 동작'을 취해야만 합니다. 이러한 '얼어붙은 동작'은 결코 관객에게 기계적이거나 고의적으로 보여서는 안 되며, 이 동작에 대한 원인과 정당성을 찾아야만 합니다. 이것은 외면적으로는 '얼어붙은 동작'의 형태를 취하고 있지만, 내면적으로는 내적 체험이 계속해서 진행되고 있는 것입니다.[18]

이러한 등장인물 개인과 무리들의 '얼어붙은 동작'은 박탄고프에게 있어서 특별한 무대적 표현이자 연극적 표현이었다. 그리고 '멈춤 동작' 또한 상징적인 의미를 지니고 있었는데, 예를 들면 지팡이를 든 방랑인의 손이 앞쪽으로 쭉 뻗은 채 멈추어진 동작은 자신이 진리의 길을 계속해서 찾아 나간다는 상징으로서의 포즈임과 동시에 '멈춤 동작'속에서 멈추지 않는 지속적인 동작을 상징한다고 할 수 있다.

《가 - 지부끄》는 《성 안토니오의 기적》보다 훨씬 더 조각 같은 연극이었다. 여러 비평가들이 언급했던 것처럼 《가 - 지부끄》는 부조(浮彫)와 같은 연극이었다. 이와 관련하여 므하뜨나 <므하뜨 스튜디오>작업에 대해 극단적으로 회의론자이었던 꾸겔조차 이렇게 인정하고 있다.

박탄고프 연극은 연출예술에 있어서 그렇게 놀랄 만한 것은 아니지만, 무대그림의 배열, 정확하고 구체적인 리듬을 가진 무대동작, 다양한 행동의 변화, 극적 분위기와 무대장치의 다양한 전환 등은 그의 훌륭한 연출기법이다.[19]

박탄고프는 손을 '몸의 눈'이라고 자주 언급하는데, 《가 - 지부끄》에서 손의 연기는 특별한 기능을 하고 있다. 유태인의 전통 춤인 손바닥을 쭉 펴고 움직이는 전형적인 제스처는 이 공연에서 무대동작의 주류를 이루고 있다. 그리고 ≪가 - 지부끄≫를 위하여 특별한 춤(엥겔의 음악과 <발쇼이 극장>의 라쉴린의 안무)이 만들어졌지만, 박탄고프는 이것을 수용하지 않았다. 왜냐하면 이 춤은 극의 표현주의 양식과 대치되는 민속적인 색채가 강하게 내포되어 있었기 때문이었다. 그리하여 유태인의 전통춤이라는 의의를 가지고 만들어졌던 이춤에서는 어떠한 인물의 성격도 창조될 수 없었기 때문에 결국 박탄고프는 자신이 직접 연극에 어울리는 인물의 형상을 보여주면서 역할의 본질로부터 나오는 개성적인 형태의 춤을 창조하도록 배우에게 요구하였다.

한편 ≪가 - 지부끄≫에서 가장 인상 깊은 장면은 '결혼식 장면'이었는데, 박탄고프는 이 장면을 살아있는 세계와 죽은 세계의 다양한 형상을 감정적 갈등으로 표현하고자 하였다. 이 장면에서 레야는 허리춤이 높은 흰색의 고풍스러운 결혼식 의상을 차려 입고 있었지만 죽은 하난 때문에 상념에 빠져 있었다. 그녀의 주위에는 마치 판자껍질이 벗겨진 것처럼 화장을 더덕더덕하고 있는 무리의 여자들이 있었고, 또 한쪽에는 이러한 형상과 대조적으로 검은색 프록코트로 정장차림을 하고 끝이 날카로운 모자를 쓴 무리의 남자가 있었다. 그들은 마치 인형처럼 거의 움직이지 않은 채 얼어붙어 있었다.

무대중앙에는 결혼식의 전통에 따라 천민들이 떼를 지어 모여 있었는데, 이러한 천민들은 제각기 섬세한 개성의 형상을 지니고 있었으며, 인물들과의 상호관계 또한 그들의 개성에 의해 움직여지고 있었다. 예를 들어, 어떤 사람은 광대형상을 하고 있었고, 또 어떤 사람은 미친 사람의 형상을 하고 있었으며, 그리고 추하게 색칠을 한 돼지와 비슷한 형상을 하고 있는 가죽옷 입은 농부아줌마, 코가 없고 수종으로 시달리는 바보여자, 곱추, 새의 긴 부리 모양을 한 사람 등이 그들이었는데, 이러한 형상은 그들을 몰골 흉한 하나의 집단으로 조직화시키고 있었다.[20] 이와 관련하여 박탄고프는 배우에게 이렇게 말한다.

> 우리들은 완전한 불구자의 전형을 보여주어야만 합니다. 아마 여러분은 거리에서 이러한 곱추를 만날 수 없을 지도 모릅니다. 그러나 결코 이러한 인물은 허구로 날조되어진 인물은 아니어야 합니다.[21]

이처럼 박탄고프는 천민을 연기하는 배우들에게 추상적 혹은 관념적으로 성격을 창조할 것이 아니라, 배우 자신이 믿을 수 있는 구체적인 성격을 창조해야 함을 강조하고 있다. 아울러 그는 배우들에게 다음과 같이 언급한다.

> 팔로 어떤 제스처를 하면서 한 장소에서 서성거리거나 기침을 하는 행동은 천민이라는 인물의 형상을 위하여 자연스러운 자연주의 법칙에 의해 창조되어진 것이라고 할 수 있지만, 연극성의 법칙에 의해 창조되어진 것이라고는 보기 어렵습니다. 오히려 이러한 일상적인 행동은 무대를 지저분하게 하는 쓰레기와 같은 것이며, 배우의 연기를 방해하는 것입니다.[22]

박탄고프의 진정한 의도는 외적으로는 극도로 추한 형상이지만, 내적으로는 사소한 행동일지라도 엄격하고 절제된 행동을 요구하고 있다. 이러한 천민 계급의 행동디테일은 2막의 전체를 지배하는 원칙이 되고 있다.

처음에 그들은 주인의 후한 대접과 선량한 마음씨를 찬양하면서 천진난만하게 춤을 추다가 점차 그들의 춤은 신부 주위를 에워싸는 원무가 되어 빨라졌는데, 이러한 멈추지 않고 뛰어 다니는 빠른 템포의 춤사위는 점차 약해지다가 갑자기 정지되었다. 다시 그들은 춤을 추면서 팔을 올리거나 팔꿈치를 드러내기도 하였고, 알 수 없는 미소를 머금고 이빨을 드러내며 웃기도 하였다.[23]

박탄고프는 천민계급의 배우들에게 그들의 혼으로부터 나오는 춤이 되도록 요
구하였으며, 그러면서도 어떤 악마의 환영을 보는 듯한 춤이 되도록 요구하였
다.[24] 미친 노파가 레야를 잡고 있는 동안에도 무리들은 계속해서 악마 같은
춤을 추고 있었는데, 이러한 시꺼먼 의상을 입은 천민에 둘러싸여 있던 레야는
하얀 색상의 신부복을 입고 있었기 때문에 마치 하얀 빛을 발하는 듯한 형상이
었다. 그러나 마침내 레야는 쓰러지고 한참 후에 일어서서 마치 공중에서 헤엄
치는 듯 움직였는데, 이러한 군무는 무대 위의 검은 층대 위에서 이루어졌다.
라들로프는 이 장면을 이렇게 회상한다.

> 이러한 색상의 대조는 결코 잊을 수 없는 감정적 효과를 주는 것이었는데, 박
> 탄고프는 3막에서 탁자의 흰 배경에 죽어 가는 신부의 검은 실루엣을 사용하
> 여 다시 한번 색상의 대조를 보여 주고 있다.[25]

박탄고프는 에피소드의 3막('지부끄의 추방')을 『로미오와 줄리엣』의 결
론처럼 사랑하는 두 영혼이 죽음을 통하여 비로소 하나가 되는 형태로 끝을 맺
었다. 그러나 레야의 자학과 슬픔, 레야의 육체로부터 빠져나온 하난의 목소리,
그리고 두 영혼의 죽음, 이러한 비극적 결론은 비교적 ≪가 - 지부끄≫에 호의
를 보였던 자고르스끼조차 냉담한 평을 하게 만들었다.

> 박탄고프가 희곡의 결말을 이렇게 결론지은 것에 대해 믿을 수가 없으며 이상
> 할 뿐이다. ≪가 - 지부끄≫의 이러한 결론은 거의 자살이나 다름없다. 희곡에
> 는 이러한 내용이 없다.... 이상한 인물형상화, 악마같은 손연기 등이 희곡의 결
> 말을 왜곡시키고 있으며 그리하여 의기양양한 광명이라는 결론 대신에 어떤

불행한 처녀인 레야만이 남아 있을 뿐이었다.[26]

또한 극 평론가인 무뜨는 ≪가 - 지부끄≫에 대하여 다음과 같이 혹평을
하고 있다.

> 박탄고프가 ≪가 - 지부끄≫에서 보여 주었던 히스테리, 긴장, 병적인 것, 샤마
> 니즘은 보통 극장에서는 5년은 걸려야 달성할 수 있는 것이었다.[27]

위의 평가는 마치 박탄고프의 <제 1 스튜디오>의 초기작업인 ≪평화의
축제≫에 관하여 언급하고 있는 듯하다. 당시 그와 같은 비극적이고 비관적인
결론은 비평가들에 의해 수용되어지지 않았는데, 왜냐하면 그들은 어려운 시
대상황을 극복할 수 있는 좀더 낙관적인 결론을 원했기 때문이었다.

그러나 <가비마 스튜디오> 배우들의 엑스타시한 연기에 대하여 막심 고
리끼는 이렇게 극찬한다.

> <가비마> 배우들은 므하뜨가 초기에 발휘했던 그것보다도 더욱 우월한 열정,
> 엑스타시를 보여주고 있다. 우리는 그들에게서 연극이란 의식(儀式)이라는 것을
> 금방 느낄 수 있다. 그들의 대사, 제스처, 표정은 조화의 극치이었으며, 그리고
> 모든 면에서 예술과 탈랜트만을 생산해야 한다는 진실이 불타고 있었다. <가
> 비마>에는 젊고 재능있는 예술가들이 자신만을 보호하고, 자신만을 사랑하고,
> 그리고 거짓말하고, 위선적인 행동을 하는 거짓의 삶을 사는 것이 아니라, 삶을
> 올바르고 진실되게 살고자 한다.[28]

딸니꼬프 또한 '만일 이 작은 극장에서 배우의 엑스타시한 연기가 없었더

라면, 치밀한 작품구상과 계획, 정교함 등은 아무런 의미없이 산산조각 났을
지도 모른다'[29]라고 <가비마 스튜디오> 배우들의 엑스타시한 연기에 대하여
호평을 하고 있다.

≪가 - 지부끄≫를 통해서 우리가 알 수 있는 것은 박탄고프의 연극세계
가 점진적으로 변화하고 있음인데, 그것은 무엇보다도 '연극의 연극성'과 배우
의 외적 기술에 대한 새로운 사고, 그리고 배우 자신과 등장인물간의 새로운
관계설정 등이 바로 그것이다. 이것은 박탄고프가 <제 1 스튜디오>에서 슐레
르쥐쯔끼와 함께 모색했던 '삶의 진실'은 지속적으로 유지하면서 '연극의 진실'
을 더욱 공고하게 축적하고 있음을 의미한다.

박탄고프의 생애에 '연극의 연극성'을 탐구했던 마지막 작품은 <제 3 스튜디오>에서 공연했던 ≪투란도트 공주≫이었다.

≪에릭 14세≫와는 달리 ≪투란도트 공주≫에서 박탄고프는 철저하게 '연극의 연극성'으로 접근하고 있다. 이것은 므하뜨의 연극방법론과는 반대되는 것이었으며, 또한 스타니슬랍스키 시스템에 대한 이단이기도 하였다. 그러나 평론가 사바레프는 ≪투란도트 공주≫를 높이 평가하면서, 이 연극의 특성을 '놀이로서의 연극', '연극으로서의 연극', '중국인으로, 터키인으로, 흑인으로 그리고 선원으로 가장한 채 즐겁게 노는 가장무도회'라고 평하고 있다. 그리하여 이 연극에서 배우는 역할로서 연기하는 것이 아니라, 역할 속에서 배우 자신이 놀이를 하고 있다고 평하고 있다.[1]

박탄고프는 등장인물의 형상화에 대하여 배우에게 다음과 같이 조언한다.

등장인물을 심각하게 받아들이지 마십시오. 그들의 감정으로 다시 무대에서 살아야 한다고 생각하지 마십시오. 단순하게 정부(情夫)로서의 내적체험만 가지고 연기하고, 그리고 단순하게 나쁜 짓을 하는 악인으로 연기하십시오. 고상한 아버지의 극적 감정만 가지고 혹은 희극적인 아버지의 희극적 감정만 가지고

연기하십시오.[2]

이에 대해 평론가 볼꼬프는 박탄고프의 <제 3 스튜디오> 작업을 다음과 같이 평하고 있다.

> <제 3 스튜디오>는 대체로 연극 만들기를 원하지 않는 것 같다. 그들은 극장에서 연기하는 것이 아니라, 극장에서 놀이를 즐기고 있는 듯하다.... 스튜디오의 작업은 단순히 연극으로서의 연기가 아니라, 관객에게 연기를 보이기를 오히려 거부하는 것이다. 그리하여 '자신을 위한 연극 만들기' 작업이 오히려 절대적인 연극을 창조해 내고 있다.[3]

《투란도트 공주》에서 연극적 놀이는 '까뿌스뜨니끄'[4]같은 것이었는데,[5] 박탄고프 자신도 이 연극을 '발포성이 있는 음료수'[6], 혹은 '단순한 익살극'[7]이라고 말한 바 있다.

이처럼 박탄고프는 《투란도트 공주》에서 '연극성'을 대담하고 솔직하게 드러내고 있다. 연극의 기술적인 측면에서 볼 때, 그것은 당시의 데까당주의나 탐미주의의 특징을 내포하고 있었는데, 이와 같은 유형의 탐미주의를 평론가 블록은 '포만감에 젖어있는 식도락가'라고 비유하고 있으며, 데까당주의적인 식도락가들은 관객에게 노출된 기술과 연극적 일루젼이 제거되어지는 것을 즐겼으며, 무대장치, 분장, 의상의 변형 또한 선호한다. 따라서 그들에게 있어서 내면적인 예술기법보다 이러한 기술적인 폭로가 선호되었으며, 그리하여 예술은 더 이상 화려하지도 아름답지도 않는 것이었다.[8]

당시의 좌익계열 연극비평가인 사드코(블륨)은 《투란도트 공주》의 무대구조와 관련하여 박탄고프의 데까당적인 연극에 대하여 이렇게 비난하고 있다.

> 연극은 난장판이었으며, 강요된 듯하였고, 무대장치 또한 일그러지고 왜곡되었
> 으며, 천으로 된 무대 칸막이는 관객들이 누각인지 무엇인지 분간조차 못하게
> 하였다. 황실의 의상을 나타내는 연미복 차림만이 약간 이국풍을 내게 했을 뿐
> 이다.... 그러나 왜 모든 배우들 이 화장을 했으며, 풀 먹인 빳빳한 의상을 입어
> 야만 하는가? 그리고 왜 칼라프 왕자는 그렇게 여자처럼 연약해야만 하는가?
> 침실에는 향료도 놓지 않았고, 책도 없었으며, 파인애플 조각을 띄운 샴페인도
> 없어야 된단 말인가?[9]

극 평론가인 볼꼬프 또한 블륨의 견해에 동의하고 있다. 그러나 그는 이
후에 자신의 견해를 수정한다.

> 모든 것이 너무 부자연스럽다. 칼라프의 침실분위기는 그야말로 현대유행의
> 잡지에 나오는 한 페이지이다.[10]

베스킨 또한 이 연극의 양식을 '호화로운 살롱화', '아교풀 냄새가 나는 종
이장미'라고 평했으며, 특히 그는 비인(오스트리아의 수도)의 멋으로 치장한 투
란도트가 짧은 외투를 입고 교태를 부리고 변덕스러운 젊은 여자로 표현되는
것에 분개했으며,[11] 또한 칼라프는 신경쇠약증세를 보이는 데까당주의자이거
나 그렇지 않으면 마약중독자라고 비난했다.[12]

당시의 러시아연극은 데까당스나 모더니즘 사이에서의 <제 3 스튜디오>
작업, 오스뜨롭스끼의 '자본주의적인 색채', 그리고 체홉의 '일상적인 삶의 색
조' 등 그 어느 것도 부정하는 경향을 보인다. 그럼에도 불구하고 《투란도트

공주≫는 양식과 쟝르의 혼합, 무한한 상징성, 풍자적 대상 그리고 무대의 빠른 전환 등의 요소들로 인하여 당시의 연극들과는 다른 경향의 연극임을 선언하는 것이었는데, 이처럼 다양한 혼합형태를 띤 연극이 점차 관객들로부터 큰 호응을 얻어 기록적인 장기공연으로 들어서자, 평론가나 박탄고프 연구가들은 마침내 연출의 권리를 인정하게 되었다. 그리하여 박탄고프 연극은 러시아 연극의 1910년대의 비사실적이고 상징적인 연극과 20년대 초의 좌익계열 연극으로서의 구성주의 실험극 그리고 므하뜨의 정신적 자연주의 연극과 함께 당시 러시아 연극을 대표하게 된다.

≪투란도트 공주≫에서 박탄고프는 다양한 양식을 하나로 통합시킨 명확한 방법의 하나로서, 자그라프가 평하고 있는 것처럼, 고찌 희곡의 비사실적인 탐미주의를 극복하면서 동시에 심리주의 연극의 전통인 자연주의적이고도 일상적인 요소들을 극복한 '로맨틱 아이러니(romantic irony)'의 원칙을 내세우고 있다.[13] 예를 들면 알토움 왕의 머리에 씌워진 여자용 긴 양말, 망토와 부츠, 프록코트, 알토움의 손에 들려진 왕의 권위를 상징하는 테니스 라켓, 현자들의 턱수염을 대신한 덥수룩한 수건 등이 그 예들이다.

그러나 이러한 아이러니칼한 요소들은 그것 자체가 목적은 아니었으며, 오히려 박탄고프의 아이러니의 목적은 연극의 제약성을 제거함과 동시에 연극의 제약성에 모순되는 요소들을 결합시키면서, 그리고 인간의 진실한 감정을 유지한 채 새로운 진실, 즉 연극의 진실을 창조하기 위한 것이었다. 이러한 목적을 가진 그의 마지막 작품인 ≪투란도트 공주≫는 이전까지 러시아 연극에서는 볼 수 없었던 새로운 연극임이 분명하다.

≪투란도트 공주≫가 박탄고프에 의해 처음으로 공연된 것은 아니었지

만, 그러나 이전의 공연은 진부한 유형의 요소들을 내포하고 있었다.[14] 일례로 1912년 까미사르�줘프스끼는 네즐로빈 극장에서 ≪투란도트 공주≫를 공연한 바 있는데, 여기에서 그는 등불과 양식화된 무대장치, 화려한 의상이 돋보이는 중극의 아름다운 전설로서 작품을 무대화시켰다. 이후에 그는 해외순회공연[15]을 떠나기 전에 자신의 스튜디오 <스흐쁘로>에서 새로운 방법으로 공연할 생각이었지만 그 작업은 이루어지지 않았다.

한편 ≪투란도트 공주≫에 나타난 형식적인 요소들은 사로비예프의 희곡 『어릿광대는 중매인』(1911)을 메이에르홀드가 <바라진스끼 스튜디오>에서 연출한 것과 유사한 점이 많으며, 또한 코메디 델아르뜨의 형식적인 요소들도 눈에 많이 띤다.

> 마법사의 의상, 비실제적인 턱수염, 나무칼로 코의 절단, 그리고 스모킹(남자의 야회용 예복), 프록코트, 무도회복, 마스크, 작은 손북, 지휘봉 등은 코메디 델아르뜨에서 자주 등장하는 의상과 소품들이었다. 또한 배우들이 열을 지어 퇴장하며 관객에게 우스꽝스럽게 인사를 하는 것도 코메디 델아르뜨적인 것이었다.[16]

그러나 ≪투란도트 공주≫는 제약성 많은 극장에서 연극의 진실을 표현하고자 한 새로운 장르로서의 개혁적인 연극이었다. 평론가 프리드는 '이 연극은 박탄고프의 즉흥극이다. 이러한 즉흥은 어떠한 전통선상에서도 찾아볼 수 없었고, 시대와 양식과 방법의 제약으로부터 탈피한 즉흥극이다'[17]라고 평하고 있다.

또한 ≪투란도트 공주≫에서 연기는 삶의 진실을 배제하지 않고 있을 뿐만 아니라, 박탄고프 자신이 즐겨 사용했던 구조적 이중성(두 세계와 배우연기의 두 원칙)과 대조적 연기 또한 배제하지 않고 있다. 이런 이유들 때문에 박탄고프의 비평가나 연구가들은 ≪투란도트 공주≫를 박탄고프 연극 메소드의 정수라고 부르는데 주저하지 않고 있다.

실제로 ≪투란도트 공주≫에서 박탄고프는 재차 배우 자신의 인간적 감정과 무대행위를 위한 제기된 상황을 결합시켰는데, 그것은 구전이야기인『투란드트 공주』에 나타나는 분위기의 비사실성과 배우의 진실된 삶으로서의 인물형상화가 결합됨을 의미한다. 톱스따노고프[18]는 이에 대해 다음과 같이 평하고 있다.

> 관객석과의 관계('제 4의 벽')로 보아 이 연극은 '가장의 연극'이었다. 그러나 배우들은 내적체험의 연극법칙 또한 소유하고 있었다. 다시 말해서 스타니슬랍스키의 연기 메소드가 배제되었던 것은 아니었다.[19]

그리하여 박탄고프는 배우에게 다음과 같이 연기방법을 제안한다.

> 등장인물은 중국의 생활을 연기하는 이태리 배우입니다. 이태리 배우는 아주 정열적입니다. 그들은 관객을 잊고 진실하게 역할로서 몰입합니다.... 교류함에 있어서 '가장'과 동시에 내적체험을 충만하게 하십시오.[20]

이 말은 배우에게 중국에 살고 있는 사람으로서, 그리고 중국인의 삶을 연기하는 이태리 배우로서 연기할 것을 제안함과 동시에 배우가 자신의 진실한 감정을 가지고 연기할 것을 요구하고 있는 것이다. 환언하면, 무대적 비사실성을 배우의 내적체험이라는 사실성과 결합시켜 인물의 순간적인 몰입과 동시에 인물로부터의 순간적인 탈퇴를 의미하는 것이다. 그것은 실제로 인물 속에서 울고, 웃다가 순간적으로 그러한 연기로부터 빠져 나올 수 있는 배우의 능력을 의미하는 것이다. 따라서 ≪투란도트 공주≫에서 배우들은 다음과 같은 요소들을 동시에 수행해야만 했다.

1. 제기된 상황 속에서 역할의 진실한 감정
2. 이태리 <베론>이 무대인 고찌의 희곡 속에 등장하는 이태리 배우의 연기, 즉 그들의 강렬하고 열정적인 에너지 상승으로서의 연기
3. 1922년 <제 3 스튜디오>의 배우와 이태리 연극의 열정적인 연기양식의 결합. 비사실적인 연극성을 설명하려고 하는 것을 경계하고, 연기의 진부한 방법들을 배척하는 연기

이와 관련하여 자바드스끼는 '미래의 연극연기는 등장인물의 진실한 심리나 감정으로서의 연기가 아니라, 인물과의 비사실적이고도 아이러니한 관계로서의 연기가 중심이 될 것이며, 그와 같은 형태의 연극이 지금 이 시대에 도래했다'[21]고 말한다.

그러나 어떤 비평가들은 박탄고프가 스튜디오의 젊은 배우들로부터 무대에서의 진실한 삶을 이끌어낼 수 없었기 때문에 젊은 배우들로부터 '놀이적 연기'를 요구했다고 평할 지도 모른다. 그렇지만 20세기 러시아 연극사에 있어서 가장 주목받고 있는 연극평론가인 마르꼬프는 박탄고프에 대한 강의에서 특별히 이렇게 강조한다.

박탄고프는 ≪투란도트 공주≫에서 배우에게 전적으로 인물과의 관계를 요구

했던 것이 아니라, 인물형상의 진실을 강조하면서 인물을 비웃거나 경시하지 않는 애정을 요구하고 있다.[22]

그리고 고르차꼬프는 박탄고프와 배우와의 담화를 마치고 난 뒤, ≪투란도트 공주≫에서 배우연기의 원칙을 그의 메모수첩에 다음과 같이 적어 놓고 있다.

1. 즉흥연기: 관객과의 관계(이태리 코메디)
2. 진실한 감정
3. 어떠한 형식 속에서도 진실한 고통은 존재(≪에릭 14세≫처럼)
4. 유머! 유머! … 그것은 어디서나 필요하다. 그렇다면 드라마나 비극의 몇 분도 성공할 수 있다(≪대홍수≫처럼)
5. 절대적인 배우술: 목소리, 발음, 행동 이것은 절대적이다.
6. 내면적인 기술: 최대한의 감정상태[23]

고리차꼬프의 메모는 이 연극이 어떠한 히스테리나 신경질적인 것, 그리고 극도의 심리적인 경향을 내포하지 않고 있다는 것을 증명하고 있다. 그리하여 배우는 무대에서 진실로 울 수 있었으며, 그것은 자신의 감정이 자신의 내부에서만 타오르는 것이 아니라, 무대조명 아래에서도 조절할 수 있는 감정으로 표출되는 것이었다. 그리하여 노비쯔끼의 말처럼 '≪투란도트 공주≫는 배우의 연극[24]이라고 할 수 있으며, 또한 브로믈레이가 지적한 것처럼 '배우와 연기 그리고 배우라는 직업의 솔직한 폭로'[25]이었다.

따라서 ≪투란도트 공주≫는 중국의 고전이야기를 공연할 목적은 아니었으며, 어떤 사회적 서브텍스트를 표출할 목적은 더욱 아니었고, 오로지 새로운 배우의 창조라는 목적을 내포하고 있었는데, 이와 관련하여 초연 후에 레오니 도프는 박탄고프에게 다음과 같은 편지를 쓰고 있다.

> 이 연극은 배우창조라는 전제하에 최고의 가치를 무대에서 달성했으며, 배우들은 무대에서 마스크를 쓰고 벗고 하였지만 분명히 어떤 형상을 남겨 놓고 있습니다.[26]

또한 이 연극에서 배우 자신은 단순히 역할을 수행하는 인물이 아니라, 연기를 하는데 있어서 중요한 실제적인 주인공이었다. 예를 들어 프롤로그에서 모든 참여자들은 자신의 이름을 관객에게 소개하고 자신으로서 연기를 하기 시작했는데, 이러한 배우의 행동은 역할 속에 진지하게 살고 있기도 하였고, 한편으로는 인물들을 비웃고 있는 것처럼 보였다. 이에 대하여 박탄고프는 단원들에게 다음과 같이 말한다.

> 처음에는 완전히 무대적 일루젼을 부숴 버립시오. 그리고 난 후 무대적 일루젼을 다시 창조하십시오. 이어서 다시 부수고, 다시 만드십시오.... 현재는 역할을 가진 배우가 아니지만, 어느 순간에 나 자신은 결코 변하지 않으면서 관객이 믿을 수 있는 다른 사람으로 변신하십시오.[27]

박탄고프는 새로운 배우에 의한 새로운 연극에 대하여 평론가 볼꼬프에게 다음과 같은 예를 들어 설명한다.

> 당신과 함께 나는 객석의 첫줄에 앉아서 연극을 관람하고 있습니다. 동시에 나

는 이 연극에서 연기를 하고 있는 배우입니다. 그러나 객석에 앉아 있는 동안 우리는 함께 연극을 감상하고 있습니다. 이윽고 나는 당신에게 '내가 등장할 차례입니다' 라고 말하고 무대에 올라가 연기를 시작합니다. 무대에서 고민하고 기뻐하는 나의 모습을 보고 당신은 믿음을 가집니다. 나의 장면을 마치고 난 후, 이전처럼 그의 옆에 앉으며 이렇게 말합니다. '어떻습니까? 괜찮습니까?'[28]

이러한 점으로 미루어 보아, ≪투란도트 공주≫에서 배우 자신과 등장인물은 서로서로 덮어씌우는 것으로 존재하는 것이 아니라, 동시에 공존하고 있음을 알 수 있다. 그리하여 ≪투란도트 공주≫는 메이에르홀드의 ≪광대들≫과 차이점이 있다고 박탄고프는 말하고 있는데, 즉 메이에르홀드의 ≪광대들≫은 '연극의 연극성' 자체만 폭로되어 있고, 배우는 배우로서 연기를 하지 않고 있다는 것이다. 이와 관련하여 1922년 4월 11일에 박탄고프는 스튜디오 단원들에게 다음과 같이 말한다.

메이에르홀드의 ≪광대들≫은 연극의 외적 표현만이 있을 뿐이다. 분장실은 분장실대로, 프롬프터 박스는 그것대로 서 있을 뿐이다. 그러나 이러한 것들은 작가에 의해 제시된 것들이다. 따라서 배우들 또한 작가에 의해 묘사된 그와 같은 인물일 뿐이다.[29]

연극의 도입부는 배우와 관객이 극장로비에서 인사를 나누면서 시작하는 것으로 구성되었으며, 이에 대하여 박탄고프는 배우에게 다음과 같이 말한다.

공연은 관객과 배우가 서로서로 인사하면서 시작할 것입니다. 관객의 눈에는 모든 것이 개방되어 있을 것입니다. 무대도 그러할 것입니다. 여러분들은 극중의 평상복 차림으로 극장입구의 계단에서 관객과 만날 수 있을 것입니다.... 모든 사람들은 여러분과 인사말을 나눌 수 있을 것이고, 여러분의 자감에 대해 물을 것이며, 또한 여러분의 정성어린 작업에 관하여 물을 수 있을 것입니다.... 관객은 배우의 삶에 대해 정말 호기심이 많습니다. 그들의 이러한 한 것들을 책망해서는 안 됩니다. 그들은 여러분들을 좋아하고, 여러분들에 관하여 모든 것을 알고 싶어합니다.... 마침내 관객은 주의하며 객석으로 가서 앉고, 여러분들은 무대로 올라갑니다. 무대에는 아무 것도 없을 지도 모릅니다. 어쩌면 여러분들이 입어야 할 의상바구니만 세 개가 있을 지도 모릅니다. 무대에서 여러분은 관객이 보는 앞에서 분장을 하고 의상을 입습니다.[30]

극장로비에서 배우들은 의미 없이 서성거리지 않았으며, 무대에서는 이미 왈츠음악소리(≪대홍수≫에서 사용한 음악의 변형)가 들리고 있었다. 그들은 재단사인 라마노바가 만든 무도회복과 프록코트를 입고 있었으며, 배우들은 관객이 보는 앞에서 무대로 올라가 무대의상을 입었는데, 이에 대하여 어떤 논평가는 '배우들이 관객이 보는 앞에서 의상을 입는 장면은 작품의 내용과 적합한 상상력이었다'[31]라고 평했다. 그리하여 관객은 배우들이 무대 위에서 분장하고 의상을 입는 과정을 관찰하면서 자신도 모르게 배우와 함께 동참자로서 참여하는 듯한 인상을 받았으며, 또한 '제 4의 벽'을 가진 진지한 사실주의 연극보다도, 그리고 관객의 적극적인 참여를 위하여 객석에서 관객을 주동하여 연기했던 좌익계열의 연극보다도 더욱 더 연극에 몰입할 수 있었다. 이와 관련하여 평론가 마쯔낀은 다음과 같이 평하고 있다.

어떤 극중 해설가도 없이 그리고 어떤 기술적 장치로 관객의 시선을 끌어들임이 없이 희곡과 관객과의 관계가 자연스럽게 이루어졌다.[32]

　　한편 연출은 무대미술가 니빈스끼의 구성주의적 무대장치에 비사실적인 연극의 전통인 '가장'의 원칙을 결합시키고 있다. 일례로, 간단한 천으로 처리된 무대막은 행동을 위한 공간을 형상화시키는 것이었으며, 그리고 '제 4의 벽'의 제거는 '연극성'을 공공연하게 하는 것임과 동시에 즉흥성과 개방된 구조를 창조하는 것이었다.

　　그리하여 박탄고프가 죽은 후, 러시아 연극은 연극의 기본목표를 다시 진지하게 생각하게 되었는데, 어떤 비평가는 ≪투란도트 공주≫의 즉흥성에 대하여 특히 다음과 같이 논평하고 있다.

> 현대연극에 있어서 즉흥성의 문제는 무대에서 단순히 즉흥적으로 연기하는 것이 아니라, 오히려 모든 것이 이미 사전에 준비되어 분명하고 명백하게 만들어진 결코 우연히 아닌 유일한 형식을 창조하는 것이다. 그러나 관객에게는 지금 이 자리에서 일어나는 일인 것처럼, 마치 우연히, 무의식적으로 그리고 미리 생각하지 않은 것처럼 보여 지는 것이다. 따라서 희곡의 텍스트 자체는 미리 암기한 느낌이 드는 것이 아니라, 관객의 면전에서 배우에 의해 지금 창조되어지는 것 같았다.[33]

　　배우가 매번 텍스트의 즉흥성을 부여하여 읽는다는 것은 어려운 일이다. 왜냐하면 항상 새로운 텍스트로서 읽어야 한다는 것은 거의 불가능한 일이기 때문이다. 이에 대하여 시모노프는 다음과 같이 말한다.

> 관객에게 항상 기지가 넘치는 대사가 전달되어야만 합니까? 그렇다면 이러한 대사는 관객에게 호의적인 반응을 항상 불러일으킵니까? ... 만일 연극의 시작과 동시에 어떤 배역이 배우를 동요시키거나 흥분시킨다면, 이러한 즉흥적인

텍스트를 준비하는 배우의 대사는 무대 위에서 성공과 실패가 공존하는 것이 될 것입니다.[34]

그래서 《투란도트 공주》에서 주요배역만이 준비되어진 텍스트를 가지고 대사를 하였으며, 즉흥적인 텍스트는 주로 마스크 연기에서 요구되었다. 마스크는 어떤 연극에서라도 비사실적인 인물이다. 그리하여 마스크는 개성적 심리의 상실이기도 하지만 그 자체로 어떤 극적 유형을 띠고 있다. 또한 마스크 연기는 배우연기의 기술적인 면, 즉 특징적인 체스처, 억양 등의 전형성을 취하고 있다.

20세기 초 러시아 연극은 새로운 연극의 과제로서 마스크를 연극에 적용시키고 있다. 그러나 박탄고프의 '환상적 사실주의'에 있어서 마스크 연기는 당시의 상징주의 연극이나 기이한 연극과 비교해 볼 때 본질적으로 다른 의미를 가지고 있다. 그것은 박탄고프가 마스크를 쓴 배우에게 도식적인 유형의 인물이지만 등장인물의 본질로부터 매순간의 진실한 반응을 요구하고 있기 때문이다. 그리하여 마스크 연기의 핵심 또한 역할의 본질과는 관계없는 재현적이고 기계적인 연기는 지양되었으며, 그것은 '지금, 여기에서, 오늘, 이 무대에서' 미리 예측되어지지 않는 역할의 본질이 생성되어야 함을 의미한다.

어떠한 연극일지라도 매 공연마다 똑같이 되풀이 되지는 않습니다. 같은 희곡, 같은 등장인물, 같은 대사, 같은 무대장치, 그리고 같은 행동을 내일 똑같이 한다 할지라도 어제 했던 것이라 할 수 없으며, 또한 어제 했던 것은 결코 오늘 되풀이되지 않아야만 합니다.[35]

마스크 연기의 핵심을 찾기 위하여 박탄고프는 자신이 즐겨 사용한 에튜드를 적용시켰는데, 그는 배우에게 다음과 같은 조건을 제시한다.

우리는 서커스장에 있습니다. 무대는 서커스장입니다! 유명한 서커스 단장인 바를로 크루찌가 이끄는 서커스단의 묘기가 있고 젊은 어릿광대의 연기가 진행됩니다. 어릿광대는 마스크 연기의 또 다른 변형입니다.[36]

그리하여 박탄고프는 에튜드를 통해 배우 자신의 재주와 기교를 보여 줄 것을 요구했으며, 그것의 목표는 어떠한 방법, 즉 어릿광대와 같은 행동, 춤, 노래, 곡예술 등으로 관객의 주의를 끌어들이는 것이었다. 일례로 슈킨은 지극히 일상적인 행동을 하는 말더듬이를 특이하게 창조하였고, 꾸드랴브제프는 판탈론 역을 이상하게 발음하는 특이한 광대연기로 창조하였다.

또한 박탄고프는 마스크 연기에 있어서 성격의 형상화는 매우 중요한 특징이라고 말하는데, 그것은 말에 있어서, 걸음걸이에 있어서 그리고 성격의 명확한 특징, 즉 인색함, 쉽게 사랑에 빠지기 쉬운 성격, 의심 많은 성격 등으로 나타날 수 있다고 하였다. 그리하여 그는 '이러한 성격들을 소유한 채 행동하여야만 합니다'[37]라고 강조한다.

그리고 박탄고프는 마스크 연기를 위한 배우의 화술에 대하여 이렇게 말한다.

천박하지 않으면서 가볍게, 난해하지 않으면서 지혜롭게, 어느 누구와도 다양한 테마에 대하여 이야기할 때라도 의도적으로 혹은 부자연스럽게 이야기를 하는 것이 아니라, 자연스럽고 편안하게 대화하여야 합니다.[38]

한편 박탄고프는 마스크 연기를 위하여 배우가 무대에서 무엇을 하더라도 상황과 관련된 믿음은 필수조건임을 강조한다.

<blockquote>마스크 연기는 항상 자신이 제기된 상황 속에 존재하고 있음을 인식해야 합니다.[39]</blockquote>

그리하여 마스크 연기에 있어서 물체의 의인화, 물체와의 관계설정은 중요하게 취급되었다. 예를 들어 연출은 판탈론 역할을 맡은 꾸드랴브제프에게 성냥갑을 잘 길들여진 애완용 다람쥐로서 관계하도록 제시하고 있으며, 그리고 브리겔리-글라주노프로 하여금 길고 두꺼운 막대기를 아름다운 여자로서 관계하도록 요구하고 있다. 또한 따르딸리야은 옷단추를 최고급 음식으로 관계하여 연기하도록 하였다.

마스크 연기는 박탄고프가 언급하고 있는 것처럼 내면의 '가벼운 성격 형상화'이었다. 그것은 배우가 자신의 개성을 유지하면서 탐구한 디테일, 즉 말, 걸음걸이, 외모 등으로서 인물의 형상을 창조하는 것이다.

결론적으로 말해서 박탄고프가 제시한 마스크 연기는 추상적인 비사실성과 심리적인 명확함, 내적체험과 '가장', 그리고 등장인물의 본질과 배우 자신의 개성이 역설적으로 결합된 것이라고 할 수 있다.

《투란도트 공주》에서는 마스크를 쓴 배우 이외에 또 다른 비사실적인 인물의 유형이 등장하는데, 그들은 '무대 위의 하인', 혹은 '보조 배우' 이었다. 박탄고프는 그들에게 일련의 번호를 부여하고, 무대에서 일어나는 사건과는 관계없이 등장하여 연기하도록 하였는데, 그러나 그들이 단순히 무대의 노동자가 아님은 명백했다. 연습 때, 연출은 그들에게 이렇게 말한다.

여러분들은 특수한 예술성을 지닌 사람들입니다. 즉 연기도 하지 않으며, 내적 체험도 없이 아델마가 자실하기를 원할 때 단검을 건네주고, <칼라프의 밤의 장면>에서 그녀가 휴식을 취하고 싶을 때 신발을 벗겨주고, <페킨거리 장면>에서 <알토움의 궁전장면>으로 바뀔 때 무대장치를 전환하고, 공주와 결혼하는데 실패한 사람들의 처형된 머리를 가지고 가고, 사형집행인인 바라흐의 눈물을 닦아주고 도끼를 갈아주고 하는 것입니다.[40]

그들은 이러한 비사실적인 역할을 맡고 있었지만 연극에 있어서 매우 중요한 인물이었다. 박탄고프는 그들에게 겸손하면서도 헌신적인 애정으로 연기하도록 요구한다.

여러분은 공연, 희곡, 연출 그리고 배우들에게 전적으로 매혹되어 있습니다.... 여러분(남자)은 만수로바와 오라취까, 라미조바 그리고 아름다운 시종들에게도 한없이 애정을 가지고 있습니다. 여러분은 아직까지는 보조적인 역할을 하는 어린 예술가들입니다. 그러나 미래에는 대단한 예술가가 될 것입니다. 여러분은 무대에서 이리저리 뛰고, 육체노동을 수행하며 전념합니다. 즉 배우들의 의상 단추를 달고, 자바드스끼와 만수로바에게 손거울을 대령하지만 이것은 여러분들의 행복입니다. 오라취까의 망토주름을 수선하지만 이것은 여러분의 희망이자 꿈입니다. 그러나 이때 여러분에게 하찮고 사소한 센티멘탈한 감정은 없으며 또한 웃음도 없습니다. 여러분은 그야말로 예술과 연극과 배우를 사랑하기에 이 일에 전념할 수 있는 것입니다.[41]

그들의 이러한 헌신적이고 겸손한 무대행위의 대가로 박탄고프는 '보조배우'를 위한 판토마임 식의 막간극을 고안하였는데, 연극의 테마에 근거한 이 막간극은 희곡의 일관된 행동의 연관선상에 있는 것이었다. 연극의 마지막 장면을 예고했던 이 막간극에서 칼라프는 간교한 투란도트에 의해 죽음을 당하는데, 관객은 이 막간극을 통해 주인공의 운명에 몰입할 수 있었다. 그리하여 실제로 마지막 장면에서 그들이 칼라프의 단검을 높이 흔드는 것은 이미 10분 전의 막간극에서 그가 죽었음을 상징적으로 보여 주는 것이었으며, 객석으로부터 '야'하는 탄성이 터져 나왔다.

이상에서 살펴본 것처럼, 박탄고프의 연극은 몇 가지의 플랜을 결합시키고 있음을 알 수 있는데, 그것은 감정의 진실성과 명확한 비사실적인 연극성, 살아있는 배우 자신과 그들이 연기하는 등장인물의 결합이 바로 그것이다. 그것은 작품을 위한 본질적인 갈등이 사회적 환경의 차이(≪성 안토니오의 기적≫이나 ≪에릭 14세≫)나 절대적인 영혼의 철학적 대립(≪가 - 지부끄≫)에 기반 하는 것이 아니라, 궁극적으로 배우 자신 속에 이중적(살아 있는 실제적인 배우 자신과 추상적인 무대의 등장인물)으로 결합되어 있는 배우예술이라는 자연법칙에 근거를 두고 있다.

이러한 삶의 진실과 연극의 진실을 결합시키고자 하였던 박탄고프의 연출적 메소드는 1921년 스타니슬랍스키에게 제안했던 톨스토이의 ≪문명의 열매≫ 공연 계획에서도 잘 드러난다. 예를 들면, 공연의 형식적 구조를 위해 박탄고프는 므하뜨의 배우들에게 야스나야 빨랴나에 있는 톨스토이의 면전에서 연기하고 있다는 상황을 주었다. 무대는 므하뜨의 아래층 로비였으며, ≪문명의 열매≫에 참여한 배우들이 평상복차림으로 긴 의자에 앉아 있었다. 그들 가운데는 톨스토이의 동료인 체르뜨코프와 고르부노프 그리고 네미로비치-단첸코와 스타니슬랍스키도 앉아 있었다. 잠시 후, 스타니슬랍스키는 배우들에게 현대연극과 배우와 관객, 므하뜨의 목표, 희곡에 대한 연출가의 기본사상, 그리고 텍스트에 관한 상상력에 대하여 설명하였다. 이어서 미하일로프는 야스나야 빨랴나에서 가정희극을 공연하게 된 배경에 대하여 덧붙여 설명하였다(그는 당시 세 번째 농부역할을 맡았다). 아울러 박탄고프는 스타니슬랍스키에게 다음과 같이 말해 줄 것을 요청했다.

> 우리는 이 희곡을 므하뜨의 연습실에서 준비했지만 톨스토이에게 보여주고자 합니다. 그는 살아 있지만 건강상의 이유로 올 수 없습니다. 그래서 우리가 야스냐 빨랴로 갑니다. 어떠한 분장도 의상도 장치도 없습니다. 야스나야 빨랴나의 물건과 가구들은 우리들의 재량에 달려 있습니다. 수건, 양탄자, 쇼올, 의자, 꽃통 등은 보통 가정극에서 볼 수 있는 것들로서 이러한 간단한 것을 우리는 배치해 놓습니다. 소도구와 간단한 무대장치 그리고 모피외투, 상의, 털모자 등이 있고 톨스토이의 물건이나 그와 비슷한 물건, 혹은 조금은 그의 것보다 더 나은 것을 사용할 것입니다.[42]

그리고 난 후에 막을 열고 공연을 시작하였다. 배우들은 분장과 무대의상을 하지 않았으며, 자신의 평상시 옷을 그대로 입고 마치 오늘 톨스토이에게 가는 차림이었다. 극의 종반에 스타니슬랍스키가 다시 등장하여 '공연은 끝났습니다. 다음 공연에 대하여 알려드리겠습니다'라고 말하며 연극이 끝났음을 알렸다.

또한 박탄고프는 오스뜨롭스끼의『진실은 좋지, 그러나 행복은 더 좋아라』라는 희극을 전통적이고 순수한 러시아 연극으로 만들고자 하였다. 그는 오스뜨롭스끼의 희극은 말리극장의 나이든 대배우들(사도프스끼, 슙스끼, 사쉰, 페도토바, 니꿀리나)만이 해낼 수 있을 것이라고 생각했다. 그러나 박탄고프는 무엇보다도 므하뜨의 배우들에게 자신으로서의 진실한 내적체험이 우선되어야 함을 강조하고, 그리고 난 후 '가장'의 방법으로 무대에서 살도록 요구했다. 그리하여 박탄고프는 러시아 전통연극인 오스뜨롭스끼만의 색채와 므하뜨 배우들의 결합이 이 연극을 매력적으로 창조할 수 있을 것이라고 확신했다.

무대미술은 라비노비치가 담당하였는데, 전통적인 커튼 장식으로 된 무대막과 전통적인 창문으로 된 조각장식, 소박한 오두막집, 그리고 무대 뒤쪽은 약간의 곡선과 굴곡으로 처리되었으며, 또한 많은 러시아풍의 소품들, 수많은 군중, 풍부한 색채를 가미한 분장기법, 서두르지 않고 노래 가락처럼 울려 퍼지는 전통러시아의 화술, 그리고 낙천적이면서도 다혈질적인 러시아인의 감정 등이 이 연극에서는 나타났다.[43]

한편 박탄고프는 체홉의 희곡에 대해서도 새로운 평가가 필요함을 역설하고 있는데, 이와 관련하여 자신의 일기에 이렇게 쓰고 있다.

체홉의 작품은 서정성으로 파악할 것이 아니라, 비극성으로 보아야 한다. 사람이 자살한다는 것은 결코 서정적이지 않다. 이것은 저속한 것이든지 영웅적인 것이다. 서정성에는 저속도 영웅적인 행위도 없다. 저속한 것이든 영웅적인 것에는 고유의 비극적 마스크가 있는 법이다. 그런데 서정성에는 평범한 것만이 있을 뿐이다.[44]

이 말은 그가 체홉의 희곡을 자연주의적인 관점으로 접근할 것이 아니라, 연극적인 관점으로 보아야 한다는 의미인데, 결국 이것은 축제적인 연극이나 신비극의 형태로 공연되어질 수 있음을 뜻한다.

또한 박탄고프가 스튜디오에서 에튜드의 모음으로서 『햄릿』을 공연하고자 했던 사실은 잘 알려져 있는데, 그의 제자 자하바와의 담화에서 '『햄릿』에

서는 ≪투란도트 공주≫에서 찾았던 형식과는 다른 것을 찾아야 할지도 모른
다'45)라고 말하고 있다. 이 말은 텍스트 자체가 어떤 것이라 할지라도 그가 명
명한 '환상적 사실주의'라는 양식 속에서 연극적 본질을 창조하는 것으로 접근
하고 있음을 의미한다고 할 수 있을 것이다.

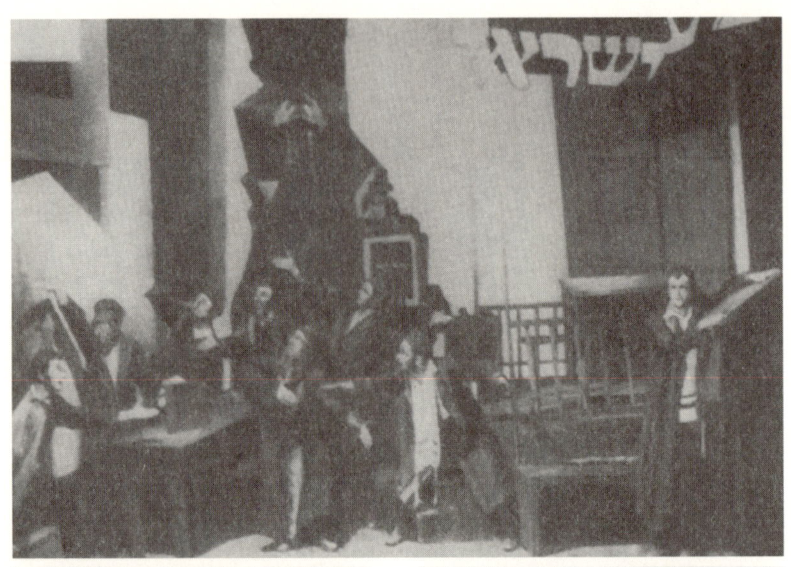

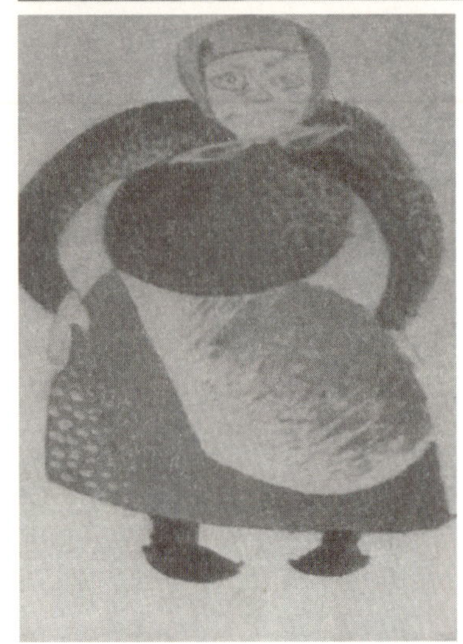

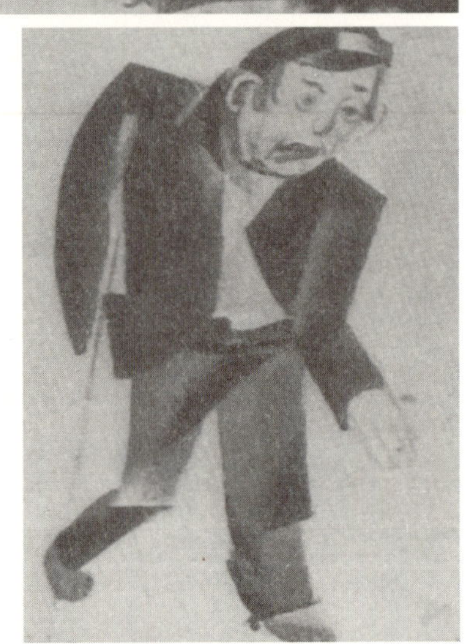

«Гадибук С. Ан-ского. Студия «Габима». 1922 г.
Сцена из 1-го акта
Эскизы костюмов. Художник Н. Альтман
«가-지부끄》 1막 무대와 의상스케치, 〈가비마 스튜디오〉, 1922년

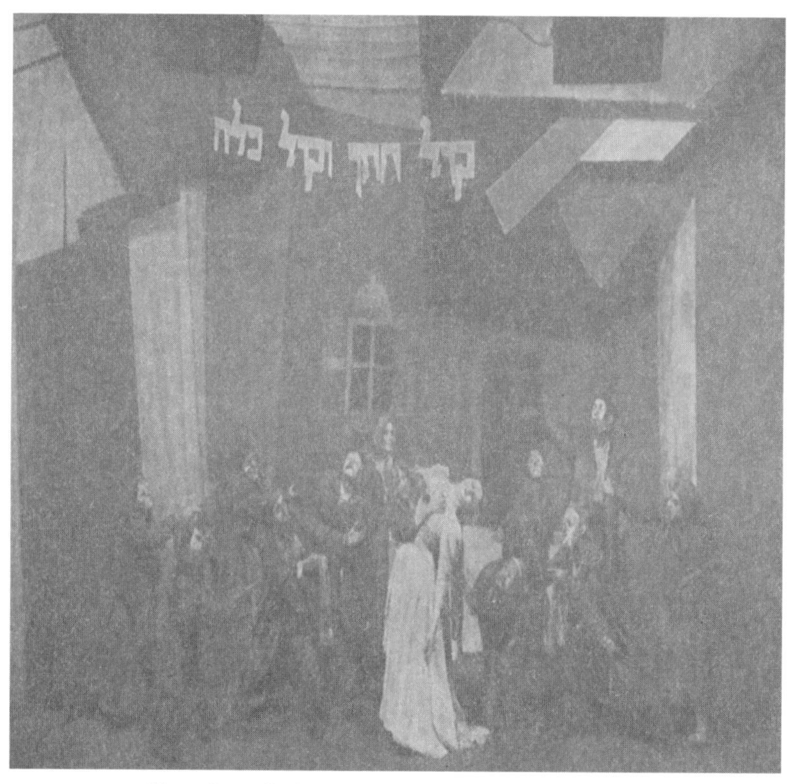

《Гадибук》 С. Ан-ского. II акт. Сцена с нищими.
Студия 《Габима》. 1922 г.

《가-지부끄》 2막 무대

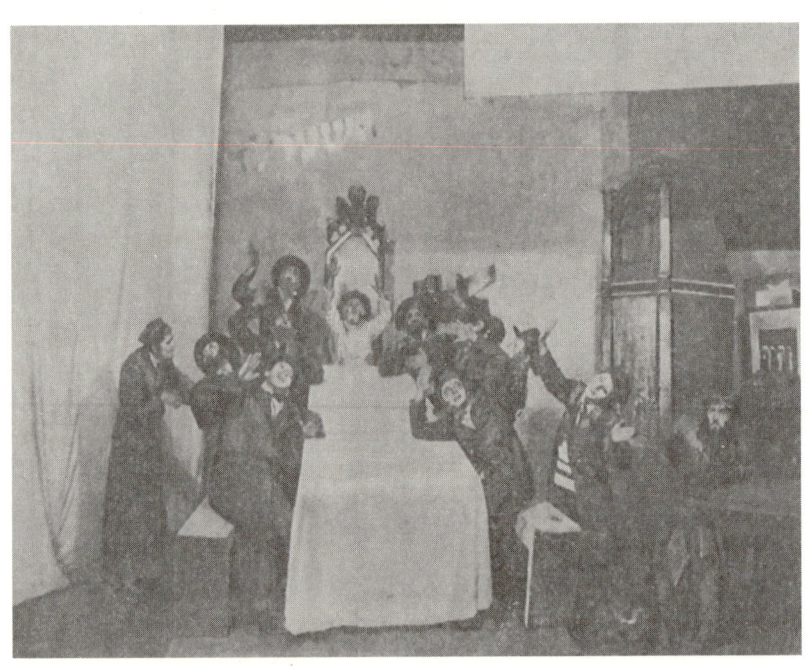

«Гадибук» С. Ан-ского. III акт. Сцена у цадика.
Студия «Габима». 1922 г.
≪가-지부끄≫ 3막 무대

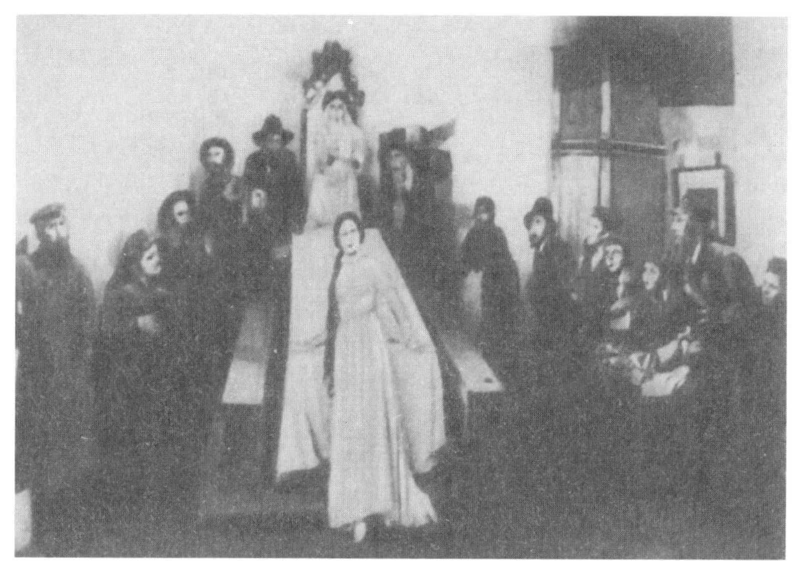

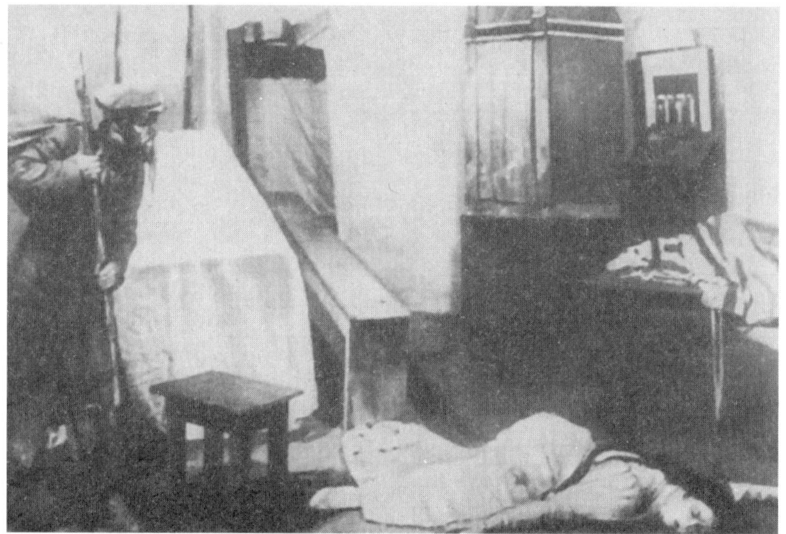

Сцена из 3-го акта. Изгнание Дибука
Финал 3-го акта
≪가-지부끄≫ 3막 마지막 장면

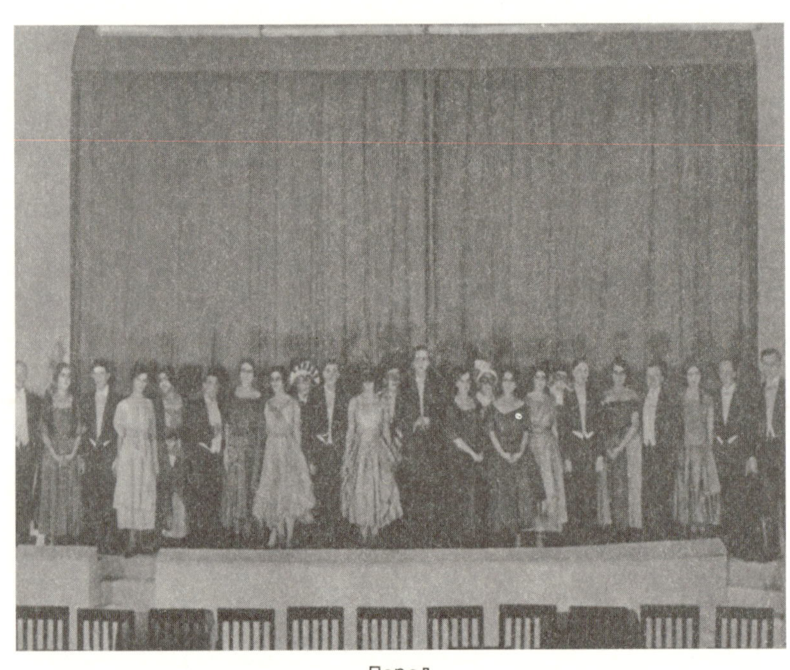

Парад
(ПРЕДМСТАВЛЕНТИЕ УЧАСТНИКРВ СПЕКТАКЛЯ АУБЛИКЕ)
《투란도트 공주》 공연 시작 전 프레이드 장면

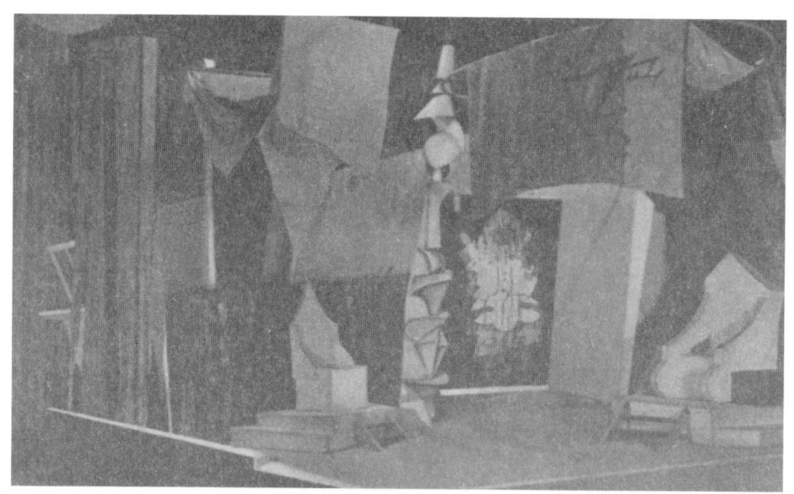

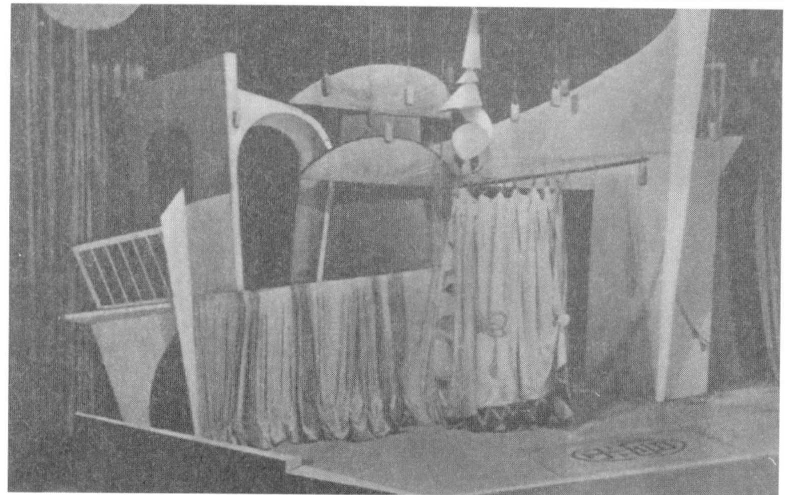

- Эскиз декараций перевого акта
(зал заседний членов Дивана)
Художник Игн. Ниаинский
- Эскиз декарацийвторого акта
удожник Игн. Ниаинский

위 사진은 1막 무대 스케치, 아래 사진은 2막 무대 스케치

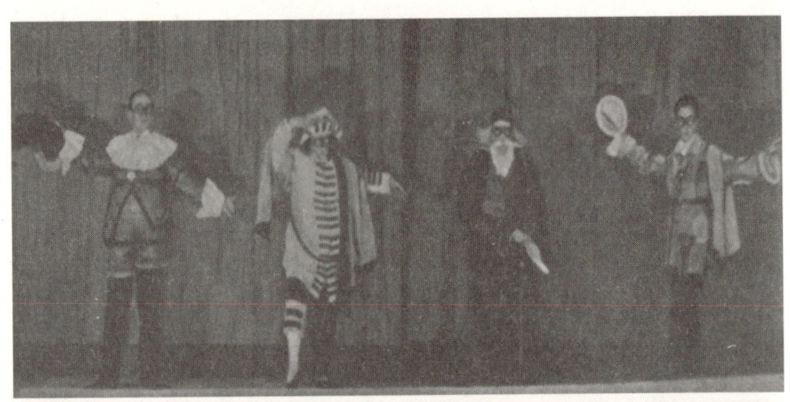

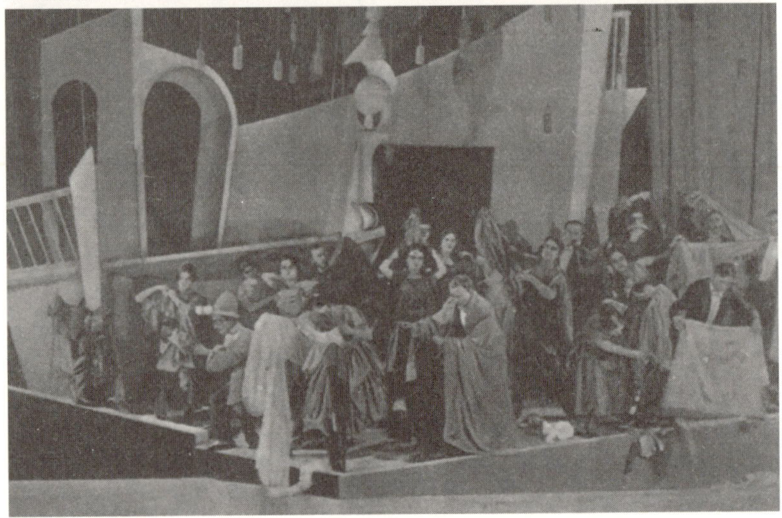

- Маски оповещают о начале спектакля
- Актеры надевают детал костюмов

위 사진은 마스크 인물들이 공연 시작에 대하여 설명한다.
아래 사진은 배우들이 무대에서 의상을 입고 있다.

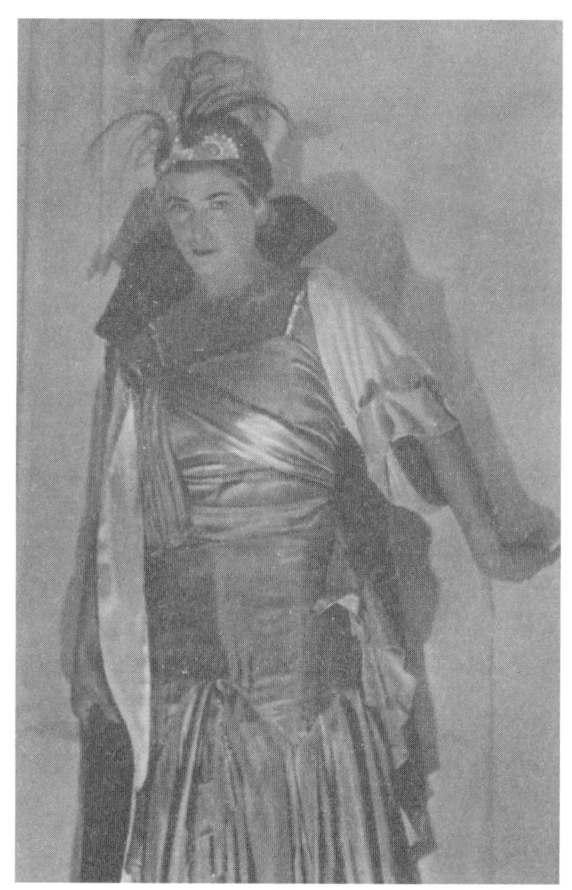

Турандот - Ц Л Мансурова

투란도트 공주 역의 만수로바

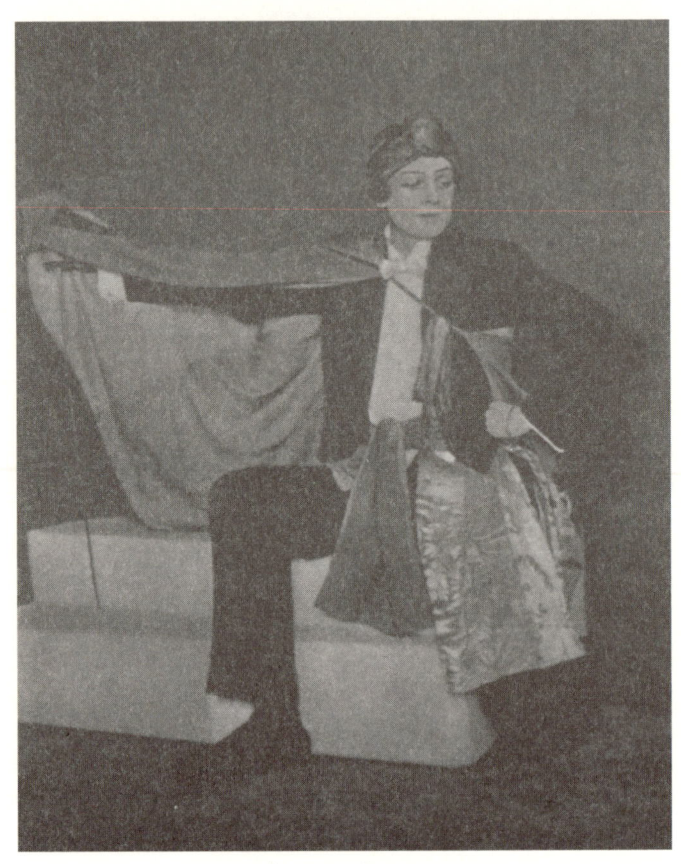

Калаф - Ю. А. Завадский
칼라프 역의 자바드스끼

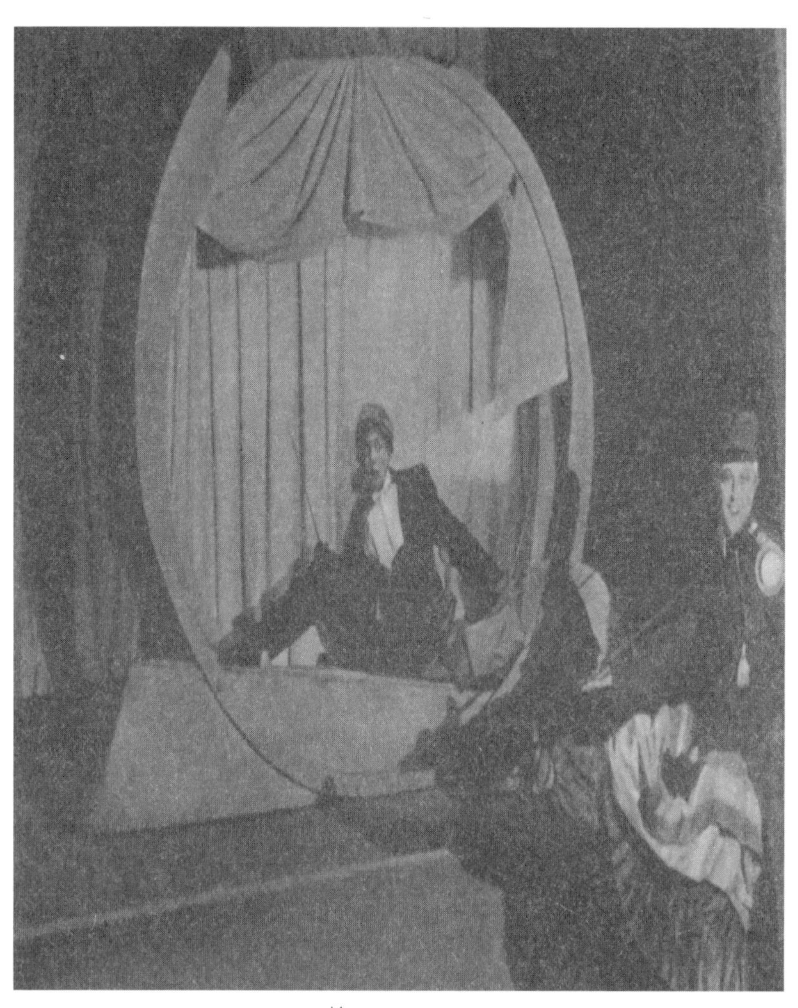

Ночая сцена
(Скирина у Калафа)
Сцена третьего акта
3막 밤장면의 칼라프와 아젤마

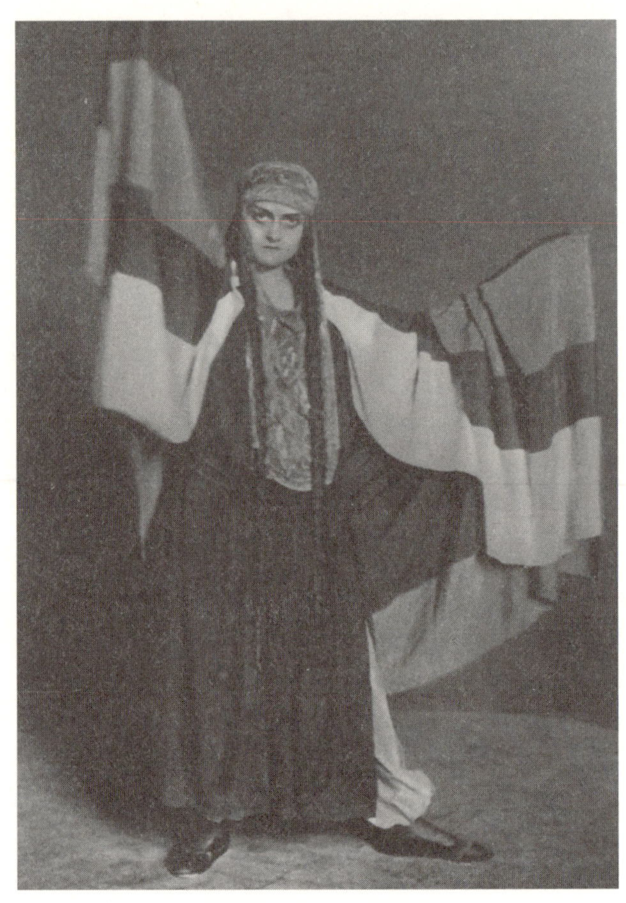

Адельма - А А Орочко

아젤마 역의 오라치꼬

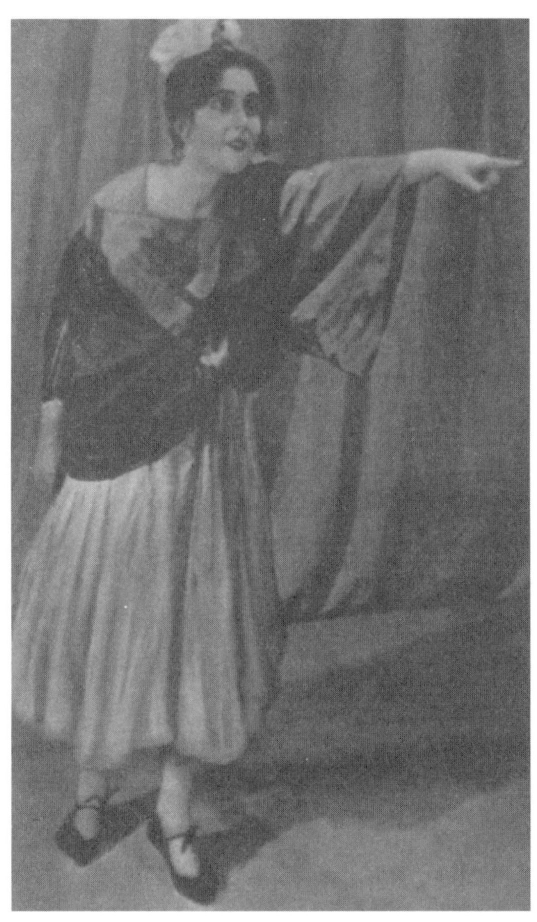

Зелима – А И Ремизова
젤리마 역의 레미조바

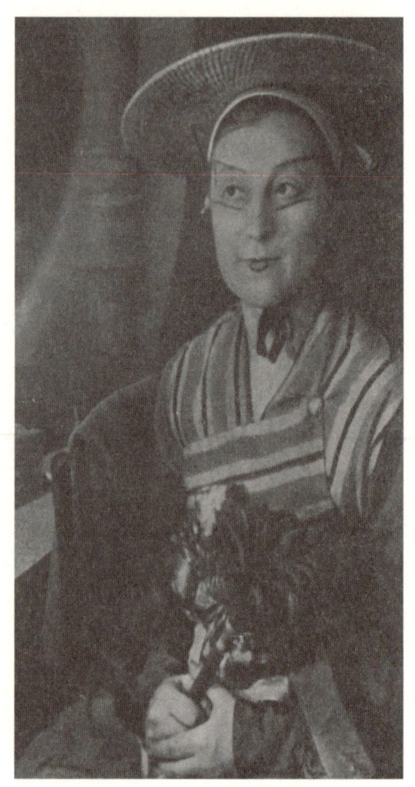

Скирина – Е. В. Ляуданская
스끼리나 역의 랴우단스까야

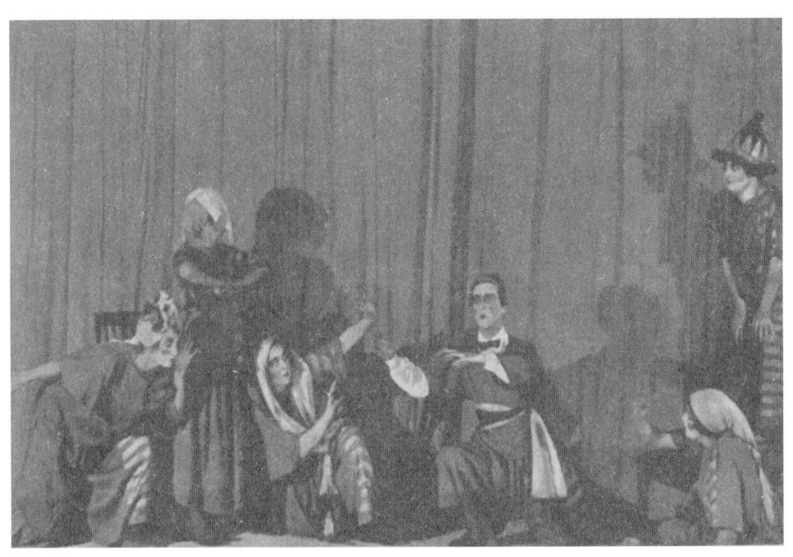

Патомима цанни на просцениуме

Сцена третьего акта

3막의 프로시니엄에서 보조배우들의 판토마임 막간극

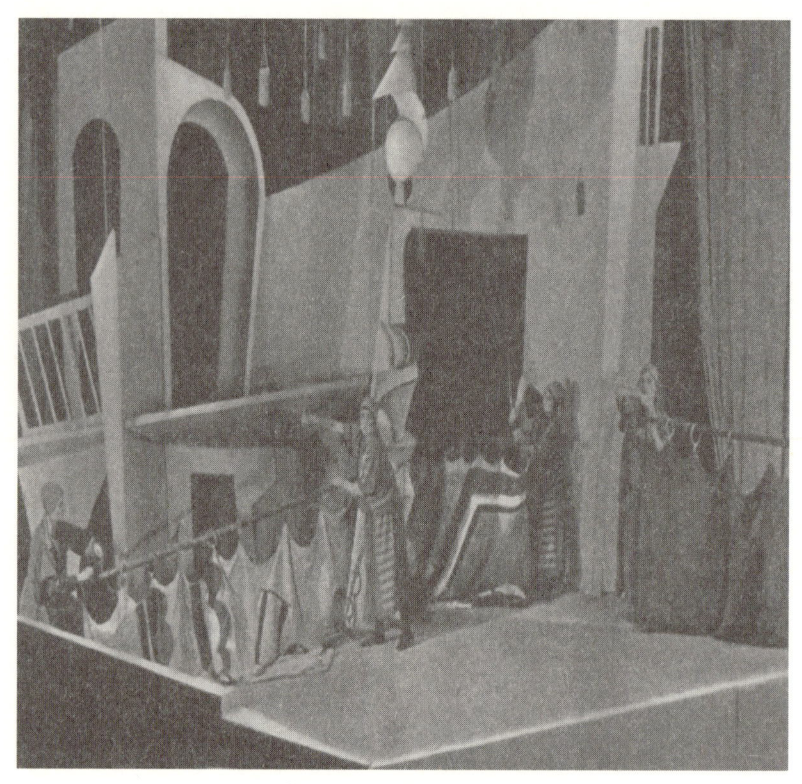

Цанни готовят сцену
보조배우(무대하인)들이 무대를 설명하고 있다.

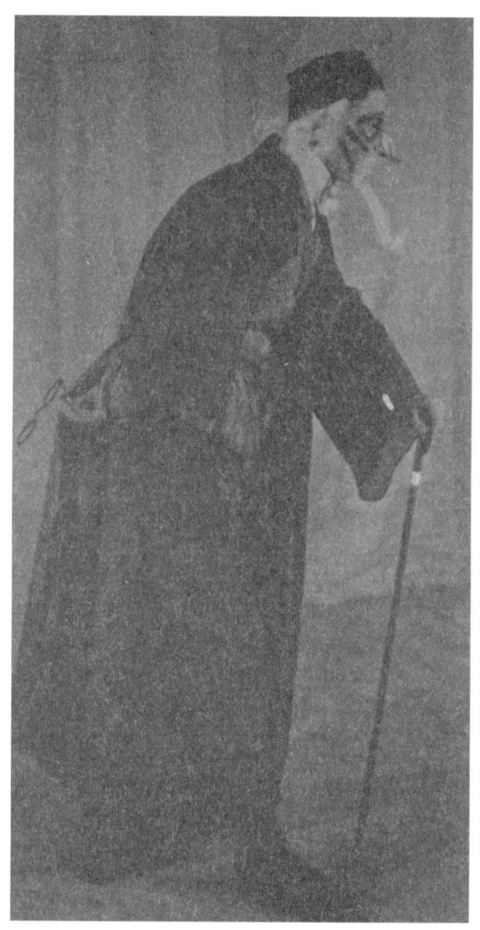

Панталоне - И М Кулрявцев
판탈론 역의 꾸드랴프쩨프

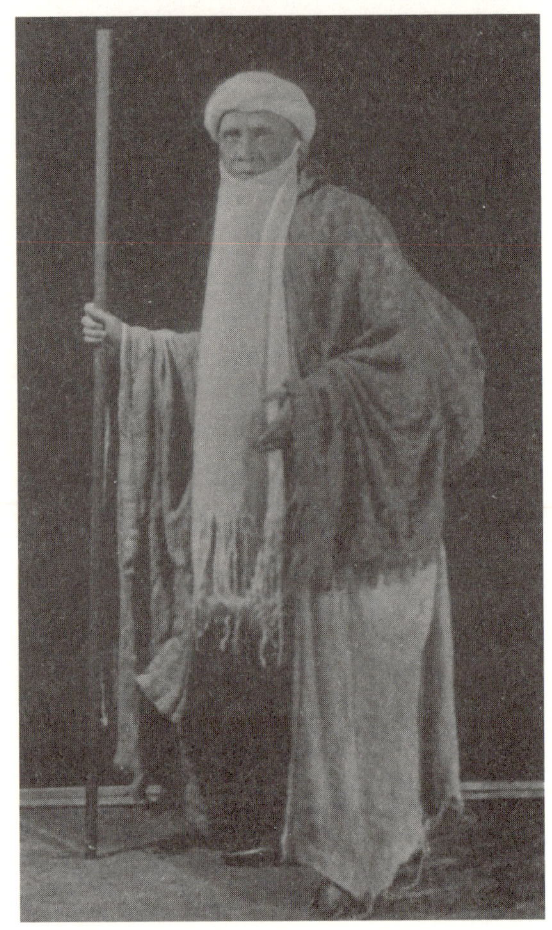

Тимур – Б. Е. Захава

티무르 역의 자하바

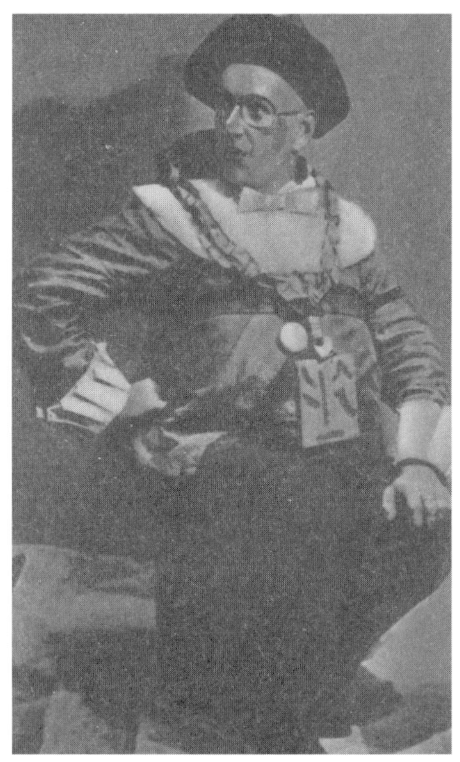

Тарталья – Б. В. Щукин
타르딸랴 역의 슈킨

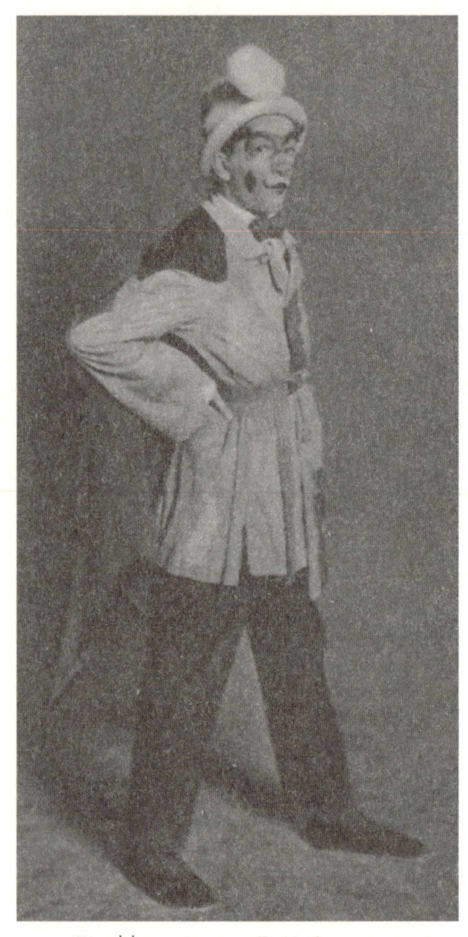

Труффальдино – Р. Н. Симонов

뜨루팔지노 역의 시모노프

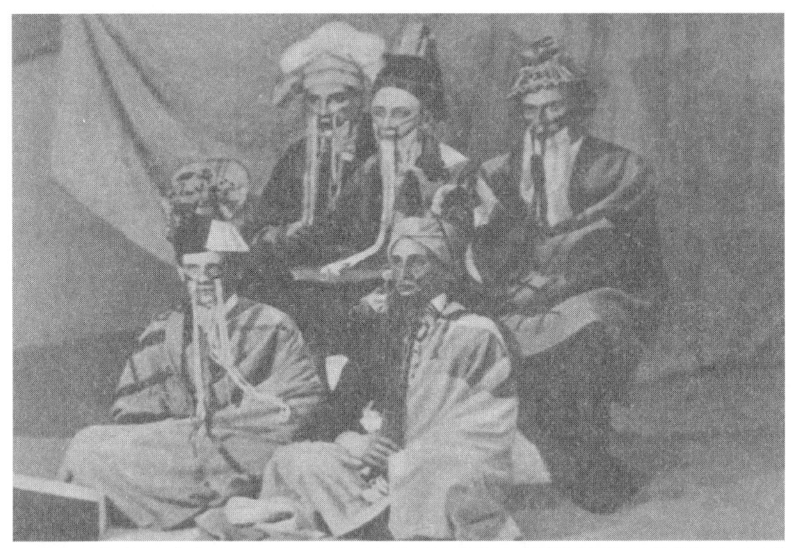

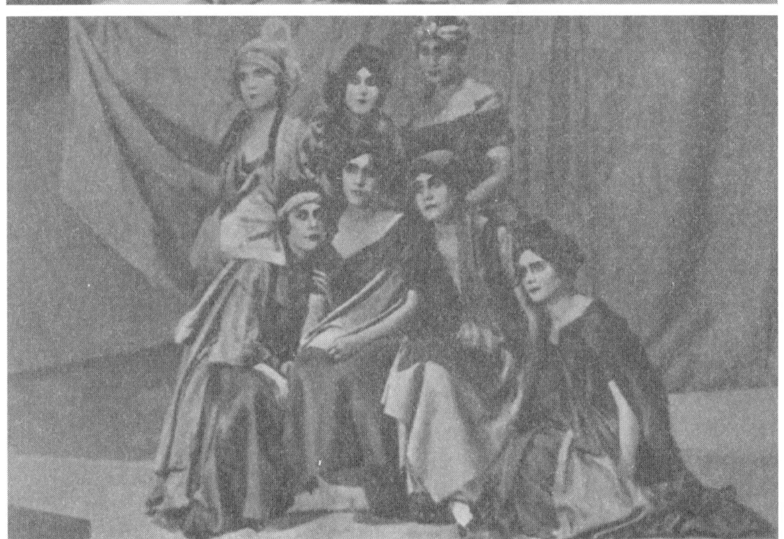

Мулрецы, члены Дивана
현자들과 투란도트 공주의 하녀들

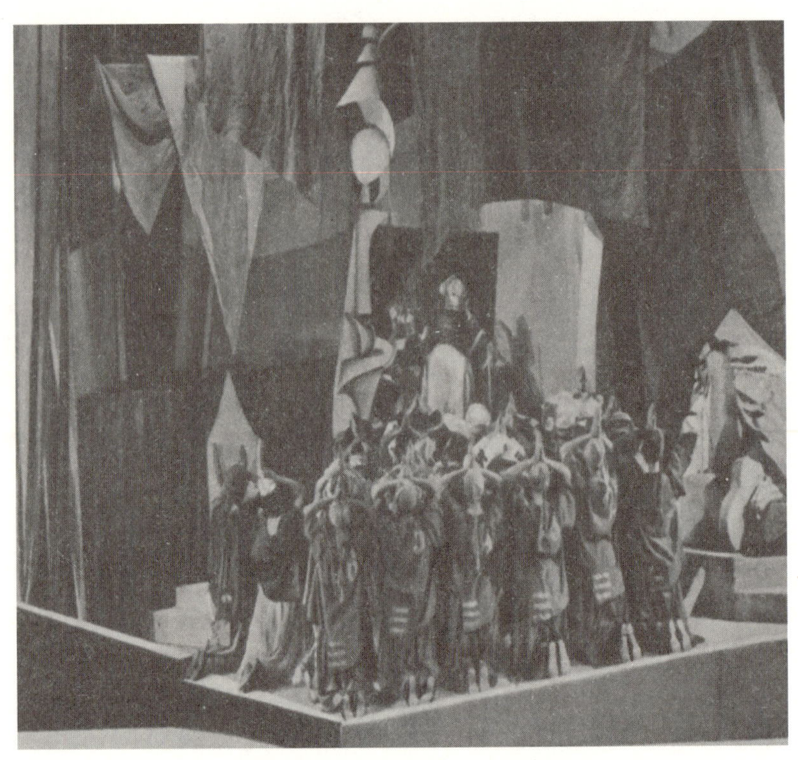

Венчание Турандот с Калафом
Сцена четвертого акта
4막, 투란도트 공주와 칼라프 왕자의 결혼식 장면

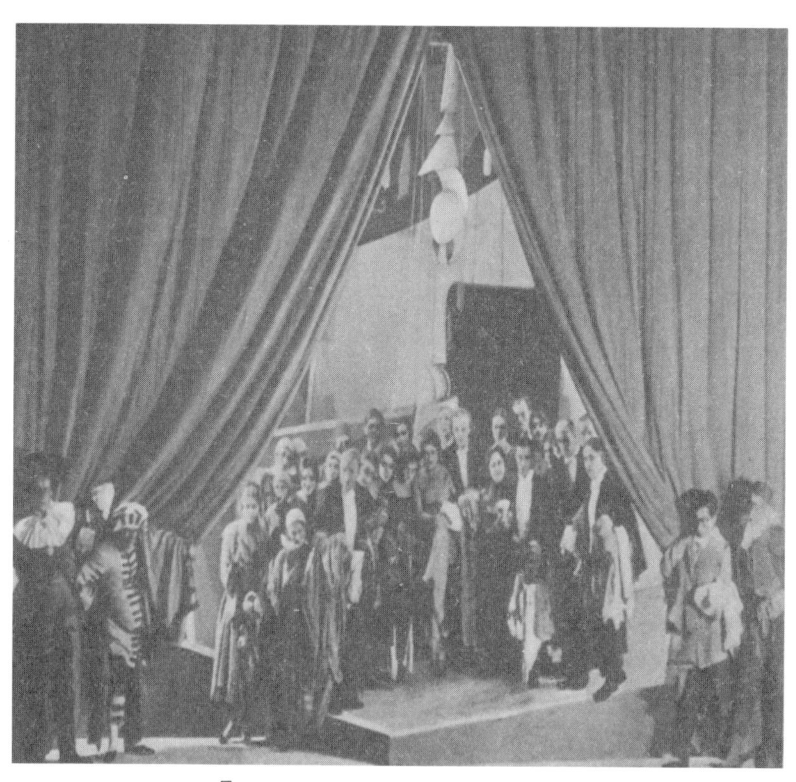

Прощание актеров со зрителями
(заключительная сцена спектаеля)
커튼콜

에브게니 바그라찌오노비치 박탄고프는 므하뜨(모스크바 예술극장)에서 성장하여 다른 사람이 평생 이루기 힘든 창조적 발전을 단 몇 년 만에 이루었던 연극의 장인이었다.

그가 이룩한 새로운 연극의 특성은 므하뜨가 인정했던 것처럼 극도로 섬세하고 명확한 것들이었다.[1] 1913년에서 1922년 사이에 박탄고프의 창조적 메소드는 명확한 변화를 거치면서도 그 속에는 불변의 원칙들이 내포되어 있다.

우선 박탄고프에게 있어서 연극에 대한 사명감은 최고의 불변의 원칙이었는데, 그에게 있어서 연극이란 정신적인 창조 작업이었으며, 그리하여 매번의 연극작업은 기술적인 문제가 아니라, 정신적인 문제이었다. 이와 관련하여 박탄고프는 1917년 8월 3일, 체반에게 다음과 같은 편지를 쓴다.

나는 스타니슬랍스키가 연출한 ≪12야≫가 솔직히 말해서 무대예술의 정신에 대한 가능성을 보여주지 못하고 있다고 생각합니다.

또한 그는 모든 형태의 연극을 사랑하지만, 그러나 그를 더욱 전념하게 만드는 연극은 일상적이고 평범한 연극(물론 이러한 연극에서도 유머와 유머를 가진 비극성이 존재한다면 그는 좋아한다고 했다)이 아니라, 인간의 정신이 특별하게 살아있는 순간들로 이루어진 연극이라고 고백한다.[2]

아울러 박탄고프는 연극이란 배우와 관객을 위하여 진실한 축제가 되어야 하며, 그리하여 연극적 진실이 항상 표현되어져야만 한다고 말한다. 그래서 참된 연극은 결코 관객의 취향에 아부하는 것이 아니라, 스타니슬랍스키의 말처럼 '관객을 보다 높은 차원으로 이끌어 가야 한다'[3]는 것이다.

박탄고프에 의하면 축제적인 분위기가 없으면 연극도 존재하지 않는 것인데, 그것은 매번의 공연은 두 번 되풀이되지 않는 유일한 것이자, 축제이어야 함을 뜻한다.[4] 이때 박탄고프는 두 개의 개념, 즉 축제성과 구경거리를 혼돈하지 말 것을 요구한다. 구경거리의 개념이 단순한 체험인 외적 카테고리라고 한다면, 축제의 개념은 그 자체 내에 내적 체험을 내포한 내적 카테고리라는 것이다.[5] 이와 관련하여 그는 로맹 롤랑의 민중연극에 대한 견해를 인용하기를 좋아했는데, 그것은 '연극은 끝까지 건강과 환희로 충만한 것'[6]이라는 축제성을 내포하고 있었기 때문이다.

한편 박탄고프에 의하여 러시아 연극 예술의 현대성은 주제의 당면성이라기 보다는 극의 형식 자체가 시대적 정신과 어떻게 부합될 것인가 하는 문제로 이해되어졌다. 이에 대하여 1921년 8월 8일에 박탄고프는 '현재의 모든 희곡은 등장인물의 심리주의적 접근 없이 새롭게 해석해야 합니다. 그리하여 새로운 연극은 새로운 연극적 연기와 새로운 연극성이라는 목표에 부합해야 합니다' 라는 편지를 비르만에게 보냈다. 이것은 박탄고프가 공연의 원칙에 관하여 언급함과 동시에 연극적 표현력에 대한 방법의 현대성을 현대연극의 결정적인 특징으로 간주하고 있음을 의미한다. 그는 베르쉬로프에게 자신의 이러한 의견을 다음과 같이 전달하고 있다.

> 과거에는 공연의 원칙에 관하여 말할 때 무대장치, 의상, 쉬르마(무대간막이), 오두막집, 무대구조 등을 의미했습니다. 그러나 현재의 공연원칙은 연극의 형식과 배우연기의 형식을 이해해야만 하는 것입니다.[7]

그리하여 1922년 4월 11일, 박탄고프는 배우들에게 ≪투란도트 공주≫는 '방법의 현대성, 방법의 연극성, 내용과 형식의 화음과 같은 조화라는 측면에서 환상적 리얼리즘입니다'[8]라고 설명하고 있다. 다시 말해서 박탄고프가 주장하고 있는 '환상적 사실주의'란 무대에서의 감정은 진실하지만, 표현방법은 비사실적이고, 삶을 반영하는 희곡으로부터 공연형식은 연극적으로 상상력이 충만한 형태라는 의미이다.

따라서 '환상적 사실주의'는 자연주의와는 거리가 멀며, 또한 일상적인 삶의 모방인 사실주의와도 거리가 멀다. 오히려 이것은 그로테스크하게 접근하여 극도의 무대적 표현력과 내용의 본질적인 압축의 의미로서 예술성이 풍부한 또 다른 삶의 진실이라고 할 수 있다.

한편 박탄고프는 실제적으로 한편의 공연을 할 수 있도록 만드는 요소로서 다음과 같은 것들을 예로 든다.

1. 희곡: 무대행위를 할 수 있도록 하는 매개물

2. 배우: 내적, 외적 기술로 잘 다듬어진 장인

3. 연출: 공연을 위한 조각가

4. 무대: 행위의 공간

5. 무대미술가, 음악가 등: 연출의 협력자

박탄고프에 의하면 이러한 모든 요소들은 공연을 위하여 유일하면서도 살아 있는 조직체이다. 희곡을 선택하여 작업을 시작하면서 박탄고프는 므하뜨가 했던 것처럼 오랜 시간동안 책상에서 희곡분석을 하는 것을 지양했는데, 왜냐하면 희곡의 관통행위를 결정한 후, 희곡의 주요단락과 보조단락을 나누고 곧바로 관통행위와 인물들의 본질을 모색하는 것이 보다 중요하다고 생각했기 때문이다. 그리고 난 후, 배우 자신으로부터의 작업이 시작되었는데, 이것은 박탄고프가 언급한 것처럼 배우 자신의 즉흥으로 이루어진 '우연성의 총체물', '역할을 충만하게 하는 과정', '배우의 정신으로부터 인물형상의 확대', 그리고 '성격을 갖다 붙이는 것이 아니라 정당성의 탐구 결과'임을 의미한다. 그리하여 배우뿐만 아니라 연출가, 무대미술가, 음악가들의 이러한 살아 있는 즉흥으로 인하여 한편의 연극은 탄생되었다.

박탄고프 연출의 창조적 메소드에는 갈등구조의 원칙이 기본적으로 자리잡고 있다. 이것은 선과 악, 밝음과 어둠의 투쟁이었으며, 아울러 인간성의 영원한 자유를 위한 투쟁이었다. 이러한 갈등구조는 그의 후기 작업들인 《에릭 14세》, 《결혼》, 《성 안토니오의 기적》의 두 번째 제작공연, 《가 - 지부끄》, 그리고 서정적 연극인 《투란도트 공주》에서 명확히 나타난다. 또한 이러한 갈등구조는 관객에게 연극과 삶, 배우와 등장인물이라는 이중성으로 첨예하게 노출되고 있다. 결국 이것은 무대에서 배우 자신과 역할로서의 배우 연기(이것은 항상 배우 자신의 내적체험과 보편적이고 일반적인 '가장'이다)가 축제적인 연극으로 됨을 의미한다. 그리하여 박탄고프의 모든 연극행위의 테마는 마르꼬프가 지적했던 것처럼 '새로운 연극형식으로 터져 나올 때까지 배우의 잠재의식을 해방시키는 것'[9]이라고 할 수 있을 것이다.

한편 박탄고프는 연습 때, 끊임없이 자신의 연출행위를 반대를 위한 반대로 나아가게 했으며, 적당한 해결책은 흥미 없고 개성 없는 것으로 간주하였고, 그리하여 진부하고 일상적인 것을 끊임없이 명확하고 구체적으로 해결하고자 했다. 따라서 연출은 배우가 피상적인 자연법칙과 싸워서 자신의 내면에 존재하는 예기치 못한 섬세한 표현력과 대담한 연극성을 찾았을 때 비로소 만족하곤 했다. 그러면서도 배우가 연출의 요구에 부응하여 성공적으로 행위를 표현할 지라도 이러한 성공적인 표현에 대한 믿음과 실행들을 빨리 제거해 버릴 것 또한 요구하기도 했다.[10]

그러나 박탄고프의 연극적 열정은 연출가로서보다 오히려 연기교육자로서 더욱 강하게 표출되었다. 그가 언급한 것처럼, 그의 목적은 배우를 교육시키는 것이지, 연극공연을 하기 위한 것이 아니었기 때문이었다. 스타니슬랍스키 시스템의 열렬한 지지자이었던 박탄고프는 시스템을 가르치는 가장 뛰어난 교육자이자 해설자이었다. 그는 많은 스튜디오에서 젊고 미숙한 배우들에게 시스템의 '내적 기술'을 가르쳤는데, 그것은 당시 연극계에서도 아직 모호하게 받아들여졌던 요소들을 명확하고 올바르게 인식시킨 계기가 되었다. 보존되고 있는 박탄고프의 메모와 강의요약문, 그리고 연습기록들은 스타니슬랍스키의 배우교육을 위한 내적 기술 개념과 상응하고 있음을 증명한다.

우선 박탄고프는 잠재의식을 개발하고 풍부한 상상력을 가진 사람만이 배우가 될 수 있다고 생각하고 있다. 그래서 자신의 목표를 학생들의 이러한 잠재의식을 일깨우고 창조적 상상력을 개발시키는 것이라고 확신하고 있다.

그는 시스템을 전적으로 믿고 적극적으로 가르쳤는데, 즉 '근육의 이완', '주의집중', '믿음과 정당성', '무대적 순진성', '주의의 대상', '주의의 원', '군중 속의 고독', '무대목표', '목표와 원함', '적응', '정서적 기억과 행동', '에너지의 내적 템포', '관계 그리고 교류' 등을 구체적으로 가르치고 있다.

이와 동시에 그는 외적 기술이라고 불리는 배우의 표현력을 강조하고 있다. 그에 의하면 새로운 연극에 부합되는 새로운 배우는 자신의 모든 능력을 강화해야만 하는데, 즉 힘 있는 목소리와 발성을 통하여 배우 자신의 심리적이고 내적 체험 상태를 관객에게 명확히 전달함과 동시에 감화를 줄 수 있는 자신의 모든 방법을 소유해야만 한다는 것이다. 그것은 얼굴, 몸, 목소리, 행동, 내적 체험, 기질 등을 한층 풍부하게 창조해야만 하는 것을 의미한다.

한편 박탄고프에 의하면 '무대주의'란 리듬, 율동, 조각성 같은 것들이었는데, 이것은 박탄고프가 ≪성 안토니오의 기적≫과 ≪가 - 지부끄≫에서 배우에 의한 무대구성을 부각(浮刻)에 비유하면서 생긴 것이었다. 그리하여 그는 배우의 손의 율동, 특히 표현력 있는 제스처를 연구하는데 많은 노력을 기울였다.

박탄고프는 미래의 연극은 원형극장과 같은 형태에서 이루어 질 것이라고 예측하고 있다. 이러한 극장에서 무엇보다도 중요한 역할과 기능은 배우가 담당해야만 할 것이라고 강조한다. 이러한 미래의 극장에서 미래의 배우는 숙련된 외적 기술과 완벽한 내적 기술을 결합시켜 진실한 즉흥연기의 장인이다.

따라서 미래의 배우는 단순히 희곡으로부터 창조되어진 역할을 연기하는 것이 아니라, 무대에서 본질적으로 살아있음으로 인해 최대한도로 관객에게 감화를 줄 수 있어야 하며, 그리하여 새로운 연극, 즉 '환상적 사실주의'의 기교를 창조할 수 있는 장인이어야 함을 뜻한다.

부 록

박탄고프에 관하여

■ 미하일 체홉

박탄고프는 스타니슬랍스키의 '메소드'에 정통한 사람이다. 우리는 그가 강의할 때, 생생하게 살아 있는 그 방법론을 통해서 그것의 위대한 실제적 위력을 이해할 수 있다. 연기교육자로서의 박탄고프의 천재성은 이런 관점에서 경이롭다 할 수 있다. 또한 그가 우리에게 가르쳐 준 것처럼, 박탄고프 자신이 놀라운 속도로 시스템을 발전시킨 것이다.

그의 임종 얼마 전, 그는 '자네 알고 있나. 마치 선반에서 책을 내리는 것만큼이나 아주 쉽게 어떤 극적 상황이나 무대적 구상이라도 금방 이해할 수 있게 되었다네'라고 내게 말했다. 실제로 그의 연극적 구상은 바로 우리 눈앞에서 펼쳐 보여졌다. 그가 우리 또는 스튜디오의 학생배우들에게 공연작품에 관해 말하자마자, 그 생각들은 즉시 형태를 갖추게 되었다.

연출가로서의 그의 재능은 그의 공연 작품으로 인해 이미 우리에게 잘 알려져 있다. 그러나 이것은 단지 그의 재능 중 일면일 뿐이며, 다른 면은 리허설 때 배우와의 작업을 통해 드러나는 그의 연출적인 천재성이다.

실제 작업에 있어서 연출과 배우의 관계에 대한 질문은 복잡하고 어려운 것이다. 이 주제에 관해서는 이미 수십 차례의 강연이 있었으나, 만일 연출이 배우에 대한 특별한 감각과 섬세한 이해가 없다면, 그들의 결과는 제로가 될 것이다. 박탄고프는 이러한 감각을 완벽하게 소유한 사람이다. 박탄고프는 이것을 어떤 사람이 누군가에게 손을 잡혀 조심스럽게 그리고 참을성 있게 어떤 장소로 이끌려 갈 때 생기는 느낌이라고 묘사하고 있다. 배우들은 박탄고프에게서 어떠한 제약도 느끼지 않으면서, 연극의 주개념으로부터 유리되지도 않았다. 배우들이 박탄고프의 지시와 생각들을 실연하였을 때, 그들은 마치 자신의 일인 것처럼 느꼈던 것이다. 박탄고프의 이러한 놀라운 특성은 역할분석에 있어서 배우와 연출의 목소리 중 어떤 것이 더 지배적이냐는 물음을 충분히 불식시키는 것이라 할 수 있다. 우리는 이러한 질문이 아직 '이론적'으로 해결되지 않았음에 기뻐해야 한다. 왜냐하면 어떤 쪽으로 결론이 나든지 독선적인 연출과 고집 센 배우에 의해 남용될 소지가 분명하기 때문이다. 박탄고프는 이러한 문제를 실제적으로 해결했다. 그리하여 그의 연출로서의 특징은 자신의 친절함과 상대방을 이해하는 능력에서 기인하는 것이다. 만약, 여러분이 누군가를 만나 상대방의 영혼의 언어로 얘기한다면, 그는 분명히 여러분에게 설득당할 것이다. 박탄고프가 바로 그렇게 한 것이다. 그는 결코 배우를 감상적으로 대하지 않았으며, 배우 또한 자신의 변덕이나 고집 등으로 박탄고프의 생각을 방해하지 않았다. 박탄고프와 같은 연출이 되려면 반드시 인간적이어야 함은 물론, 인간 전반에 대한 주의를 기울여야 한다. 그것으로 말미암아 예술적인 그리고 도덕적인 문제는 하나로 합일되는 것이다.

박탄고프는 연출가에게 필수적인 또 하나의 자질을 가지고 있는데, 즉 배우에게 역할을 개괄적으로 보여줄 수 있는 능력을 가졌던 것이다. 박탄고프는 배우에게 역할 전체를 보여준 것이 아니며, 배우 대신 역할을 연기한 것도 아니며, 역할의 전반적인 윤곽을 몸소 보여주었다는 것이다.

《에릭 14세》의 리허설 당시, 1막 전체에 걸친 에릭의 역할을 보여주었으나, 그것은 2분도 채 되지 않는 짧은 시간에 불과했다. 시연 후, 비록 박탄고프가 세부사항에 대해서는 아무런 언급을 하지 않았음에도 불구하고, 나에게는 세부사항을 포함한 연극 전체가 명확해졌다. 그는 단순히 나에게 에릭의 심리적 틀만을 보여주었을 뿐이지만, 이후 나는 내가 맡은 역할에 특별한 특성들과 세부사항들을 덧붙일 수 있게 된 것이다. 그는 이런 방법으로 역할을 시연해 보여주는 놀라운 능력의 소유자였다.

박탄고프는 역할의 '보여줌'의 심리에 대해 완벽하게 정통한 사람이다. 일례로, 그는 나에게 놀라운 능력을 보여준 적이 있다. 어느 날 우리는 당구를 쳤는데, 우리 둘 다 별로 당구 솜씨가 없었기 때문에 당구공을 맞춰 포켓 속으로 거의 집어넣지 못했다. 그때 박탄고프가 '지금부터 어떻게 경기를 해야 되는지 보여주지'라고 말하며, 자세를 바꾸더니 너무나 쉽게 그리고 숙련된 솜씨로 당구공 서너 개를 차례차례로 부드럽게 포켓 속으로 집어넣는 것이었다. 그러나 이러한 시도를 끝내자마자, 다시 이전의 상태로 되돌아가 당구공을 포켓에 잘 집어넣지 못하는 것이었다.

이러한 박탄고프의 놀라운 능력 때문에, 실제 리허설에서는 말이 별로 필요 없었다. 이러한 시연 속에서 우리의 역할에 대한 작업은 진행되었다. 배우와 연출가는 특별한 작업 언어를 개발해야만 한다. 그들은 리허설에서 서로서로 토론할 필요가 없다. 그들은 각자의 생각과 느낌들을 이미지 속에서 구현할 줄 알아야 한다. 그들의 역할에 대해 길고 지루하고 초점 없는 현명한 토론에 젖어 드는 대신, 이러한 이미지의 도움으로 실행할 수 있어야 한다.

박탄고프는 한 가지 더 놀라운 자질의 소유자이었는데, 그것은 리허설을 하는 동안 객석에 앉아 마치 자기가 관객으로 꽉 찬 홀에 있는 것처럼 느낄 수 있다는 것이다. 무대에서 일어나는 모든 것을 홀로 가득 메운 이러한 상상의 관객의 눈을 통해 본다는 것이다. 그는 관객을 위해 연극을 올린다. 이런 이유로, 그의 공연은 항상 확신에 차있고 명확하다. 그는 오늘날 만연해 있음직한 연출가 그들 자신만을 위해 연극을 올리도록 고무하는 고집으로 인해 연극작업을 하지 않는다. 이러한 고집에 의해 작업하는 연출가는 그들의 관객을 느낄 수 없으며, 또한 항상 지적인 차원에서 작품을 접근하게 된다. 즉 그들은 지적 이기주의의 특별한 형태에 의해 고통 받는 것이다,

나는 박탄고프와 다분히 오랜 시간을 함께 일할 수 있도록 허락해 준 운명에게 감사드린다. 무대예술의 거장으로서의 그에 대한 나의 기억은 연극 작업에 관한 광대한 지식을 나에게 제공한다.

박탄고프와 현대 연극

■킴 크리비츠키

러시아 연극사와 연출사에 있어서 박탄고프의 자리는 아직 명확하게 정의되지 않았다.

몇몇 비평가는 박탄고프를 스타니슬랍스키와 메이에르홀드의 뛰어난 제자와 연극예술의 동료로서, 이 두 명의 뛰어난 러시아 연출가의 연극적 시스템에서 최고의 것을 추출하여 결합한 사람으로만 간주하기도 한다.

그러나 박탄고프의 말년 경 혹은 임종 직후에 스타니슬랍스키, 네미로비치-단첸코, 루나차르스끼, 메이에르홀드에 의한 박탄고프의 중요성에 대한 인식은 연극에 대한 그의 독립적인 공헌에 기반하여, 정당한 의미에서 그가 중심인물이었음을 보여준다.

스타니슬랍스키는 박탄고프를 혁명 예술의 새로운 원칙의 발견자로 간주했고, 네미로비치-단첸코는 그를 모스크바 예술극장의 진화에 심대한 영향을 끼친 연출가로 인정했으며, 루나차르스끼는 그를 러시아에서 가장 전도유망한 연극적 인물, 추앙받는 미래를 가진 연출가로 간주하였고, 메이에르홀드는 박탄고프를 자신의 연극 군단의 리더라고 명명했으며, 몇 년 후 많은 연극인들이 박탄고프를 러시아 연극사의 발전에 있어 새로운 장을 연 선구자로 지목했다.

그러나 박탄고프의 작업 중 몇몇 측면들이 오늘날 명확히 설명되어지지 않은 채 남아있다는 것이며, 아마도 그것은 현대 연극에 대해 가장 중요한 요소가 아닐까 하는 것이다. 그리하여 마지막 몇 년 동안 연출가로서의 박탄고프의 업적에 대해 설명하는 것이 가장 핵심적인 일일 것이다.

오늘날 연극의 가장 핵심적인 문제 중 하나로서 러시아의 무대 감독 니코라이 아끼모프는 '예상 불가능한 작품의 운명' 에 대하여 언급한 바 있는데, 경험 많은 연극 비평가 모두가 '같은 방법으로 같은 시간에 같은 조건에서 무대에 올려진 성공할 가능성이 같아 보이는 두 작품 중 하나는 완전히 망한 반면, 다른 하나는 무대에서의 놀라운 미래를 보장받게 된다', 그리고 '어떤 연출가도 초연이 올려 지기 전에는 그 작품의 성공 여부를 절대 알 수 없다'는 사실에 전적으로 동의한다는 것이다.

심지어 가장 뛰어난 러시아 연출가들, 즉 스타니슬랍스키, 네미로비치-단첸코, 메이에르홀드, 타이로프도 성공만 한 것이 아니라 실패 또한 맛보았으며, 적어도 그들의 걸작과는 비교할 수 없는 형편없는 공연도 있었다. 이러한 일반적인 상식을 뒤엎은 유일한 예외는 바로 연출 경력상 마지막 몇 년간 이루어진 박탄고프의 작업이다.

그의 마지막 공연들, 《지부끄》와 《투란도트》는 말할 것도 없고, 《결혼》, 《성 안토니오의 기적》 두 번째 제작공연, 《에릭 14세》는 모두 중요한 연극적 사건이었다. 각각의 작품들이 동시대인들에게 엄청난 반응을 불러일으켰는데, 당시의 상반되는 반응들은 오늘날 그대로 전해져 내려와 여러 가지 이유로 현재에도 여전히 자주 상기되어진다.

중요한 것은 연극사 전체를 통해 아마도 선례가 없을 것 같은 이러한 특이한 현상의 원인을 충분히 이해하는 것이며, 무엇보다도 우리의 관심을 끄는 것은 무대에 올린 작품들을 박탄고프 자신은 어떻게 해석하였는가 하는 것이다. 단지 ≪결혼≫, ≪에릭 14세≫ 두 작품만이 '구세계의 폭로'라는 연극적인 범주화가 가능하다. ≪성 안토니의 기적≫, ≪지부끄≫, ≪투란도트≫는 혁명 시대의 필요와 요구에 전적으로 부합되지 않는 것이었다. 그리하여 이 작품들은 혁명 시기의 이데올로기와는 완전히 동떨어진 것처럼 보인다. 그러나 박탄고프의 작품들은 동시대적인 메시지를 전하는 데 있어서 아무런 문제가 없었을 뿐만 아니라, 오히려 압도적인 성공을 거두었다.

어떻게 박탄고프는 이런 일을 가능하게 하였는가? 그는 이러한 엄청난 결과를 획득하게 만든 무엇인가를 발견하였던 것인가? 일례로 박탄고프는 나제즈다 브롬리의 극을 높이 평가했지만, 이것은 그 혼자만의 생각이었을 뿐이었으며, 루나차르스끼 이외에 그 누구도 브롬리의 극 ≪대천사 미하일≫에 대한 그의 견해에 동조하지 않았다.

아마도 박탄고프는 어떤 작품이든 걸작으로 통하는 '열쇠'를 찾게 해주는 그리하여 작품을 걸작으로 변모시킬 수 있는 특별한 연출 방법을 발견했을 수도 있다. 모든 연출가에게는 자신의 심장에 가깝다고 느끼는 특정 타입의 작품과 그렇지 않은 작품이 있다. 즉 '그를 위한' 작품과 '그와는 무관한' 작품이 있는 것이다. 그러나 말년에 연출가로서의 박탄고프는 전적으로 작품들을 다른 형태로 무대화시켰다. 그는 그 작품들을 성공적으로 무대에 올렸을 뿐만 아니라, 작품으로부터 예상했던 것보다 훨씬 더 많은 것을 끄집어냈다. 예를 들면, 너무나 평범한 작품인 ≪지부끄≫가 바로 그 경우라 할 수 있다. 이런 관점에서 볼 때, 박탄고프가 성취한 것은 현대 연극을 위한 동시대의 주제적 관점이라 할 수 있다.

우리는 무대 공연을 위한 그의 작업이 얼마나 열악한 조건에서 이루어 진 것인지 잘 알고 있다. 수십 년의 경력과 자신들의 극장 소유주였던 스타니슬랍스키나 메이에르홀드와는 달리, 박탄고프는 한 달 남짓한 시간을 두고 한 작품씩 차례로 무대에 올렸다. 이 모든 시간을 다 합쳐도 일 년 반 혹은 많아야 이 년 밖에 되지 않을 것이다. ≪에릭 14세≫를 제외한 모든 작품을 전문 배우가 아닌 미숙한 배우들과 함께, 극장이라기보다는 클럽에 가까운 조건 속에서, 심지어 ≪지부끄≫는 그가 알지도 못하는 언어로 무대에 올린 것이다. 더구나 박탄고프는 이 모든 시간 동안 그를 죽음으로 몰고 간 병마에 시달리며 작업을 계속 했던 것이다. 그의 육체적 상황은 정상적인 사람도 병원 침대에 눕게 만들 정도의 것이었다. 그의 말년에 위대한 무엇인가를 창조하는데 있어서 모든 상황은 적대적인 것이었다. 그럼에도 불구하고, 바로 이 시기에 자신을 유명하게 만든 작품을 연출해 낸 것이다. 이 사실 하나만으로도 그의 예술작업은 오늘날 연극사에 너무도 소중한 것이다.

박탄고프의 업적에 있어서 가장 중요하고 가치 (오늘날의 연극을 위해서도) 있는 것 중 하나는, 특히 그의 마지막 공연에서 명확히 드러나는 것은 주어진 외적 무대 형태에 대한 내적 동기이다. 박탄고프는 무대에서 배우의 행동에 대한 내적 동기 <모스크바 예술 극장>의 핵심인 연기 방법론을 충분히 이용하였고, 그것을 그의 무대 작업의 모든 영역에 적용시켰다.

박탄고프는 '외적인 것은 반드시 내적인 것을 통해서만 달성된다'라는 명제, 즉 '역할의 외적인 형태는 당연히 자신이 연기하는 인물의 내적 상태의 표현으로서 발생되어야 한다'를 가르침의 근본으로 생각하는 스타니슬랍스키의 직접적인 계승자이었다. 그러나 1917년 체반에게 보낸 편지에서 보듯이 박탄고프는 혁명 이후 표현성이야말로 연극의 첫 번째이자 가장 중요한 자질이며, 연극이 그것을 상실하였을 때 예술이기를 멈춘 것이라는 결론에 이른다.

그리하여 그는 관객이 원하는 방향으로 영향을 미칠 수 있도록 해주는 표현적인 방법을 구상한다. 이러한 문제를 해결하기 위해 수세기에 걸쳐 사용되었던 그 방법들, 토탈로서의 예술, 그리고 삶 자체는 수천의 표현 방법을 가지고 있고 또 그것을 획득하는 방법도 가지고 있다는 결론에 도달한다. 자신의 표현적인 방법의 중요성에 대한 생각이 메이에르홀드의의 생각과 아주 유사하다는 것을 발견하고 기쁨에 넘쳐 그의 일기에 이 사실에 대해 기록하고 있다. 그러나 박탄고프는 메이에르홀드와 따이로프와는 달리 쉐프킨과 스타니슬랍스키가 발견한 것(무대에서 배우 자신이 역할로 전환하는 방법)을 거부할 의도는 전혀 없었다.

창조적 탐색을 하는 이 새로운 연극에서 그의 전반적인 목표는 배우의 감정의 진실됨을 거부하는 것이 아니라, 배우의 감정을 연출가의 지시에 따른 무대 표현성의 다른 방법과 함께 하나의 강력한 전체로 묶는 것이다. 이것은 혼합이 아니라, 각각의 요소들이 그 속에서 일체가 되는 그리고 전체의 유기적인 부분이 되는 통합을 의미한다. 그리하여 박탄고프의 후기 작업의 예술적인 하모니는 높이 평가되었다. 그것은 외적 형태를 위한 내적 동기부여가 무대 공연의 모든 요소들을 하나로 결합하는 박탄고프의 원칙에서 비롯된 것이다.

내적동기부여는 창조적 소극성, 자신의 역할 속에서의 인위적 행동, 그리고 마침내 결국은 배우의 창조적 힘을 약화시키는 본인은 단지 인형일 뿐이라는 느낌으로부터 배우를 지켜주었다.

'동기부여'의 원칙은 박탄고프에게 있어서 연극의 가장 어려운 문제를 쉽게 해결할 수 있는 가능성을 열어주었는데, 그것은 바로 진실성과 표현성의 결합이었다. 이것은 연출에게서 어떠한 지배적인 권리도 박탈하지 않았으며, 아울러 배우에게도 자신의 자발성 발휘를 위한 여지를 충분히 남겨주는 것이었다.

자신의 작업에 대한 박탄고프의 정의, 즉 '상상력이 풍부한 사실주의'는 무엇보다도 '동기부여의 원칙'에서 파생되었을 가능성이 매우 크다. '상상력이 풍부한'이라는 단어를 사용한 특별한 목적은, 문학적 사실주의에 합당한 형식을 정의한 러시아의 유명한 비평가 비싸리오 벨린스끼처럼, 삶 자체가 제공하는 형식 속에서 단순히 '삶을 묘사'하기보다는 연출가의 상상력에 의한 보다 더 자유로운 연극을 만들고자 하는 그의 경향을 강조하기 위해서였다. 그리하여 박탄고프가 '형식은 창조되어야 한다'라고 말했을 때, 그는 가장 표현적이면서도 동기부여가 된 외적 형식을 위한 자유로운 탐색을 염두에 두고 있다.

박탄고프의 유명한 그로테스크 형식은 그의 후반기 작업 시기에 등장인물로서의 배우의 발전에 관한 연출의 관심을 표현한 것이다. 박탄고프의 그로테스크는 배우와 작품의 능력에 기반하여 역할에 동기 부여함으로써 무대에서 외적으로 생동감 넘치는 역할을 가능하게 했다. 이것은 박탄고프의 그로테스크가 결코 공연에서 연출이 말하고자 하는 것 또는 보여주고자 하는 것으로부터 관객을 유리시키는 텅 빈 '트릭'이 될 수 없으며, 아무리 화려하다 할지라도 결코 형식을 위한 형식 즉 형식주의는 될 수 없는 이유이다.

1921년, 스타니슬랍스키는 박탄고프에게 그의 스튜디오 학생들이 무대에서 그로테스크 형식을 실연할 수 있음을 진심으로 믿느냐고 물었다. 그러나 1922년 스타니슬랍스키가 스튜디오 단원에 의해 그로테스크 형식으로 공연된

≪투란도트≫를 본 후, 그는 '<예술극장> 23년의 역사 동안 이와 같은 승리는 다섯 손가락 안에 꼽을 정도이다'라고 언급했다.

한편 <모스크바 예술극장>에서의 무대 공연의 장르와 형식, 그것을 위해 선택된 표현적인 방법들, 표현적인 방법들이 결합되는 방식 등은 무엇보다도 희곡 그 자체에 의해 결정되어졌다. 체홉, 고리끼, 레오 톨스토이, 하우프트만, 입센의 작품을 무대에 올릴 때, 작품의 내용을 심오하고 신뢰성 있게 해석하고, 작가의 창조적 원칙에 충실하게 임하는 것이 주목표이었다. 심지어 <예술극장>이 ≪인간의 일생≫, ≪파랑새≫를 특이한 형식으로 공연했을 때조차도 형식은 작품 자체의 특성에 의해 지시된 대로만 무대화되었다.

박탄고프는 <예술극장 제 1 스튜디오>에서의 그의 초기 무대 작업에서 이와 같은 접근방식을 채택했다. 예를 들어, 그가 공연한 하우프트만의 ≪평화의 축제≫(자연주의적 심리적 경향)는 어떤 특별한 연극적 또는 표현적 방법을 목표로 하지 않았다. 그것은 ≪대홍수≫, ≪로스메르솔롬≫ 또한 마찬가지였다.

그러나 이후 그의 무대 작업은 초기 작업과는 아주 다르다. 그는 새로운 척도, 즉 관객에 대한 공연의 영향력, 작품이 관객에게 어떻게 받아들여지는지를 모색하고 있다. 이러한 새로운 척도는 혁명과 새로운 관객으로부터 생겨난 것이다. 좀 더 개인적인 원인을 들자면, 박탄고프가 연극적 시스템의 관점에서 모델로 삼을만한 공연으로 선택했던 ≪로스메르솔롬≫의 실패에서 기인한 것이다.

만약 박탄고프가 경험으로부터 재빨리 배우고 또 적합한 결론을 내리는 능력이 없었더라면, 그는 위대한 연출가가 결코 되지 못했을 것이다. 이제 박탄고프는 각각의 사례 속에서, 희곡에 적합할 뿐만 아니라, 희곡이 대상으로 하는 관객에게도, 아울러 배우에게 주어진 역할에도 적합한 무대적 원칙을 찾기 시작했다. 이러한 관점에서, 박탄고프는 세 가지(작품, 캐스팅, 관객) 혹은 적어도 두 가지(캐스팅과 관객)에 기반하여 작품을 무대에 올렸다. 이것은 매우 복잡하고 어려운 작업이지만, 동시에 특별한 가능성을 열어주었다. 박탄고프의 마지막 공연은 이에 대한 부정할 수 없는 증거이었다.

앞에서 언급하였듯이, 박탄고프는 어떤 표현주의적인 방법이라 할지라도 만약에 적합하게 동기 부여된 것이라면, 자유롭게 그리고 거침없이 적용할 뿐만 아니라, 무대에서 다양한 방법으로 그것을 결합시켰다. 박탄고프를 너무도 잘 아는 미하일 체홉에 의하면, '박탄고프는 우리에게 어떠한 결합도 가능하며, 그 결과는 놀랍고, 아름답고, 인상적이었고, 심오하며, 우아하고, 수학적으로는 정확하고, 그리고 인간적이다'라고 말한 바 있다.

박탄고프에게 있어서 '삼위일체', 즉 작품, 캐스팅, 관객 중 가장 중요한 것은 바로 관객이었다. 박탄고프는 혁명기의 잠재적 관객이 어떤 순간에 무엇에 대해 관심을 가질 지에 대해서 인지할 수 있었으며, 이러한 감각을 자신의 무대 작업의 기초로 삼았다. 일례로 우리가 아는 바에 의하면, ≪성 안토니의 기적≫에서 처음에 박탄고프는 관객의 눈앞에서 무대 전환을 위해 회전 무대를 사용하고자 했다. 이것은 아주 효과적이며 전반적인 공연 형식에 적합한 무대 장치이었다. 그러나 박탄고프는 회전무대에 대해 준비가 안 된 관객이 그것을 단지 무대의 실수로 간주할 가능성 때문에 회전무대 사용에 대한 생각을 바꾸었다.

연출가로서의 이러한 자질 덕택에, 박탄고프는 ≪투란도트≫가 공연되는 기간 동안 혁명 예술을 직면하며 중심 과제, 즉 새로운 관객과의 만남을 바르게 해결할 수 있었다. 물론, 가장 단순하면서도 가장 자유로운 길은 직접적으로 혁명적 사건들을 반영하는 예술을 창조하는 것이었는데, 그러나 박탄고프는 이것을 지나치게 좁은 의미의 접근이라고 간주했다. 그리하여 그는 이 과제를 해결하기 위해 가장 보편적인 방법을 찾기 위해 노력했다.

무리 지어 극장으로 가는 새로운 관객, 연극공연 관람 경험이 별로 없어 무대적 관용어를 이해할 수 없는 새로운 관객을 고려해야 될 시점이 되자, 박탄고프는 이러한 관객이 자신의 현학적이고 현대적인 연극적 언어를 이해할 수 있도록 하기 위해 그들에게로 가는 다리를 찾기 시작했다.

박탄고프는 자신이 어디를 향해 가고 있는지 정확히 알고 있었기 때문에, 자신의 길을 가는데 있어 조금도 주저하지 않았으며, 오히려 확신을 가지고 전진했는데, 네미로비치-단첸코는 이 점을 즉시 알아채었다. 이런 관점에서, 당시 혁명의 정신과 멀리 떨어진 듯이 보이지만, 진실로 혁명적인 공연인 ≪투란도트≫가 만들어졌다.

관객의 인지에 대한 박탄고프의 이러한 태도는 배우에 대한 접근과도 밀접하게 연관되어 있다. 연출가로서 박탄고프는 자신의 특별한 방법으로 배우 개개인의 특성을 고려했다. 그것은 캐스팅을 할 때, 배우를 역할에 맞출 뿐만 아니라, 역할을 배우의 창조적 능력에 맞게 조화시키는 특별한 자질을 사용했다.

물론, 스타니슬랍스키와 네미로비치-단첸코의 시스템 역시 배우의 개성에 대해 큰 관심을 할애한다. <모스크바 예술극장>의 창립자들은 배우가 자신의 역할에 논리적으로 접근하여, 자신 안에서 역할을 계발할 수 있도록 애쓴 반면, 연출의 해석을 배우에게 강요하지 않았으며, 배우 개개인에 대한 접근 방식 또한 전적으로 상이한 것이었다. 그러나 대체로 연출가는 자신의 마음속에 확고

하게 그려놓은 윤곽선에 따라 역할에 맞는 배우를 선택하였다.

그러나 박탄고프는 다른 방법을 찾았는데, 예를 들어 ≪투란도트≫에서 주인공 역은 세실리아 만수로바라고 결정했을 때, 그는 작품의 텍스트가 지시하는 것과는 전혀 다르게 분석하면서, 그 부분의 특징을 과감하게 변경하였다. 이러한 시도는 배우의 개성과 강한 자질을 최대한 이용하였고, <박탄고프 스튜디오>의 학생들과 <가비마 스튜디오>의 경험 없는 단원들로 하여금 무대에서 기억할만한 수많은 역할을 창조하게 만들었다.

그리하여 박탄고프가 자신의 경험 없는 배우들을 마치 점토인양 조각해야 함에도 불구하고, 배우들은 무대에서 무엇보다도 자유로웠으며, 자신의 역할 속에서 자연스러움을 느꼈다. 배우의 신선함, 자발성, 주어진 역할을 발전시키는 데 있어서 독창성은 유연한 연기 스타일을 보장해 주었고, 이것은 당시의 관객과 배우간의 직접적인 접촉을 확고히 만들어 주었다.

그리하여 ≪투란도트≫의 무대는 박탄고프가 얼마나 깊이 관객의 반응의 복잡성과 다양성을 이해하고 있으며, 또한 공연이 무한한 방법으로 이러한 반응들을 통제하고 있는가를 눈부시게 보여주었다.

≪투란도트≫는 관객이 노골적인 익살을 보고 웃은 직후 눈물이 흐르는 것을 억제하도록 만듬으로써, 관객의 감정을 조작하는 기존의 모든 법칙을 거역하였다. 이것은 비단 일반적인 관객에게만 아니라, ≪투란도트≫의 유명한 드레스 리허설을 보러 온 사람들, 즉 '연극적인 것'에 대해 거의 동조하지 않는 <예술극장>의 전문 연극인들에게도 마찬가지이었다.

그리하여 이제 박탄고프는 말년에 작품에 따라 사용될 방법과 메소드를 결정하는 특별한 원칙을 확립할 필요성에 크게 관심을 가지게 되었는데, 1921

년 세라피마 버먼에게 '나는 『햄릿』에 맞는 새로운 형식을 다시 찾아낼 것 같아요' 라고 쓴 편지는 이것을 증명한다. 그러나 우리는 그가 자신의 생각을 실천하지 않았을 뿐만 아니라, 심지어 기록조차 해두지 않았다는 점이 심히 유감스러울 뿐이다.

'연극적'과 '현대적'이라는 단어는 이 시기에 박탄코프가 내건 깃발의 중심적인 두 슬로건이었다. '연극적'이라는 단어는 공연 이면의 내재된 생각을 관객에게 가장 잘 전달해주는 무대 방법을 찾는다는 의미였다. '현대적'이라는 단어는 단순히 관객을 동요하게 하거나 기절시킨다는 의미가 아니라, 관객의 내재적인 생각과 관심에 닿을 수 있는 방법, 아울러 관객의 영감을 일깨울 수 있는 방법을 찾는다는 의미였다.

의심할 여지없이, 박탄고프 자신은 그가 한 모든 것은 실험에 불과하며, 진정한 작업을 위한 준비, 추후 공연을 위한 전주곡이라고 간주했다. 그는 이러한 내용을 여러 번에 걸쳐 말했으며, 편지에도 거듭 기록하였다. 보리스 수쉬케비치에게 보낸 마지막 편지에서 그는 ≪대천사 미하엘≫의 무대공연을 '첫 번째 전투'라고 기록하고 있다. 박탄고프는 이 작품에서 무엇을 보았는가? 만약 그가 ≪투란도트≫와 ≪지부끄≫ 이후의 첫 번째 전투라고 생각했다면, 그가 의도했던 놀라운 도약은 무엇인가?

우리는 박탄고프의 실현되지 못한 다른 계획에 대해 아는 것이 없다. 박탄고프의 연극적인 원칙으로서의 혁신적인 연출 메소드를 알기 위해, 그의 무대 작업에 대한 연구는 계속되어 왔다. 이런 관점에서, ≪성 안토니의 기적≫ 두 번째 제작 공연에서 명확히 드러나는 '조각성', ≪지부끄≫와 ≪투란도트≫에서 볼 수 있는 '대조와 반어의 법칙'은 박탄고프의 많은 공연을 구별 짓는 특별히 중요한 특징이다.

다양한 방법들의 적용 및 그것의 구체적인 결합을 위해 박탄고프가 사용한 원칙은 한층 더 깊이 뿌리를 내리고 있어 전체를 드러내기가 쉽지 않다. 그러나 그 원칙에 대한 이해는 오늘날 연극에 큰 도움이 될 것이다. 이러한 측면에서 볼 때, 푸쉬킨과 체홉의 희곡에 대한 박탄코프의 작업은 우리에게 연극을 향해 열려진 그의 연출적 원칙을 보다 잘 이해할 수 있는 기회를 제공해준다.

푸쉬킨의 희곡은 무대에 올려진 러시아 고전의 역사상 가장 만족스럽지 못한 것 중의 하나이다. 러시아 연극에서 고골, 오스트롭스끼, 톨스토이, 고르키의 작품은 멋지게 공연하면서도, 오페라와 발레와는 달리 러시아 연극의 창립자의 한 사람이자 가장 위대한 천재인 푸쉬킨의 희곡으로 가는 열쇠는 아직까지 발견되지 못하고 있다. 박탄고프의 푸쉬킨의 ≪전염병 동안의 축제≫ 공연은 푸쉬킨의 극작품을 성공적으로 무대에 올리기 위한 한 가지 길을 알려준 것이다.

이 작품에서 박탄고프는 다른 희곡이나 실현되지 않은 희곡을 위한 연출 계획에서 볼 수 없는 새로운 메소드, 즉 가장 중요한 부분을 통해 전체를 보여주는 것이라는 형식을 취하고 있다. 일례로, 박탄고프는 연회에서 그들의 얼굴이나 손만을 보여주고자 했다. 이것은 배우의 제스처와 표현 각각을 두드러지게 하였고, 배우의 말에 고상한 반지를 끼워 주는 기능을 했다.

또 다른 흥미 있는 주제는 체홉의 희곡에 대한 박탄고프의 태도이다. 1921년 3월 26일 기록된 공책에는 '진짜 연극적인 의상으로 갈매기를 무대에 올리고 싶다. 체홉이 기록한 그대로' 라고 쓰여 있다. 이것은 무슨 의미인가? 체홉은 가장 자주 공연되는 극작가 중 한 명인 반면, 박탄고프는 당시 놀라운 발견을 기대할 수 있는 연출가였다.

　한편 박탄고프는 체홉만 생각한 것이 아니라 러시아 고전 극작가 전체를 염두에 두고 있었다. 위에서 언급한 기록에는 ≪지부끄≫와 ≪투란도트≫에 앞서 '오스트롭스끼, 고골, 체홉을 무대에 올린다면 얼마나 멋질까! 그냥 앉아 있을 수가 없군. 자리를 박차고 뛰어나가 내 머리 속에 떠오른 것을 만나는 사람마다 말해주고 싶대!'라고 말하고 있다.

　우리는 박탄고프의 활동 중 또 다른 측면, 즉 그의 연기 교수법에 대해서도 언급해야 한다. 비록 그와 오랫동안 작업하지 않았다 할지라도, 그의 학생들에 대한 그의 인간적인 그리고 도덕적인 영향에 대해 언급하지 않을 수 없다. 그는 학생들에게 오래 지속되는 창조성의 획득 방법을 가르쳤고, 그들 마음에 평생토록 남아있을 놀라운 인간적 자질을 심어주었다. 심지어 반세기가 지난 오늘날에도, 박탄고프의 학생 중 어느 누군가와 그에 관한 대화를 나누게 된다면, 마치 그가 살아서 당장이라도 문을 열고 걸어 들어올 것 같은 느낌을 받게 된다. 이것은 배우를 훈련시키는 데 있어, 창조성과 도덕성 모두를 가진 원만한 개인을 만든다는 박탄고프의 원칙이 오늘날에도 여전히 살아 숨쉬기 때문이다.

　다양한 창조적 질문 속에서 메이에르홀드와는 생각을 같이하는 동료가 될 수 있겠다는 생각은, 말년에 박탄고프에게는 아주 큰 기쁨이었다. 그러나 메이에르홀드에 대한 그의 진지한 관심 역시도 자신의 연극적 시스템이 완전히 형성된 이후 발전된 것이다. 1921년 3월 26일 공책에 기록된 내용은 이것을 증명해준다.

오늘 나는 메이에르홀드의 책『연극에 관하여』를 다시 읽고 충격을 받았다. 똑같은 생각, 똑같은 말, 단지 아름답게 표현되어 있을 뿐.

만약 박탄고프의 연출가로서의 발전이 메이에르홀드의 영향 하에서 일어난 것이라면 이런 류의 인정은 불가능했을 것이다.

이후 연극의 발전에 대한 박탄고프의 영향에 대한 질문은 대단히 흥미롭다. 과거의 한 예술가의 중요성에 대한 우리의 이해는 그의 창조적 유산이 가지는 미래의 결과, 특히 동시대인과 후손들에 대한 그의 영향력이다. 박탄고프가 <모스크바 예술극장> 자체에 영향을 미쳤다는 사실에는 의심의 여지가 없다. 네미로비치-단첸코는 '<예술극장>은 박탄고프의 도움으로 앞으로 나갈 수 있었다는 것을 분명히 느낀다'라고 말했다. <예술극장>으로서는 아주 의외의 공연인 ≪열렬한 마음≫은 특히 박탄고프의 스타일과 메소드에 근접한 것이었다.

이것은 <까메르니 극장>의 타이로프의 낙관적인 비극과 아주 유사한 경우이다. 우리에게는 타이로프의 놀라운 공연에 대한 박탄고프의 영향을 뒷받침해 줄 명확한 증거가 없다. 아마 아무런 영향도 끼치지 않았을 수도 있다. 왜냐하면, 타이로프는 자신의 힘만으로도 낙관적인 비극의 기초가 되는 창조적 발견에 도달할 수 있는 충분한 재능을 가진 연출가이기 때문이다. 그러나 우리는 이와 같은 러시아의 연극적 걸작은 박탄고프에 의해 제일 먼저 발견되고, 또 제일 먼저 적용된 원칙들에 의해 무대에 올려 졌다는 것을 분명히 지적하고자 한다.

알렉세이 디키(자신을 여러 가지 측면에서 박탄고프의 추종자로 간주하는 연출가)의 작품 속의 비교는 오늘날 연극에 대한 흥미 있는 자료를 제공한다. 연출가로서 디키는 자신의 작업에서 박탄고프의 유산을 충분히 활용하였다.

우리는 알렉세이 빠뽀프, 유리 자바드스키, 루벤 시모노프의 연출 스타일에서
도 박탄고프의 영향을 들 수 있다.

박탄코프의 유산은 연극 속에서 <예술극장>, 메이에르홀드, 타이로프의
경향과는 구별되는 특정 경향을 대표한다는 사실은 오늘날 무대에 올려지는
많은 작품들 속에서 분명히 드러난다.

러시아 연극과 해외의 수많은 연극에 대한 박탄고프의 영향은 지대하다.
박탄고프의 창조적 유산에 대한 연구는 오늘날 그리고 미래의 연극의 이론 및
실제를 위한 가치 있는 자료가 될 것이다.

박탄고프의 생애와 공연연보

1883. 2. 1	블라디까프까즈(아르조니끼드즈)에서 출생
1893. 8	티플리스 김나지야 예비반 입학
1894. 8	블라디까프까즈 김나지야 입학
1900. 1. 22	김나지야에서 ≪가난은 죄가 아니다≫에서 뻴라기 에고로브나 역
1902. 1. 3	김나지야에서 뻬초린-짠제르의 ≪인생의 여백≫에서 쩨이흐 역
1903. 5	블라지까프까즈 김나지야 졸업
1903. 9	모스크바 대학교 자연과학부 입학
1904. 9	모스크바 대학교 법학부로 전과
1905.	N. 바이쭈로바와 결혼
1906.	블라디까프까즈, 끼즈랴르, 마즈독, 그로즈니에서 학생연극 조직
1907.	대학재학시절 학생연극단체에 가입(모스크바)
1908-1910	스콜렌스코, 뱌짐, 시체프끄, 그쟈뜨스끄 등에 학생연극조직(모스크바)
1909. 8	<아다쉐프 드라마학교>입학
1910-1911	<레잔극장>(파리)에서 술레르쥐쯔끼 지도 하에 ≪파랑새≫에서 사하르 역

1911. 3. 12   <아다쉐프> 졸업

1911. 3. 15   <므하뜨>(모스크바 예술극장)의 연구원

1911. 9. 3   <할류찌나 드라마학교>에서 연기교육자

1911. 9.   톨스토이의 ≪산 송장≫에서 집시 역(므하뜨)

1911-1912   므하뜨에서 학생배우 강의

1912. 5   <아다쉐프>졸업생과 배우 겸 연출 작업

1912. 9   ≪파랑새≫에서 사하르 역(므하뜨)

1913. 9. 15   하우프트만의 ≪대홍수≫로 첫 연출(제 1 므하뜨 스튜디오>

1914. 3. 26   <박탄고프 학생 연극 스튜디오>에서 첫 연출 : 자이쩨프의
                  ≪라닌가의 정원≫

1914. 11. 24   디킨스의 ≪난로위의 귀뚜라미≫에서 테클톤 역(제 1 스튜디
                  오)

1915.   <학생연극 스튜디오>에서 연기파티

1915. 12. 14   베르게르의 ≪대홍수≫에서 프레겔 역 및 연출(제 1 스튜디
                  오)

1916. 1. 25   게이에르만스의 ≪희망의 죽음≫에서 단치에 역(제 1 스튜디
                  오)

1916.   <학생연극 스튜디오>에서 두 번째 연기파티

1917.   <학생연극 스튜디오>를 <드라마 스튜디오>로 개명(박탄고프
                  책임), <박탄고프 스튜디오>에서 세 번째 연기파티

1918. 4. 13   입센의 ≪로스메르숄롬≫에서 브렌겔 역 및 연출(제 1 스튜디
                  오)

1918. 9. 15   메테를링크의 ≪성 안토니오의 기적≫ 연출(박탄고프 스튜디
                  오)

1918.   가비마에서 <학생 연극의 밤> 연출, 까멘느이 모스트에서 소

련 연방 교육부의 연극과 위임 하에 국민 연극 조직

1918-1919   <만수로프스까야 스튜디오> 책임자, <군스트 스튜디오> 책임자

1919.   베르게르의 ≪대홍수≫ 연출(박탄고프 스튜디오), <제2 므하뜨 스튜디오>에서 작업, 세익스피어의 ≪12야≫에서 광대 역 (제 1 스튜디오), <아르만스끄 드라마 스튜디오>에서 작업

1920.   A. 체홉의 ≪결혼피로연≫ 연출(박탄고프 스튜디오), <박탄고프 드라마 스튜디오>를 <제 3 므하뜨 스튜디오>로 개명

1921. 1. 29   ≪성 안토니오의 기적≫ 두 번째 제작공연(제 3 스튜디오)

1921. 3. 29   스트린드베르히의 ≪에릭 14세≫ 연출(제 1 스튜디오)

1921. 4. 7   므하뜨와 <제 1 스튜디오>에서 박탄고프의 10주년 작업 축하 행사

1921. 11. 13   <제 3 스튜디오> 극장 개관(아르바트 26번가), ≪성 안토니오의 기적≫ 축하공연

1922. 1. 31   안 스끼의 ≪가 - 지부끄≫ 연출(가비마 극단)

1922. 2. 28   ≪투란도트 공주≫ 초연

1922. 5. 31   <노보게비치> 사원에 묘장

주석

들어가며

1) 김석만 편저, 『스타니슬라브스키 연극론』, 이론과 실천, 1993, 223-238쪽

   J.L 스타이안, 윤광진 역, 『표현주의 연극과 서사극』, 현암사, 1988, 96-100쪽

   M. 크로이든, 송혜숙 역, 『20세기 실험극』, 송혜숙역, 63-66쪽

   오스카 G. 브로케트, 김윤철 역, 『연극개론』, 한신문화사, 1988, 475-476쪽

   심우성, 실험연극, 『동문선』, 1989, 57-62쪽

2) 1914년 10월 23일, <제 3 스튜디오>의 책임자였던 박탄고프에 의해 설립되었다. 1939년 박탄고프의 제자인 슈킨의 이름을 빌어 <슈킨 연극대학교>로 개명되었다. 현재 모스크바 시내의 노브이 아르바뜨와 스타르이 아르바뜨 사이에 위치하고 있다.

3) 1878년 피아니스트 쇼스타콥스키가 <통근생을 위한 음악학교>를 설립한 것이 계기가 되어 1886년 숨바또프의 지도아래 배우수업을 시작하였다. 1891년 네미로비치-단첸코가 자신의 <음악극 스튜디오>를 데리고 합류하였고, 1918년 <국립 음악극 대학교>로 명칭이 바뀌었다. 1922년 메이에르홀드가 자신의 스튜디오를 데리고 합류하였으며, 마침내 1934년 스타니슬랍스키와 네미로비치-단첸코의 지도 아래 <기티스(GITIS)>로 교명이 바뀌어 현재까지 이르고 있다.

4) Moore.Sonia, The Stanislavsky System, New York:Viking Press, 1965, 85쪽

5) Ф.Ф 까미사르쒜쁘스끼(1882-1954):러시아의 연출가, 연기교육자이자 연극평론가. 러시아의 여배우 B.Ф 까미사르쒜쁘스끼의 오빠이기도 하다

6) 나상만, 『스타니슬랍스키, 어떻게 볼 것인가?』, 예니, 1996, 32쪽

7) 홍해성, 「무대 배우술」, 동국대학교 연극학보 제 12집, 13집, 1979, 1981, 107-120쪽, 141-154쪽

8) Л.А 술레르쥐쯔끼(1872-1916):러시아의 문학가, 미술가, 연출가. 그는 톨스토이 사상의 지지자이었으며 1890년 고리끼와 A.체홉을 통해 MXT(모스크바 예술극장)에 들어간다. 1907년에 안드레예프의 <사람의 일생>을 연출했고, 1911년에는 <햄릿>을 연출했다. 이후에 그는 스타니

슬랍스키, 네미로비치-단첸코와 함께 <제 1 스튜디오>를 조직하는데 참여하였고 연기교육자로
활동하여 박탄고프를 만나게 된다.

9) 홍해성, 「무대예술과 배우, 동아일보」, 1931.9.3

10) 앞의 글

11) P.B 볼레슬랍스끼(1887-1937): 러시아의 배우이자 연출가. 1908-1918년에 므하뜨에서 배우로
활동하여 <제 1 스튜디오>에 참여했다. 1920년에 폴란드와 미국에서 살며 스타니슬랍스키 시
스템을 전파했다. 저서로는 *Acting, the first six lesson*가 있다.

제1부 삶의 진실과 연극의 진실

1) Мейерхолд В. Памяти вождя - "Эрмтаж", 1922, No.4, 7-11июня.

2) Ю. С 자바드스끼(1874-1977): 러시아의 배우, 연출가이자 연기교육자. 1915년에 <박탄고프 스
튜디오>에 입학하여 무대미술가로 시작하여 이후에 배우와 연출가로 활동했다. 1924-1931년에
므하뜨에서 배우로도 활동했다.

3) Смирнов - Несвцкий Ю.А. Трагический спектакль Вахтангов. // Евгени
й Вахтангов <Сборник / сост., Ред., коммент. Л.Д. вендровская, Г.П. Капт
рева> - М:Всерос. Театр. о-во, 1984, с.521-550, с.523.

4) "Веседы о Вахтангве". Записаны Х.Н. Херсонским. М.-Л: ВТО, 1940, с.12.

5) Евгений Вахтангов <Сборник / Сост., ред., авт. коммент. Л.Д, Вендровска
я, Г.П. Капт рева> - М: Всерос. Театр. о-во, 1984, с.385.

6) М. А 체홉(1891-1955): 러시아의 배우이자 연출가인 동시에 연기교육자. 므하뜨에 입학하여 2
년간 <제 1 스튜디오>와 므하뜨에서 연기를 공부했다. 그때 스타니슬랍스키, 술레르쥐쯔끼 그
리고 박탄고프에게 가르침을 받았다. 1919-1922년에 자신의 <체홉 스튜디오>를 설립하여 현
대적 배우기술을 위하여 실험 작업을 했다. 1928년 러시아를 떠나 파리, 프라하, 뉴욕등에서 활
동했다. 그의 제자로는 로저스, 그레고리 팩, 율브리너너 등이 있다. 저서로는 『배우의 기술에
관하여』가 있다.

7) Н. Д 볼꼬프(1894-1965): 러시아의 연극비평가이자 극작가

8) М. С 쉐쁘낀(1788-1863): 러시아의 배우. 러시아의 사실주의 연기의 창시자이었으며 스타니슬
랍스키의 시스템에 큰 영향을 준 배우이었다.

9) 5)와 동일

10) Зограф Н. Вахтангов. М.-Л: Искусство, 1939.

11) П. А 마르꼬프(1897-1980) : 러시아의 연극 비평가이자 연출가. 1921년에 모스크바 국립대학교

역사 인문학부를 졸업하여 1923-24년에는 <제 3 스튜디오>에서 연출가로, 1933-34년에는 <네미로비치-단첸코 음악극단>에서 활동했다.

12) Марков. П. Из лекции о Вахтангове. Марков П. О театре. в 4-х томах. Том 1. Из Истории руского и советского театра. М.: Искусство, 1974, с.418-426, с.422.

제1장 세 명의 연극 예술가로부터: 술레르쥐쯔끼 − 스타니슬랍스키 − 네미로비치-단첸코

1) Станиславский К.С. Собрание сочнений в 8-ми томах. М.:Искуство, 1955-1961, т.5, с.537

2) Сулержицкий А.Л. Повести и рассказы. Статьи и́ заметки о театре Переп иска. Воспоминания о Л.А.Сулержицком. М.:Искусство, 1970,с.375.

3) 앞의 책, 381쪽

4) 3)과 동일

5) Протоколы уроков Е.Б. Вахтангова в Студенческой драматической студи и(1914-1917). 4 марта 1917 г. // Вахтангов Е. Записки. Письма. Статьи. М.-Л:И скусство, 1939, с.287-324, с.317

6) Марков П. О театре, т.1, с.378.

7) П. А 안따꼴스끼(1896-1978) : 러시아의 시인아자 연출가. 1915년에 박탄고프의 <만수로프스까야 스튜디오>에서 배우로 활동했다.

8) Антокольский П. Е.Б Вахтангов (из воспоминаний) - "Вахтанговец", М, 1936, 29 мая.

9) Евгений Вахтангов, с.306-307

10) 앞의 책, 139쪽

11) 앞의 책, 307쪽

12) Станиспавский К.С. Собрание соч., т.1, с.136.

13) 앞의 책, 5권, 497쪽

14) Марков П. О теате. т.1, с.351.

15) Евгений Вахтангов, с.428, 295.

제2장 연극세계의 형성기: 〈제 1(므하뜨) 스튜디오〉

1) Соболев Ю. "День Вахтангов" - "Театр и музыка", 1922, №10,5 декабря,

с.160-163, с.161.

2) Геронский П. После смерти Вахтангов. - “Театр и студия”, М., 1922, №. 1-2, с.23.

3) Марков П. О театре, с.409.

4) 3)과 동일

5) 이 공연은 <제 1 스튜디오> 개관 기념일인 1913년 11월 15일에 첫 공연되었다. 그러나 이 공연은 박탄고프가 이미 1904년 8월 15일에 그로즈니이에서 연출한 바 있다.

6) 이 스튜디오는 후에 <만수로프스까야 스튜디오>로 개명되었다.

7) Евгений Вахтангов, с.155.

8) С. Г 비르만(1890-1976) : 러시아의 여배우이자 연출가. <아다쉐프 연극학교>를 졸업하여 1911-1913년에 므하뜨와 <제 1 스튜디오>에서 배우로 활동했다. 1924-1936년에는 <제 2 스튜디오>에서 활동했다.

9) Явлоновский Сергей . Студия Художественного театра. “Прозник мира”. - “Русское слово”, 1913, 16 ноября.

10) Гуревич Любовь. Студия Художественного театра. “Празник мира” Г.Гаупт мана. - “Речь”, 1914, 17 апреля.

11) Глаголь Сергей . Студия Художественного театра. “Празник мира. - ” Сто личная молва, 1913, 22 ноября.

12) Вахтангов Евг. Материалы и статьи, с.25.

13) Евгений Вахтангов, с.131.

14) “Беседы о Вахтонгове”, с.55.

15) Протоколы репитиций “Усадьбы Ланиньх” Б. Зай цева в Студенческой драматической студии (1913-1914). // Вахтангов Е.Записки. Письма. Стать и. М.-Л.:Искусство, 1939, с.265-277, с269.

16) Дикий А.Повесть о театральной юности. М:Искусство, 1957, с.257-260

17) Симонов Р. С Вахтанговьм. М:Искусство, 1959, с.148.

18) Евгений Вахтангов, с.334.

19) 앞의 책, 362쪽

20) Смирова Н.И. Евгений Богратионович Вахтангов. М:Знание, 1982, с.23.

21) Чехов М. Литературное наследие. Воспомипания. Письма в двух томах. т.2. м.:Искусство, 1995, с.372.

22) B. 꼬끌랭(1841-1909) : 프랑스의 배우. 1859년에 <파리 콘세르바토리>에서 수학하여 1886년에 <코메디 프랑세스>를 창단하였으며 러시아와 미국으로 순회공연을 했다. 대표적 저서로는 『예술과 배우』(1880), 『배우예술』(1886) 등이 있다.

23) Коклен-старший . Искусство актера. М.-Л:Искусство, 1937, с.67.

24) Соболев Ю. "День Вахтангова", с.162.

25) "Веседы о Вахтангове", с.142-143.

26) Попов А.Д. Творческое наследие. М:1979, с.118-119.

27) Волков Н. О "Турандот". - "Театральное обозрение", М., 1921, No5, с.5-6, с.6.

28) Прокофьев В. В спорах о Станиславском. 2-е изд. М:Искусство, 1976, с.225.

29) Евгений Вахтангов, с.333.

30) 앞의 책, 333쪽

31) A. Я 따이로프(1885-1950): 러시아의 연출가. 1914년에 <까메르 극장>을 창단하여 20세기 러시아의 개혁적인 작품을 주도한 연출가 중 한명이었다. 비평가들은 그의 공연을 '네오리얼리즘' 이라고 평한다. 1930년에 러시아에서는 처음으로 브레히트의 『거지 오페라』를 공연하였다.

32) 29)의 책, 334쪽

33) Бескин Э. "Потоп" - "Раннее утро", No.288, с.195.

34) Львов Я. Студия Художественного театра - "Новости сезона", No.3170, 15 декабря 1915г.

35) "Веседы о Вахтангове", с.45.

36) Евгений Вахтангов, с.472.

37) 앞의 책, 167쪽

38) 앞의 책, 341쪽

39) Анненков Ю. Единственная точка зрения. - "жизнь искусство", 1921, No.752-754, 15-17 июня.

40) Херсонский Х. Сто спектакей "Эрика 14". - "Известия", М., 1923, 21 октября.

41) Соболев Ю. Первая студия МХТ. "Эрик 14" - "Вестник театра", 1921, 6 апреля.

42) Чужой Федор. Московские письма. "Эрик 14" ≪Первая студия Московского Художественного театра≫- "Жизнь искусство", 1921, 11-13 мая.

43) 41)과 동일

44) Чужой Федор. Московские письма. "Эрик 14" ≪Первая студия Московского

Художественного театра≫.

45) Херсонский Х. Сто спектаклей "Эрик 14".

제3장 연극세계의 발전기: 〈제 3(므하뜨) 스튜디오〉

1) Протоколы уроков Е.Б. Вахтангова в Студенческой драматической студи
и(1914-1917). 17 сентября 1916г. (обсуждение пьесы "Чудосвятого Антония").
// Вахтангов Е. Запи   ски. Письма. Статьи. М-Л.:Искуссто, 1939, с.287-324,
с.304, 305.

2) 1)과 동일

3) Тугенхольд Я. Возрождение Метерлинка - "ЭКРАН", 1921, No9, 22-24 ноября.

4) Филатова Н.А. Евгений Вахтангов. Опыты театральной педагогиги. Вла
дивосток: Издательство Дальневосточного университета 1990, с.78.

5) 4)와 동일

6) Яхонтов В. Театр одного актера. М.:Искусство, 1958, с.77.

7) Гуревич Любовь. "Чудо святого Антония" - "Театральное обозрение", М.,
1921, No3, 11 декабря, с.6-7, с.6.

8) Р. Н 시모노프(1899-1968) : 러시아의 배우이자 연출가. 1920년에 <제 3 스튜디오>에 입학하였
다. 1928-1937년에 <제 3 스튜디오>의 연기, 연출지도교수로 활동하였다.

9) Горчаков Н. Режиссерские уроки Вахтангова. М.:Искуссто, 1957, с.30.

10) Завадский Ю. Учителя и ученики, с.78.

11) "Веседы о Вахтангове", с.167.

제2부 삼위일체론(스튜디오 – 학교 – 극장)
제1장 예술혼의 공간: '스튜디오'

1) Евгений Вахтангов Сборник / Сост., ред., о-во, 1984, с.296-297.

2) 앞의 책, 401쪽

3) 앞의 책, 359쪽, 239쪽

4) Антокольский П. Вахтангов. - "Театр", м.,1971, No10, стр.59-72, с.71.

5) "Веседы о Вахтангове". Записаны Х.Н. Херсонским. М.-Л.:ВТО, 1940, с.180.

6) Завадский Ю. Учителя и ученики. М.:Искусство, 1975, с.72.

7) Евгений Вахтангов, с.88, 100-101.

8) 7)과 동일

9) 앞의 책, 188쪽

10) 앞의 책, 250쪽

11) 앞의 책, 477쪽

12) 앞의 책, 257-258쪽

제2장 '시스템'의 교육장: '학교'

1) Евгений Вахтангов, с.250.

2) Конспекты лекций Е.Б. Вахтангова в Студенческой драматической сту
дий , составленные учениками(1914 г.). 10 октября 1914 г. лекция 1-ая. // Ва
хтангов Е. Записки. Письм а. Статьи. М.-Л:Искусство, 1939, с.277-287, с.274.

3) Евгений Вахтангов, с.274.

4) 앞의 책, 275쪽

5) В. И 까차로프(1875-1948): 러시아의 배우. 1900년 이전에 뻬쩨르부르끄에서 배우로 활동하다
가 이후에 므하뜨에 입단하여 스타니슬랍스키와 네미로비치-단첸코의 영향 하에 새로운 배우
로 태어났다. 1936년에 소비에트 연방 국민배우가 되었다.

6) Конспекты лекций Е.Б. Вахтангова в Студенческой драматической сту
дий , составпенн ые учениками(1914 г.). 10 октября 1914 г. лекция 1-ая. //
Вахтангов Е. Записки. Письм а. Статьи. М.-Л:Искусство, 1939, с.277-287, с.279.

7) 6)과 동일

8) Вахтангов Евг. Материалы и статьи. М:ВТО, 1959, с.378-379.

9) Конспекты лекций Е.Б. Вахтангова в Студенческой драматической сту
дий , составпенн ые учениками(1914 г.). 16 октября 1914 г. лекция 3-ая: "Вер
а, Наивность и оправдание". // Вахтангов Е. Записки. Письма. Статьи. М.-
Л:Искусство, 1939, с.277-287, с.281.

10) 에튜드(etude) : 즉흥상황극, 연습극 등으로 번역될 수 있다. 에튜드의 종류로는 1인, 2인, 침묵,
무리 에튜드 등이 있다. 러시아의 연극대학교에서는 연기실습시간에 에튜드를 도구로 무대적
행동을 찾아가도록 학생배우에게 요구하고 있다.

11) Чехов М. Литературное наследие. Воспоминания. Письма. В двух томах. 1.
М:Искусс тво, с.150.

12) Евгений Вахтангов, с.154.

13) Горчаков Н. Режиссерские уроки вахтангова, с.189.

14) "Веседы о Вахтангове", с.32.

15) Конспекты лекций Е.Б. Вахтангова в Студенческой драматической сту
дий , составленные учениками(1914 г.). 23 октября 1914 г. лекция 5-ая: "Зада
ча". // Вахтангов Е. Зап иски. Письма. Статьи. М.-Л:Искусство, 1939,
с.277-287, с.282.

16) Горчаков Н. Режиссерские уроки Вахтангова, с.17.

17) Конспекты лекций Е.Б. Вахтангова в Студенческой драматической сту
дий , составленные учениками(1914 г.). 23 октября 1914 г. лекция 5-ая: "Зада
ча", с.283.

18) 앞의 책, 282쪽

19) Конспекты лекций Е.Б. Вахтангова в Студенческой драматической сту
дий , составленные учениками(1914 г.). 27 октября 1914 г. лекция 6-ая: "Афф
ективная память". // Вахтангов Е. Записки. Письма. Статьи. М.-Л:Искусст
во, 1939, с.277-287, с.284.

20) Протоколы репетиций "Усадьвы Ланиньх" Б. Зай цева в Студенческой
драматическо   й студий (1913-1914). 23 декабря 1913 г. // Вахтангов Е. Зап
иски. Письма. Статьи. М.-Л:Искусство, 1939, с.265-277, с.266.

21) Евгений Вахтангов, с.228,227.

22) Конспекты лекций Е.Б. Вахтангова в Студенческой драматической сту
дий , составленные учениками(1914 г.). 31 октября 1914 г. лекция 8-ая: "Обш
ение". // Вахтангов Е. З аписки. Письма. Статьи. М.-Л:Искусство, 1939,
с.277-287, с.286.

23) "Веседы о Вахтангове", с.69-70.

24) Протоколы репетиций "Усадьвы Ланиньх" Б. Зай цева в Студенческой
драматическо й студий (1913-1914). 23 декабря 1913 г., с.266.

25) T. 살비니(1829-1915) : 이태리의 배우. 그의 배우 연기술은 스타니슬랍스키가 배우교육의 시스
템을 정립하는 데 큰 영향을 주었다.

26) "Веседы о Вахтангове", с.64.

27) Евгений Вахтангов, с.266.

28) Горчаков Н. Режиссерские уроки Вахтангова, с.32.

29) Евгений Вахтангов, с.282.

30) 앞의 책, 335쪽

31) 앞의 책, 277쪽

32) Горчаков Н. Режиссерские уроки Вахтангова, с.138.

33) Евгений Вахтангов, с.177.

제3장 창조적 공간: '극장'

1) Евгений Вахтангов, с.301.

2) 앞의 책, 175쪽

3) 앞의 책, 177쪽

4) 3)과 동일

5) 3)과 동일

6) "Веседы о Вахтангове", с.96.

7) Протоколы уроков Е.Б. Вахтангова в Студенческой драматической студи
и(1914-1917). 23 января 1917 г. // Вахтангов Е. Записки. Письма. Статьи. М.-Л:
Искусство, 1939, с.287-324, с.313.

8) "Веседы о Вахтангове", с.193.

9) Протоколы уроков Е.Б. Вахтангова в Студенческой драматической студи
и(1914-1917). 25 сентября 1916 г. (обсуждение пьесы "Чудо святого Антония")
// Вахтангов Е. Записки. Письма. Статьи. М.-Л:Искусство, 1939, с.287-324,
с.306.

10) И.М 라빠쁘르뜨(1901-1970) : 러시아의 배우이자 연출가. 1918년 <살라삔 스튜디오> 설립자
중 한명이었으며, 1924년부터 <제 3 스튜디오>에서 활동하였다.

11) Евгений Вахтангов, с.324.

12) Горчаков Н. Режиссерские уроки Вахтангова, с.14.

13) Игумнова Т.С. История одной мечты // Творчество. Харьков. 1919. ч.2, с.21.

14) Горчаков Н. Режиссерские уроки Вахтангова, с.146.

15) "Веседы о Вахтангове", с.140.

16) Евгений Вахтангов, с.62-63.

17) Гиацинтова С. С памятью наедине. М:Искусство, 1985, с.125.

18) Филатова Н.А. Евгений Вахтангов. Опыты театральной педагогики. Вла

дивоствск: Издательство Дальневосточного университета, 1990, с.78.

19) Вахтангов Евг. Материалы и статьи, с.391.

20) Б.Е 자하바(1896-1976) : 러시아의 배우이자 연출가, 연기교육자. 1913년에 박탄고프의 <드라마 학생 스튜디오>에 입학하였다. 1923-1925년에 <박탄고프 극장>과 <메이에르홀드 극장>에서 동시에 배우로 활동하였다. 저서로는 『박탄고프와 그의 스튜디오』(1927)가 있다.

21) Чехов М. Литературное наследие. Воспоминания. Письма. том 1, с.75.

22) "Веседы о Вахтангове", с.152.

23) Антокольский П. Е.Б. Вахтангов (из воспоминаний) - "Вахтанковец", 1936, 29 мая

24) Протоколы репетиций "Усадьвы Ланиньх" Б. Зай цева в Студенческой драматической студий (1913-1914). 5 января 1914 г. // Вахтангов Е. Записки. Письма. Статьи. М.- Л:Искусство, 1939, с.265-277, с.267.

25) Евгений Вахтангов, с.150.

26) 앞의 책, 150쪽

27) Волконский С. Человек на сцене. Спб.:Аполлон, 1912, с.168.

28) Захова Б. Е. Вахтангов и его студия. 2-ое изд. л.:Академия, 1930, с.42.

29) Соболев Ю. "День Вахтангова" - "Театр и музыка", No.10, 5 декабря, с.160-163, с.161.

30) Протоколы уроков Е.Б. Вахтангова в Студенческой драматической студии(1914-1917). 2 мая 1917 г. // Вахтангов Е. Записки. Письма. Статьи. М.-Л:Искусство, 1939, с.287-324, с.320.

31) Евгений Вахтангов, с.276.

32) 앞의 책, 168쪽

33) 32)와 동일

34) Горчаков Н. Режиссерские уроки Вахтангова, с.84.

제3부 환상적 사실주의(Fantastic Realism)

제1장 내적 체험과 가장(假裝)으로서의 연극성: '환상적 사실주의'

1) Конспекты Е.Б. Вахтангова в Студенческой драматической студий , составленные учениками(1914 г.). 10 октября 1914 г. лекция 1-ая. // Вахтангов Е. Записки. Письма. Статьи. М.-Л: Искусство, 1939, с.277-287, с.277-278.

2) Евгений Вахтангов Сборник / Сост., авт. коммент. Л.Д. Вендровская, Г.П. Каптерева- М.:Всерос. театр. о-во, 1984, с.435.

3) Протоколы уроков Е.Б. Вахтангова в Студенческой драматической студи и(1914-1917). (На репетиции “Чудо”) 9 марта 1917 г. // Вахтангов Е. Записки. Письма. Статьи. М.-Л.:Искусство, 1939, с.287-324, с.318.

4) Н.Н 에브레미노프(1879-1953): 러시아의 극작가이자 연출가, 연극평론가

5) Евгений Вахтангов, с.158.

6) 앞의 책, 433쪽

7) 앞의 책, 430쪽

8) 앞의 책, 437쪽

9) Смирнова Н.И. Евгений Богратионович Вахтангов. М.:Знание, 1982 с.36.

10) Блок В. Новаторство Е. Вахтангова. // Эстетические взгляды художников социалистической культуры. М.: Наука, 1985 с.37-70, с.67.

11) Евгений Вахтангов, с.432.

12) Горчаков Н. Режиссерские уроки Вахтангова. М.: Искусство, 1957, с.177.

13) Мейерхольд В.Э. Статьи. Письма. Речь. Беседы. Часть первая(1891-1917). М.: Искусство, 1968, с.226,227.

14) Горчаков Н. Режиссерские уроки Вахтангова, с.41.

15) Евгений Вахтангов, с.333.

16) Станиславский К.С. Собрание сочинений в 8-ми томах. М.: Искусство, 1955-1961, т.6, с.255,256.

17) 16)과 동일

18) Гусман Борис. “Принцесса Турандот” в третьей студии МХАТ - “Кооперат ивное дело”, 1922, 5 марта.

19) Евгений Вахтангов, с.435.

제2장 의식(儀式)과 조형술로서의 연극성: ≪가-지부끄≫

1) Горький М. Вахтангов в театре “Габима”. - “Театр и музыка”, No.1-7, 1922, 14 нояб ря, с.9-10, с.9.

2) Описано по: Херсонский Х. Вахтангов. М.:Молодая гвардия, 1940, с.242-244.

3) Кугель А. Случай ные заметки. ‖. - “Театр и музыка”, М, 1923, No.25, с.838.

4) Евгений Вахтангов, с.389.

5) 앞의 책, 435쪽

6) “Веседы о Вахтангове”. Записаны Х.Н. Херсонским. М.-Л.:ВТО, 1940, с.158.

7) Сулержицкий Л.А. Повести и рассказы. Статьи и заметки о театре. Переп
иска. Воспоминания о Л.А. Супержицком. М:Искусство, 1970, с.352.

8) Марголин С. “Агибук” Ан-ского в студии “Габима” - “Экран”, 1921, №10,
25-27 ноября.

9) Чехов М. Литературное наследие. Воспоминания. Письма. Том 1. М:Искусст
во, 1995, с.142.

10) 9)와 동일

11) Евгений Вахтангов, с.390.

12) 앞의 책, 391쪽

13) “Веседы о Вахтангове”, с.132.

14) Херсонский Х. Вахтангов, с.252.

15) Евгений Вахтангов, с.396.

16) 15)와 동일

17) 15)와 동일

18) “Веседы о Вахтангове”, с.150.

19) Кугель А. Случай ные заметки. ‖, с.839-840.

20) Смирнов-Несвицкий Ю.А. Революционная театральность Вахтангова. // П
роблемы Теории и практики русской советской режиссуры, 1917-1925: Сбор
ник статей . Л, 1978, с.102-123, с.115.

21) “Веседы о Вахтангове”, с.144.

22) 앞의 책, 150쪽

23) Евгений Вахтангов, с.539.

24) Смирнов-Несвицкий Ю.А. Революционная театральность Вахтангова, с.116.

25) 24)와 동일

26) Загорский М. “Гадибук” (Студия “Габима”). - “Театральная Москва”, 1922,
№25, 31 января, - 5 февраля, с.12.

27) Рут Б. “Гадибук” в “Габима” - “Правда”, 1922, 19 февраля, №40, с.4.

28) Горький М. Вахтангов в театре “Габима”, с.9-10.

29) Тальников Д. Песнь торжествующей любви. // Театр и музыка, 1923, №29.

제3장 삶의 진실과 연극적 진실로서의 연극성: ≪투란도트 공주≫

1) Соболев Ю. Игра в театр. Вахтангов и "Принцесса Трандот" - "Театр и муз ыка", 1922, 21 ноября, с.56-58, с.57.

2) 1)과 동일

3) Волков Н. О "Турандот". - "Театральное обозрение", М, 1921, No.5, с.5-6, с.5.

4) 겨울에 배우학교 학생들이 연극을 마친 후 여는 작은 야외파티

5) Вескин Э. "Турандот" на Арбате. - "Театральная Москва", 1922, No.30, с.8-10, с9.

6) Вахтангов Евг. Материалы и статьи. М.: ВТО, 1959, с.325.

7) "Веседы о Вахтангове", с.51.

8) Мацкин А. Вахтангов: "Турандот" старая и новая. // Мацкин А. Портреты и наблюде ния. М.:Искусство, 1973, с.348-354.

9) Садко. "Принцесса Турандот" в Третьей студии МХАТ - "Известия ВЦИК", 1922, 8 марта.

10) Волков Н. О "Турандот", с.5.

11) Церетелли - актер Камерного театра Таирова:Бескин Э "Турандот" на Арб ате, с.9.

12) О.Б. Письмо о "Турандот", - "Театральная Москва" 1922, №30, с.10-11, с.11.

13) Зограф Н. Вахтангов. М-Л:Искусство, 1939, с.144.

14) Садко. "Принцесса Турандот" в Третьей студии МХАТ.

15) 박탄고프는 공연들을 특별히 레파토리로 만들 생각은 없었지만, 최초의 레파토리로 선정된 공연은 ≪평화의 축제≫이었으며, 그리고 ≪로스메르솔롬≫은 므하뜨에서 공연된 후 몇 년 뒤에 지속적으로 공연되었다. 또한 ≪성 안토니오의 기적≫은 1916년 6월에 순회공연을 하였는데, 그러나 이 공연은 1906년 여름 메이에르홀드에 의해 뽈짜프에 있는 <새로운 드라마를 위한 동지모임>이라는 곳과 <까미사르쮀프스끼 극장>에서 순회공연으로 선택된 것이다.

16) Смирнов-Несвицкий Ю.А. Революционная театральность Вахтангова, с.119-120.

17) Фрид С. Турандот (к 100-му представлению). - "Театр и музыка", 1922, 21 но ября, с.58-59, с.59.

18) Г.А 톱스따노고프(1915-): 러시아의 연출가, 국민예술가. 1938년에 기티스에서 연출강의를 하였으며, 1950-1956년에 <레닌그라드 꼼사몰 극장>에서 수석연출가로 활동하였다. 저서로는 『연출적 사상』(1960)이 있다.

19) Евгений Вахтангов, с.555.

20) Горчаков Н. Режиссерские уроки Вахтангова, с.119.

21) Завадский Ю. Учителя и ученики. М.:Искусство, 1975, с.200.

22) Марков П. Из лекции о Вахтангове. // Марков П. О театре. В 4-х томах. Том 1. Из истории русского и советского театра. М.:Искусство, 1974, с.418-426, с.424.

23) Горчаков Н. Режиссерские уроки Вахтангова, с.97.

24) Новицкий П. Современные театральные системы. М.:1933, с.145.

25) Вахтангов Е. Материалы и статьи, с.325.

26) Евгений Вахтангов, с.425.

27) “Веседы о Вахтангове”, с.71.

28) 26)과 동일

29) Митиславский С. Новое и старое. - “Экран”, М., 1922, No.24-25, 14-20 марта, с.5.

30) Горчаков Н. Режиссерские уроки Вахтангова, с.113.

31) Волков Н. О “Турандот”, с.5.

32) Донинов морис. Вахтангов и театр современности. - “Экран”, М., 1922, No.24-25, 14-20 марта, с.5-6, с.5.

33) “Принцесса Турандот” К. Гоцци в постановке 3-й студии МХАТ имени Евг. Вахтангова. М, 1923, с.16.

34) Симонов Р. С Вахтанговым М.:Искусство,1959, с.132.

35) Горчаков Н. Режиссерские уроки Вахтангова, с.140.

36) 앞의 책, 127쪽

37) 앞의 책, 136쪽

38) 앞의 책, 137쪽

39) 37)과 동일

40) 앞의 책, 167쪽

41) 앞의 책, 169쪽

42) 앞의 책, 171쪽

43) Евгений Вахтангов, с.369-371.

44) Марголин С. Неизданные материалы о Евгений Вахтангове. - “Жизнь иск усство”, 1926, №35, с.3-4, с.3.

45) Евгений Вахтангов, с.335.

나가며

1) Е.Б. Вахтангов в оценке современников - “Театральная Москва”, 1922, №43, 7-11 июня, с.6.

2) Евгений Вахтангов Сборник / Сост., ред., авт. коммент. Л.Д. Вендровская, Г.П. Каптерева - М: Всерос. театр. о-во, 1984, с.159.

3) Станиславский К.С. Собрание сочинений в 8-ми томах. М:Искусство, 1955-1961, т.6, с.252.

4) “Веседы о Вахтангове”. Записаны Х.Н. Херсонским. М.-Л.:ВТО, 1940 с.103.

5) Евгений Вахтангов, с.494.

6) Роллан Р. Собрание сочинений в 14 томах. М:ГИХЛ, 1956, т.14, с.234.

7) Евгений Вахтангов, с.443.

8) 앞의 책, 436쪽

9) Марков П. О театре. В 4-х томах. том 1. Из истории русского и советского театра. М:Искусство, 1974, с.393.

10) Завадский Ю. Учителя и ученики. М:Искусство, 1975, с.73.

참고문헌

● 러시아아어본

1. Абалкин Н. О творческом методе К.С. Станиславского. - М.:Знание, 1952.

2. Абалкин Н. Система Станиславского и советский театр. М., 1950.

3. Алперс Б.В. Искания новое сцены. М.:Искусство, 1985.

4. Анненков Ю. Единственная точка зрения. - "Жизнь искусство". 1921, №752-754, 15-17 июня

5. Антаровна Н.М. Беседы К.С. Станиславского. М.:Искусство, 1952.

6. Антокольский П. Е.Б. Вахтангов. - "Театр" М., 1971, №10, стр.59-72.

7. Антокольский П. Е.Б. Вахтангов (из воспоминаний) - "Вахтанговец", М., 1936, 29мая.

8. "Веседы о Вахтангове". Записаны Х.Н. Херсонским. М.-Л:ВТО, 1940.

9. Бескин Э. "Потоп" - "Раннее утро", №288, с.195.

10. Бескин Э. "Турандот" на Арбате. - "Театральная Москва", 1922, №. 30, с.8-10.

11. Бирман С. Пусть актрисы. М.:ВТО, 1959.

12. Блок В. Новаторство Е. Вахтангова. // Эстетические взгляды ху

дожников социалистич   еской культуры. М.:Наука, 1985 с.37-70.

13. Евгений Вахтангов ≪Сборник / Сост., авт. коммент. Л.Д. Вендр
    овская, Г.П. Каптерев а≫- М.:Всерос. театр. о-во, 1984.

14. Вахтангов Евг. Материалы и статьи. М.:ВТО, 1959.

15. Вахтанговские чтения ≪31 мая 1988 г.≫: Стенограмма. М.: б. И.,
    1988.

16. Волков Н. Вахтангов. М.:Корабль, 1922.

17. Волков Н. О "Турандот". - "Театральное обозрение", М., 1921, №5,
    с.5-6.

18. Волков Н.Д. Театральная вечера. М.:Искусство, 1966.

19. Волконский С. Челавек на сцене. Спб.:Аполлон, 1912.

20. В.Э. Е.Б. Вахтангов в оценке современников - "Театральная Мос
    ква", 1922, №. 43, 7-11 июня, с.6.

21. Геронский П. После смерти Вахтангова. - "Театр и студия", М.,
    1922, №.1-2, с.23.

22. Гиатинтова С. С Памятью наедение. М.:Искусство, 1985.

23. Глаголь Сергей "Студия художественного театра". "Проздник
    мира" . "Столичин ая молва", 1913, 22 ноявря.

24. Горчаков Н.М. Беседы о Режиссуре. М.-Л:Искусство, 1941.

25. Горчаков Н. Режиссерский уроки Вахтангова. М.:Искусство, 1957.

26. Горький М. Вахтангов в театре "Габима". - "Театр и музыка", №.
    1-7, 1922, 14 ноя   бря, с.9-10.

27. Гуревич Любовь. Студия Художественного театра. "Празник ми
    ра" Г.Гауптмана. - "Речь", 1914, 17 апреля.

28. Гуревич Любовь. "Чудо святого Антония" - "Театральное обозре
    ние", М., 1921, №.3, 11 декабря, с.6-7.

29. Гусман Борис. “Принцесса Турандот” в третьей студии МХТ - “Кооперативное де ло”, 1922, 5 марта.

30. Державин К. Вахтангов. - “Жизнь и искусство”, П., 1922, №23(846), с.4.

31. Дикий А. Повесть о театральной юности. М.:Искусство, 1957.

32. Долинов Морис. Вахтангов и театр современности. - “Экран”, М, 1922, NO.24-25, 14-20 марта, с.5-6.

33. Завадский Ю. Об искусстве театра. М.:Искусство, 1965.

34. Завадский Ю. Одердимость творчеством // Вахтангов Евг. Мат ериалы и статьи. М.:ВТО, 1959, с.278-305.

35. Завадский Ю. Учителя и ученики. М.:Искусство, 1975.

36. Загорский М. “Гадибук” (Студия “Габима”). - “Театральная Моск ва”, 1922, No.25, 31 января, - 5 февраля, с.12.

37. Залесский В. Искусство актера. М.:Искусство, 1959.

38. Захова Б. Е. Вахтангов и его студия. 2-ое изд. М.:Теакинопечать, 1930.

39. Захова Б. Воспоминания. Спектакли и роли. Статьи. М.:ВТО, 1982.

40. Захова Б. Современники. М.:Искусство, 1969.

41. Зингерман Б. Корифеи советской режиссуры и мировой сцены. // Вопросы театра. М.: ВТО, 1970, с.89-104.

42. Зограф Н. Вахтангов. М.-Л:Искусство, 1939ю

43. Золотницкий Д.И. Академические театры на путях Октября. л.: Искусство, Ленинградс кое отделение, 1982.

44. Иванов О.К., Кривицкий К.Е. Вахтангов и вахтанговцы. М.:Мос ковский рабочий , 1984.

45. Игумнова Т.С. История одной мечты // Творчество. Харьков.

1919, ч.2.

46. История советского драматического театра в 6 томах. М.:Наука, 1977-1978.

47. Калашников Ю.К. Театральная этика Станиславского. М.:ВТО, 1960.

48. Кипренский А. Театр имени Вахтангова. М.-Л.:Кинопечать, 1927.

49. Киоко сато. Современный драматический театр Японии. М.:Ис кусство, 1973.

50. Кнебель М.О. Вся жизнь. М.:ВТО, 1957.

51. Кнебель М.О. Слово о творчестве актера. М.:Искусство, 1954.

52. Кнебель М.О. Школа режиссуры Немировича-Данченко. М.:Искус ство, 1966.

53. Коклен-старший . Искусство актера. М.:Искусство, 1937.

54. Конспекты лекций Е.Б. Вахтангова в Студенческой драматич еской студии, составленные учениками(1914 г.). // Вахтангов Е. Записки. Письма. Статьи. М.-Л.:Искусство, 1939, с.277-287.

55. Кривицкий К.Е. Евгений Вахтангов:К столетию со дня рожде ния. Орджоникидзе, 1982.

56. Кристи Г.В. Воспитание актера школы Станиславского. Издание 2-ое. М.:Искусство, 1978. Искусство.

57. Крыжицкий Г. Режиссерский портреты. М.-Л:Теакинопечать, 1928.

58. Кугель А. Профили театра. М., 1929.

59. Кугель А. Случай ные заметки. ‖. - "Театр и музыка", М., 1923, №25, с.838-841.

60. Леонидов О. Вахтангов. - "Зрелища", М., 1924, NO.80, с.3.

61. Луначарский А.В. О Вахтангове и вахтанговцах. М.:Искусство, 1959.

62. Львов Н., Максимов И. Мастерство актера - Хрестоматия. М.:Худ литиздат, 1935.

63. Львов Я. Студия Художественного театра - "Новости сезона", No.3170, 15 декабря 1915 г.

64. Марголин С. "Агибук" Ан-ского в студии "Габима" - "Экран", 1921, No.10, 25-27 ноября.

65. Марголин С. Игра старстями. - "Экран". М., 1922, No.23, с.4-5.

66. Марголин С. Неизданные материалы о Евг. Вахтангове. - "Жизн ь искусство", 1926, No35, с.3-4.

67. Марголин С. Четыре маски. - "Еженедельник Петроградских Гос ударственных Акаде мических театров, П., 1923, No.33-34, с.1.

68. Марков П. Из лекции о Вахтангове. // Марков П. О театре. В 4-х томах. Том 1. Из истории русского и советского театра. М.:Искусс тво, 1974, с.418-426.

69. Марков П. О театре. В 4-х томах. том 1. Из истории русского и со ветского театра. М.:Искусство, 1974.

70. Мастерство актера. Теория и практика. Сборник научных трудо в. М.:ГИТИС, 1985.

71. Мацкин А.П. Театр моих современников. Из старых новых театр адей . М.:Искусство, 1987.

72. Мацкин А. Вахтангов: "Турандот" старая и новая. // Мацкин А. Портреты и наблюд ения. М.:Искусство, 1973.

73. Мгебров А. Жизнь в театре. Том 1. М.-Л, 1929.

74. Мей ерхолд В. Памяти вождя - "Эрмитаж" , 1922, No4, 7-11июня..

75. Мей ерхольд В.Э. Статьи. Письма. Речь. Беседы. Часть первая (1891-1917). М.:Искусств о, 1968.

76. Митиславский С. Новое и старое. - "Экран", М., 1922, №24-25, 14-20 марта, с.5.

77. Немирович-Данченко В.И. Театральное наследие в 2-х томах. М.: Искусство, 1952-1954.

78. Новаторство советского театра. М.:Искусство 1963.

79. Новицкий П. Современные театральные системы. М.:1933.

80. О.Б. Письма о "Турандот". - "Театральная Москва", 1922, №30, с.10-11.

81. Первая Турандот. Книга о жизни и творчестве народной артист ки СССР Ц.Л. Мансур овой . М.:ВТО, 1986.

82. Поламишева А.М. Мастерство режиссера. Дей ственный анализ пьесы. М.:Просвещени е, 1982.

83. Попов А.Д. Творческое наследие. М.: 1979.

84. "Принцесса Турандот" К. Гоцци в постановка 3-ей студии МХА Т имени Евг. Вахтангова. М., 1923.

85. Прокофьев В.В спорах о Станиславском. 2-е изд. М.:Искусство, 1976.

86. Протоколы репетиций "Усадьвы Ланиньх" Б. Зай цева в Студ енческой драматическ ой студий (1913-1914). // Вахтангов Е. За писки. Письма. Статьи. М.-Л.:Искусство, 1939, с.265-277.

87. Протоколы уроков Е.Б. Вахтангова в Студенческой драматичес кой студии(1914-1917). // Вахтангов Е. Записки. Письма. Статьи. М.-Л.:Искусство, 1939, с.287-324.

88. Роллан Р. Собрание соченений в 14 томах. М.:ГИХЛ, 1956, т.14,

с.234.

89. Рудницкий К. Когда Станиславский разговаривал с Вахтангов ым о гротеске? // Вопро сы театра, М,.:ВТО, 1970, с.229-235.

90. Рудницкий К.Л. Руское режиссерское искусство. 1908-1917. М:Нау ка, 1990.

91. Рут Б. "Гадибук" в "Габима" - "Правдва", 1922, 19 февраля, №40, с.4.

92. Садко. "Принцесса Турандот" в Третьей студии МХАТ - "Извес тия ВЦИК", 1922, 8 марта.

93. Симонов Р. С Вахтанговым. М:Искусство, 1959.

94. Рубен Симонов. Творческое наследие. Статьи и воспоминания о А.Н. Симонове. М:ВТО, 1981.

95. Смирнов-Несвицкий Ю.А. Вахтангов. Л:Искусство, Ленинградск ое отделение, 1987.

96. Смирнов-Несвицкий Ю.А. Революционная театральность Вахта нгова. // Проблемы Тео рии и практики русской советской ре жиссуры, 1917-1925: Сборник статей . Л, 1978, с.102-123.

97. Смирнова Н.И. Евгений Богратионович Вахтангов. М:Знание, 1982.

98. Соболев Ю. Актеры. М:Огонек, 1926.

99. Соболев Ю. "День Вахтангова " - "Театр и музыка", 1922, No.10,5 декабря, с.160-163.

100. Соболев Ю. Игра в театр. Вахтангов и "Принцесса Трандот" - "Театр и музыка", 1922, 21 ноября, с.56-58, с.57.

101. Соболев Ю. Первая студия МХАТ. "Эрик 14" - "Вестник театра", 1921, 6 апреля.

102. Станиславский   К.С. Собрание сочинений в 8-ми томах. М.:Иск
     усство, 1955-1961, т.1, 5, 6.

103. Станиславский   К.С. Этика. М.:Искусство, 1981.

104. Сулержицкий А.Л. Повести и рассказы. Статьи и заметки о те
     атре Переписка. Воспоминания о Л.А.Сулержицком. М.:Искусств
     о, 1970.

105. Таиров А.Я. Записки режиссера. Статьи. Беседы. Речи. Письма.
     М.:ВТО, 1970.

106. Тальников Д. Песнь торжествующей любвь // Театр и музык
     а, 1923, No29.

107. Телешов Н. Кого не стало. М.:Теакинопечать, 1929.

108. Теория и практика мастерства актера:Межвузовский сборник.
     М.:ГИТИС, 1990.

109. Тихонович В. Ступени театра. Очерк третий . Вахтангов и реал
     истический театр. - "Эрмитаж", М., 1922, No8, с.6-7.

110. Тугенхольд Я. Возрождение Метерлинка - "ЭКРАН", 1921, No.9,
     22-24 ноября.

111. У истоков режиссеры. Очерки из истории русской режиссуры ко
     нца XIX - начала XX веков. Л.:ЛГИТМИК, 1976.

112. Филатова Н.А. Евгений Вахтангов. Опыты театральной педа
     гогики. Владивостевск: Издательство Дальневосточного униве
     рситета, 1990.

113. Фрид С. Турандот (к 100-му представлению). - "Театр и музык
     а", 1922, 21 ноября, с.58-59.

114. Херсонский Х. Вахтангов. М.:Молодая гвардия, 1940.

115. Херсонский Х. Сто спектакей "Эрика 14". - "Известия", М, 1923,

21 октября.

116. Чехов М. Литературное наследие. Воспоминания. Письма. в двух томах. Т 1, 2. М.:Искусство, 1995.

117. Чужой Федор. Московские письма. "Эрик 14" ≪Первая студия Московского Художественного театра≫- "Жизнь искусство", 1921, 11-13 мая.

118. Шахматова Е. Театральное искусство Востока. Особенности развития. М.:Искусство, 1984.

119. Эстетические взгляды художиников социалистической культуры. М.:Наука, 1985.

120. Эфрос Н. Сверчок на печи. Пг., 1918.

121. Яблоновский Сергей . Студия Художественного театра. "Праздник мира". - "Русское слово", 1913, 16 ноября.

122. Яхонтов В. Театр одного актера. М.:Искусство, 1958.

● 영어본

1. Benedetti, Jean-Norman. Stanislavski: An Introduction. London: Methuen, 1986.

2. Boleslavsky, Richard. Acting: The First Six Lesson. N. Y..: Theatre Arts Books, 1962.

3. Chekhov, Michael. To the Actor. N. Y.: The Bobbs-Merrill Co., 1953.

4. Cole, Toby. Acting: A Handbook of the Stanislavski Method. N. Y..: Lear Publishers Inc., 1947.

5. Diderot, Dennis. The Paradox of Acting. N. Y..: Hill & Wang, 1957.

6. Edvards, Christine. The Contributions of Stanislavsky and the Moscow Art Theatre to American Theatre.(Ph.D. dis. N. Y. Univ., 1960)

7. Edvards, Christine. The Stanislavsky Heritage. N. Y.: New York University Press, 1965.

8. Goldon, Mel. The Stanislavsky Technique: N. Y..: Appause Theatre Book Publishers, 1987.

9. Gorchakov, Nikolai. The Vakhtangov school of stage art. Moscow: Foreing Languages Publishing House, 1960.

10. Hetler, Louis. The Influence of Stanislavsky Theories of Acting on the Technique of the United States (Ph. D. dis. Univ. of Denver, 1957) .

11. Leonard, Charles. Michael Chekhov's To The Director & Playwright. N. Y.: Harper & Row, 1963.

12. Lewis, Rober. Method or Madeness? N. Y.: The Viking Press, 1958.

13. Magarshak, David. Stanislavsky. A Life. N. Y.: Chantiscleer Press, 1951.

14. Meyerhold, Vsevolod. Meyrhold on Theatre. N. Y.: Hill & Wang, 1969.

15. Moore, Sonia. The Stanislavsky System. N. Y.: Viking Press, 1965.

16. Nemirovitch-Dantchenko, Vladimir. My Life in the Russian Theatre. Boston: Little, Brown & Company, 1936.

17. Simonov, Ruben. Stanislasky's Protege: Eugene Vakhtangov. N. Y.: DBS Publication, 1969.

18. Slonim, Marc. Russian Theatre From the Empire to the Soviets. N. Y.: Collier Books, 1961.

19. Stanislavsky, Constantin. My Life in Art. N. Y.: Theatre Arts Books, 1948.

20. Stanislavsky, Constantin. An Actor Prepares. L. : Methuen, 1993.

21. Syanislavsky, Constantin. Building a Character. L.: Methuen, 1993.

22. Syanislavsky, Constantin. Creating a Role. L.: Methuen, 1991.

23. Symon, James. M. Meyerhold's Theatre of The Grotesque. Coral Gables, Florida: University of Miami Press. 1971.

24. Worral Nick. Modernism to Realism on the Soviet Stage. Tairov, Vakhtangov, Okhlopkov. Cambridge University Press, 1989.

25. Vakhtangov Evgeny. Moscow: Progress Publishes, 1982.

26. World Drama 1-4.

● 한국어본

고승길. 『동양연극 연구』, 중앙대 출판국, 1993

김석만 편저. 『스타니슬라브스키 연극론』, 이론과 실천, 1993.

김재철. 『조선연극사』, 학예사, 1939.

김흥우. 『배우술 연구』, 원방각, 1990

나상만. 『스타니슬랍스키 어떻게 볼 것인가?』, 예니 , 1996.

박 황. 『창극사 연구』, 백로 출판사, 1976.

서연호. 『한국근대 희곡사』, 고려대 출판부, 1994

______. 『한국연극론』, 삼일각, 1975.

______. 「홍해성을 다시 생각한다」, 한국연극, 1994. 10.

신정옥. 『한국신극과 서양연극』, 새문사, 1994.

심우성. 『한국의 민속극』, 창작과 비평사, 1984.

양승국. 「1920-30년대 연극운동론 연구」, 서울대 박사논문, 1992.

유민영. 『우리시대 연극운동사』, 단국대 출판부, 1990

______. 『개화기 연극사회사』, 새문사, 1987.

______. 「해성 홍주식 연구」, 한국연극, 1994. 11.

이두현. 『한국신극사 연구』, 서울대 출판국, 1966.

______. 『한국의 탈춤』, 일지사, 1981.

이태주. 『세계연극의 미학』, 단국대 출판부, 1983.

장한기. 『민속극과 동양연극』, 우성문화사, 1983.

조동일. 『탈춤의 역사와 원리』, 홍성사, 1978.

최상수.『야류, 오광대 가면극의 연구』, 성문각, 1984.

홍해성.「무대예술과 배우」, 동아일보, 1931. 8.14-9.26.

______.「무대예술과 배우론」, 동양극장 부설 연극연구소, 1940.

그로토프스끼, 고승길 역.『가난한 연극』, 교보문고, 1988.

리 스트라스버그, 하태진 역.『연기의 방법을 찾아서』, 현대 미학사

미쉘 생 드니, 윤광진 역.『연기 훈련』, 예니, 1994.

버나드 휴이트, 정진수 역.『현대연극의 사조』, 홍성사, 1979.

스즈키 타다시, 김의경 역.『스즈키 연극론』, 현대미학사, 1993.

스타니슬라브스키, 오사량 역.『배우수업』, 성문각, 1970.

______.『배우의 성격구축』, 프뢰벨사, 1985.

안토넹 아르코, 박형섭 역.『잔혹 연극론』, 현대미학사, 1994.

에드워드 이스티, 이강렬 역.『메소드 연기』, 경서원, 1986.

오스카 보로케트, 김윤철 역.『연극개론』, 한신문화사, 1992.

제리 엘 크로포드 외, 양광남 역.『연기개발과 표현』, 예하, 1988.

제이 로스 - 에반스, 심 성 역.『전위 연극론』, 동문선, 1989.

제이 엘 스타이언, 윤광진 역.『표현주의 연극과 서사극』, 현암사, 1988.

지은이 **박상하(朴尙河)**

밀양에서 태어나 부산대학교 영어영문학과에서 학사와 석사를 마치고, 러시아 모스크바 슈킨 연극대학교에서 실기석사(M.F.A.)를 취득한 후, 기티스(GITIS, 러시아 연극예술 아카데미)에서 예술학 박사 학위를 받았다.

국립극단, 연희단 거리패 등에서 스타니슬랍스키 연기워크샵을 했으며, ≪결혼≫, ≪북어대가리≫, ≪결혼피로연≫, ≪생일파티≫, ≪담장 위의 고양이≫, ≪바냐삼촌≫, ≪분장실≫, ≪우리마을(음악극)≫, ≪침묵≫, ≪열여덟 번째 낙타≫ 등을 연출했다.

현재 극단 〈어우름〉, 〈유리가면〉, 〈시나위〉에서 상임연출을 맡고 있으며, 한국연극교육학회 이사와 한국예술종합학교 연극원 연기과 교수로 재직하고 있다.

연기교육자, 연출가 **박탄고프**

초판 2쇄 발행일 2013. 7. 11.

지은이	박상하
펴낸이	이성모
펴낸곳	도서출판 동인
주 소	서울시 종로구 명륜동2가 아남주상복합빌딩 118호
전 화	(02)765-7145~5
팩 스	(02)765-7165
이메일	dongin60@chol.com

등록번호	제1-1599
ISBN	978-89-5506-403-2
정 가	12,000원

※잘못 만들어진 책은 바꾸어 드립니다.